Ella Kensington

Mysterio

Überlege dir gut, was du dir wünschst!
Es könnte in Erfüllung gehen.

Ernst Lenz Musikverlag

Die Deutsche Bibliothek – CIP-Einheitsaufnahme

Kensington, Ella:
Mysterio : Überlege dir gut, was du dir wünschst! Es könnte in Erfüllung gehen. / Ella Kensington / –
Bochum : Lenz, Musikverl., 2001
ISBN 3-9803939-6-8

Titelbild: Thorsten Dunkel

Durch die Tätigkeit seiner Eltern verbrachte Thorsten Dunkel seine Kindheit in Afrika und Indien. Mannigfaltige Eindrücke fremder Kulturen, ständiger Ortswechsel und intensive Meditationserfahrung in Indien prägten seine künstlerische Ausdrucksweise dergestalt, dass seine Werke Gegensätzlichkeiten verbinden und auch beim Betrachter tiefenpsychologische Spannungen aufzulösen und innere Harmonie entstehen zu lassen vermögen.

Die Galerie ◆ Thorsten Dunkel ◆ Eylertstraße 12 ◆ 59065 Hamm

2. überarbeitete Auflage

Printed in Germany

ISBN 3-9803939-6-8

Vorsicht!!!

Dieses Buch enthält ein Glücksvirus, das beim Lesen unbeabsichtigt aufgenommen werden kann. Dieses Virus ist hochinfektiös und nicht heilbar!

Die Luft war erfüllt vom süßlichen Duft der Mandelblüte. Eine friedvolle Stille lag über dem abgelegenen Bergkloster der Franziskanermönche. Leise klangen aus dem Inneren des Klosters die Choräle der Mönche nach draußen. Vor dem Kloster gingen einige Mönche ihrer Gartenarbeit nach.

Plötzlich ein lautes Zischen und ein gigantischer Aufschlag, der die Ohren der Mönche im Garten betäubte. Sie schauten erschrocken auf. Irgendetwas war in der Nähe des Klosters eingeschlagen –ein Meteorit wahrscheinlich, dachten die Mönche. Er hatte eine Menge Staub aufgewirbelt. Man konnte von der Aufschlagstelle nichts sehen.

Einige Minuten später legte sich der Staub langsam. Einige der Mönche hatten sich bereits der Stelle genähert. Sie staunten nicht schlecht, als sie erkannten, dass ihr Meteorit eine mattschwarze, metallene Kugel von mindestens zwanzig Metern Durchmesser war.

Unentschlossen blieben sie stehen. War die Kugel gelandet oder abgestürzt? Und gab es vielleicht Insassen? Wenn ja, was wollten sie dann hier? Waren sie den Menschen friedlich oder feindlich gesinnt?

Vorsichtig gingen ein paar Mönche näher heran. Plötzlich ertönte ein lautes, kreischendes Geräusch. Es hörte sich an, als ob ein Auto in einer Presse zu einem kleinen Würfel zusammengestaucht würde. Ein zwei Meter breites Kugelsegment begann sich zu öffnen. Jetzt war es definitiv: Es gab Wesen im Inneren der Kugel.

Die Tür des Raumschiffs öffnete sich in ruckartigen Bewegungen und verursachte dieses kreischende, metallene Geräusch. Die Mönche starrten gebannt auf den Eingang. Als die Tür sich vollständig geöffnet hatte, sahen sie, dass ein außerirdisches Wesen offenbar verletzt im Eingang lag. Keiner traute sich, einen Finger zu rühren. Alle blieben wie angewurzelt stehen und schauten voller Angst und Neugier das Wesen an.

Auf einmal bewegte es sich. Es hob den Kopf und schaute die Mönche Hilfe suchend an.

"Bitte, helft mir!", bat das Wesen in der Sprache der Mönche. "Ich bin für euch nicht gefährlich. Ich habe keine Krankheiten. Ich tue euch nichts. Ihr braucht keine Angst zu haben."

Daraufhin brach das Wesen zusammen. Einige der Mönche eilten ihm zu Hilfe. Sie trugen es gemeinsam ins Kloster. Im Raumschiff lagen drei weitere Insassen. Für sie kam jede Hilfe zu spät.

Das Kloster hatte einen Arzt. Dieser versuchte verzweifelt, die Verletzungen des Wesens zu behandeln. Doch er war ratlos. Er konnte ihm nicht helfen.

Als das Wesen wieder zu sich kam, sprach es den Arzt an.

"Ich danke dir, dass du bereit bist, mir zu helfen."

"Aber ich weiß nicht, was ich tun kann", erklärte der Arzt frustriert. "Du hast irgendwelche inneren Verletzungen. Doch deine Organe sind vollkommen anders als die der Menschen. Kannst du mir sagen, was ich tun soll?"

"Du kannst nichts tun. Eure Technik ist dafür nicht ausgerichtet. Die einzige Möglichkeit, die ich noch habe, ist, dass du mit in unser Schiff kommst und mich dort behandelst."

"Wieso sprichst du unsere Sprache?", fragte der Arzt verwirrt.

"Ich spreche alle Sprachen der Menschen. Ich habe sie gelernt in den letzten Jahrzehnten."

"Du bist schon seit Jahrzehnten hier?", entgegnete der Arzt verwundert.

"Ich beantworte gerne alle deine Fragen, doch zuvor muss ich in mein Schiff."

"Ich werde sofort dafür sorgen, dass man dich dorthin bringt", versprach der Arzt und lief zum Abt des Klosters, um ihm mitzuteilen, dass das Wesen in sein Raumschiff zurücktransportiert werden müsse.

Dieser hatte unterdessen den Vatikan benachrichtigt und die Order bekommen, nichts zu tun, ohne die Sicherheitsbeauftragten des Vatikans vorher informiert zu haben. Die Mönche sollten sicherstellen, dass keine Fremden das Raumschiff zu sehen bekämen. Den Außerirdischen solle man, so gut es ging, verarzten und warten, bis die Leute des Vatikans da wären.

Als der Abt das Anliegen des Arztes hörte, griff er zum Telefonhörer und rief die Sicherheitsbeauftragten an, die zu ihnen unterwegs waren. Er erklärte ihnen die Sachlage.

"Sie werden das nicht tun!", war die aggressive Antwort des Sicherheitsbeauftragten. "Sie werden das Wesen nicht an sein Schiff heranlassen!"

"Aber dann stirbt es womöglich!", wandte der Abt ein.

"Ich habe nichts mehr hinzuzufügen. Sie werden nichts tun, bis wir da sind! Haben Sie mich verstanden?", sagte der Sicherheitsbeauftragte energisch.

Der Arzt, der das Wesen behandelt hatte, war sehr aufgebracht und griff zum Telefonhörer.

"Hören Sie, Sie Sesselfurzer! Ich werde nicht zulassen, dass das Wesen wegen Ihrer Borniertheit stirbt. Wir werden es jetzt in sein Schiff bringen, und wenn Sie sich auf den Kopf stellen."

"Sie tun überhaupt nichts, sonst werden Sie mich kennen lernen!"

"Glauben Sie, ich lasse mich von Ihnen einschüchtern? Sie können mich mal!"

Daraufhin legte der Arzt den Telefonhörer auf. Ohne den Abt noch einmal um Genehmigung zu bitten, verließ er das Büro und ging zurück zu dem Wesen. Er war entschlossen, es in sein Schiff zu bringen – und wenn er es allein tun musste. Er hatte als Arzt den Schwur geleistet, Leben zu bewahren. Und das würde er jetzt auch tun – ganz egal, was das für Folgen für ihn haben würde.

Als er bei dem Wesen angekommen war, sprach er ein paar der anderen Mönche an.

"Kommt, helft mir! Wir müssen es zurück in sein Schiff bringen."

Als sie das Wesen aus dem Zimmer heraustragen wollten, kam ihnen der Abt in Begleitung von vier Mönchen entgegen.

"Legt es wieder aufs Bett! Wir dürfen das nicht", erklärte der Abt und gab mit einer Handbewegung zu verstehen, dass die Mönche das Wesen wieder in sein Zimmer bringen sollten.

"Es stirbt, wenn wir es nicht tun!", sagte der Arzt in einem Tonfall, der den Ernst der Lage sehr deutlich zum Ausdruck brachte.

"Wer sagt denn, dass es wirklich so schwer verletzt ist?", zweifelte der Abt. "Vielleicht will es nur in sein Raumschiff, um zu fliehen?"

"Haben Sie noch alle Tassen im Schrank, Ehrwürdiger Vater? Ist dieses Wesen unser Gefangener? Es stirbt! Das sieht doch ein Blinder."

"Bitte komm mit nach draußen!", bat der Abt.

Als die beiden das Zimmer verlassen hatten, flüsterte der Abt dem Arzt leise etwas zu. Dieser war jedoch nicht mehr zu beruhigen.

"Mir ist egal, ob sie das Kloster schließen!", schrie er. "Wir können uns doch nicht erpressen lassen. Ein Leben steht auf dem Spiel!"

"Tut mir Leid!", erwiderte der Abt. "Das Wesen bleibt hier!"

"Wenn Sie das tun, werde ich dafür sorgen, dass die ganze Welt davon erfahren wird. Ich werde auch dafür sorgen, dass man Sie persönlich für den Tod des Wesens verantwortlich machen wird", drohte der Arzt.

"Du lässt mir keine andere Wahl. Ich muss dich unter Arrest stellen!", erwiderte der Abt.

Er gab den vier Mönchen, die mit ihm gekommen waren, ein Zeichen. Diese überwältigten den Arzt und brachten ihn weg.

"Das werden Sie noch bereuen!", schrie dieser, als sie ihn wegschleiften.

Drei Monate später in einem Truckstop in New York

"Komm doch mal her, Kleine! Was ist denn los? Hab dich nicht so! Ich weiß doch, dass du es willst!", versuchte ein Trucker mich anzugraben.

Mit nichts auf der Welt konnte man mich mehr aufregen als mit solch einer Anmache. Ich hatte die Nase gestrichen voll von solchen Typen. Seit ich denken konnte, wurde ich von den Männern als Sexobjekt betrachtet. Ein Freund hatte mir im betrunkenen Zustand einmal gesagt, dass ich eine ganz besondere Ausstrahlung hätte. So ein bisschen nuttig, meinte er. Ich war mir dessen zuvor nicht bewusst gewesen, und schon gar nicht war es meine Absicht. Doch das, was mein Freund mir sagte, erklärte einiges. Im Laufe der Zeit hatte sich bei mir ein immenses Potenzial an Wut angehäuft, wenn ein Mann unverschämt wurde. Ich rastete in solchen Situationen regelrecht aus. Bedingt durch meine "besondere" Ausstrahlung wurde ich schon zwei Mal fast vergewaltigt. Nur durch den Kampfsport, den ich seit Jahren betrieb, konnte ich mich aus diesen Situationen befreien. Die Erinnerungen an diese Vergewaltigungsversuche saßen mir immer noch tief unter der Haut.

Leider konnte ich nicht umhin, mit solchen Typen wie diesem Trucker in Berührung zu kommen. Ich studierte Philosophie und musste mir meinen Lebensunterhalt als Kellnerin in diesem Truckstop verdienen.

Als ich zur Theke zurückging, kam ich wieder an dem betrunkenen Trucker vorbei, der mich eben angequatscht hatte.

"Jetzt komm doch mal, Mäuschen! Lass uns doch ein bisschen kuscheln!"

Der Trucker wurde handgreiflich. Er griff meinen Arm und zog mich zu sich.

"Du hast gerade einen großen Fehler begangen!", dachte ich und täuschte vor zu stolpern. Ich goss dem Trucker den heißen Kaffee, den ich in der Hand hielt, direkt in den Schritt. Als dieser entsetzt nach unten schaute, zog ich den Ellenbogen mit einem kurzen unscheinbaren Ruck hoch und traf den Trucker genau am Kinn. Der war sofort k.o..

"Ich glaube, deinem Freund ist schlecht geworden!", sagte ich zu dem Mann, der neben dem ohnmächtigen Trucker saß.

Dieser hatte überhaupt nicht mitbekommen, dass ich seinen Freund k.o. geschlagen hatte. Es war alles viel zu schnell gegangen. Ich hatte im Laufe der Jahre meine Kampfkunst sehr weit entwickelt. Solche Kleinigkeiten jagten mir schon lange keine Angst mehr ein.

Am Abend dieses Tages saß ich im Rechenzentrum meiner Universität und arbeitete an meiner Doktorarbeit. Ich war an diesem Abend gut vorangekommen. Noch ein paar Wochen, und ich würde es geschafft haben. Ich würde nicht mehr nur einfach Rachel, die Studentin, sein. Nein, "Dr. Rachel Hillard" würde im Telefonbuch stehen. Ich dachte mit Stolz an diesen Titel. Ich wusste, dass ich mir diesen Doktortitel hart erarbeitet hatte.

Mein Vater hatte es für eine meiner üblichen Spinnereien gehalten, als ich ihm gesagt hatte, ich wolle Philosophie studieren. Er war sicher gewesen, dass ich dieses Studium nach ein paar Wochen wieder schmeißen würde. Ich hatte schon so viel angefangen und gleich darauf wieder aufgegeben, dass er mir überhaupt nichts mehr zutraute.

Meinem Vater wäre es lieber gewesen, ich hätte mir einen anständigen Mann gesucht und eine Familie gegründet. Doch seine Tochter wollte ja immer etwas Besseres sein.

Zu gerne hätte ich ihm meinen Doktortitel jetzt unter die Nase gerieben. Doch leider war er im letzten Jahr gestorben. Sein Tod hatte mir nicht sonderlich viel ausgemacht. Für mich war mein Vater fast ein Fremder. Auch hatte er mich bei meinem Studium in keiner Weise unterstützt. Ich wollte nicht tun, was er für richtig hielt, also gab es auch kein Geld. Ich hatte also keine andere Wahl als zu jobben. Als Kellnerin war das keine leichte Sache, wenn man meine Ausstrahlung auf die Trucker berücksichtigte.

Doch auch im Rechenzentrum meiner Uni wurde ich von diesem Fluch nicht verschont. Ein Assistent, der die Doktoranden betreute, hatte ein Auge auf mich geworfen.

Als ich nach getaner Arbeit noch etwas im Internet surfen wollte, kam der Assistent gerade aus seinem Büro.

"Hallo, Rachel. Na, wie läuft's?"

"Was willst du?", fragte ich forsch.

"Warum denn gleich so aggressiv? Ich wollte doch nur ein paar Worte mit dir reden", meinte der Assistent vorwurfsvoll.

"Dein Reden kenne ich. Also, was willst du von mir?"

"Wenn ich mich nicht irre, bist du wieder im Internet! Du weißt, dass dies die Schule einiges kostet. Dir ist klar, dass ich meinen Job los bin, wenn die merken, dass ich dich hier surfen lasse! Findest du nicht, dass du dafür ein bisschen netter zu mir sein könntest?"

"Ich kann mir schon vorstellen, was du unter Nettsein verstehst!", erwiderte ich in einem abfälligen Tonfall.

"Es muss ja nicht immer sein. Ich wäre schon völlig zufrieden, wenn du einmal in der Woche mit mir ausgehen würdest", meinte der Assistent beschwichtigend.

"Vergiss es! Lieber Thomas, ich weiß, wie dein Ausgehen aussieht. Lass dir mal eine Hormonspritze geben, die deinen Trieb etwas in Ordnung bringt!"

"Das war aber nicht nett, Rachel. Ich brauche doch nur ein wenig Zärtlichkeit und körperliche Zuwendung, sonst nichts."

"Dann kauf dir einen Dackel."

"Also, gehst du jetzt mit mir aus oder nicht?", fragte Thomas penetrant und vorwurfsvoll weiter.

"Letzteres!"

"Findest du das fair? Du spielst auf meine Kosten im Internet, aber an eine Gegenleistung denkst du nicht."

"Wenn du eine Hure brauchst, bist du bei mir an der falschen Adresse."

Dieser Assistent ging mir schwer auf die Nerven. Er hatte eine so unnachahmliche Art, Frauen anzubaggern, dass man ihm mit wachsender Begeisterung in den Hintern hätte treten können. Er versuchte es bei jeder Frau. Durch meine besondere Ausstrahlung lief er hinter mir her wie hinter einem läufigen Hund. Doch im Grunde genommen war er kein schlechter Kerl, wenn man von dieser Macke einmal absah. Ich hatte mich in den letzten Monaten daran gewöhnt, dass ich jeden Tag auf die primitivste Weise von ihm angebaggert wurde. Dafür konnte ich abends, wenn niemand sonst mehr da war, im Internet surfen. Besonders angetan war ich von den verschiedenen Spielen, die mich im Internet mit den verschiedensten Menschen auf der ganzen Welt zusammenbrachten.

Eines Abends stieß ich auf ein besonderes Spiel und war sofort von dem Namen fasziniert: "Mysterio". Ich hatte sehr viel übrig für die Welt des Unerklärlichen.

Ungewöhnlich ergriffen las ich die Spieleinleitung zu Mysterio.

"WARNUNG: Betritt Mysterio nicht leichtfertig! Es ist ein Schritt, den du nicht mehr rückgängig machen kannst. Tritt nur ein, wenn du reinen Herzens und ohne Furcht bist! Bedenke jeden deiner Schritte! Nichts, was du hier tust, wird ohne Folgen bleiben. Du wirst die Welt verändern. Jede Entscheidung, die du hier triffst, wird von nun an dein Leben bestimmen. Die Macht von Mysterio ist unbegrenzt. Geh sorgsam damit um, sonst richtet sie sich gegen dich! Du hast die Möglichkeit, dich mit anderen Spielern zu beraten. Doch wenn du eine Entscheidung getroffen hast, wird keine Macht der Welt diesen Schritt wieder rückgängig machen können. Du kannst dich jetzt noch einmal entscheiden, ob du wirklich Mysterio betreten willst oder ob du lieber vergisst, von Mysterio jemals gehört zu haben."

Ich konnte es mir nicht erklären, aber als ich diese Spieleinleitung las, lief es mir eiskalt den Rücken herunter. Ich wusste natürlich, dass dies nur ein Spiel war und dass man das Spiel durch diese Warnung nur interessant machen wollte. Doch dieses Wissen schien meine Gefühle nicht zu beeinflussen. Ich hatte bei diesem Spiel ein ganz mulmiges Gefühl in der Magengegend. Ich überlegte wirklich, ob ich Mysterio nicht lieber vergessen sollte.

Wenn ich damals gewusst hätte, was auf mich zukommen sollte, hätte ich wahrscheinlich tatsächlich entschieden, das Spiel schnell wieder zu vergessen.

Mir war zwar jetzt wegen der Warnung etwas komisch zu Mute, doch ich hatte durch meine Kampfkunst gelernt, der Angst offen ins Auge zu sehen. Ich klickte mit der Maus ein Feld auf dem Bildschirm an, auf dem "Mysterio" stand.

"Du hast deine Entscheidung getroffen. Du sollst deine erste Aufgabe haben!", erschien als Textbotschaft auf dem Bildschirm. "Die Aufgabe lautet: Was wäre, wenn du für einen einzigen Wunsch allmächtig wärst? Doch überlege dir gut, was du dir wünschst! Es wird von nun an dein Leben bestimmen!"

Das mulmige Gefühl meldete sich bei mir wieder lautstark zu Wort. Es war, als ob irgendetwas in mir laut schreien würde: "Tu es nicht, Rachel! Um Himmels Willen, lauf weg, solange du noch kannst!"

Ich begann mir wieder klar zu machen, dass diese Warnung nur als Scherz gedacht sein konnte. Was sollte hier schon Schlimmes passieren? Es war doch nur ein Spiel!

"Es gibt vier Bedingungen", fuhr das Spiel in seinen Erklärungen fort, "die erfüllt sein müssen, damit der Wunsch angenommen werden kann:

1.: Der Wunsch muss sich auf dich selbst beziehen.
2.: Er muss positiv formuliert sein, also keine Verneinung.
3.: Er muss so formuliert sein, dass er keine Vergleiche beinhaltet.
4.: Du musst in jedem Augenblick erkennen können, ob der Wunsch erfüllt ist.

Ich erinnerte mich, dass Mysterio gesagt hatte, ich könne mich mit anderen Spielern beraten. Ich entdeckte auf dem Bildschirm, dass die Wörter "andere Spieler" farbig unterlegt waren. Ich wusste, dass solche Wörter einen auf eine andere Seite im Internet brachten, wenn man sie anklickte. Ich tat es und erhielt eine ellenlange Liste von Namen, deren Träger wohl alle die gleiche Aufgabe hatten. Viele dieser Namen waren in einer anderen Farbe dargestellt. Man konnte dadurch erkennen, wer sich bereits mit einem anderen Spieler unterhielt und wer noch frei war.

Ich war verblüfft. Noch nie hatte ich ein Spiel gesehen, bei dem die Anzahl der Spieler so groß war. Normalerweise war es nur eine Hand voll Namen, vielleicht auch einmal zehn oder zwölf – aber niemals Hunderte, wie es bei diesem Spiel den Anschein hatte. Wie konnte der Spielmacher von Mysterio so viele Spieler gleichzeitig koordinieren?

Ich dachte an die drohenden Worte zu Beginn des Spiels und vermutete, dass diese Liste wohl auch nur ein Bluff war, mit dem Mysterio sich interessanter machen wollte.

"Wahrscheinlich wird hinter den meisten Namen immer die gleiche Person stehen", dachte ich. "Oder die meisten Spieler existieren überhaupt nicht."

Ich klickte einen der Namen an, der frei zu sein schien. Es meldete sich über meinen Bildschirm ein Mann namens Richard.

"Hallo Rachel! Es freut mich, dass du mich ausgewählt hast."

"Hallo Richard! Hast du auch die Aufgabe, einen Wunsch zu definieren?", wollte ich wissen.

"Ich soll mir überlegen, was ich mir wünschen würde, wenn ich allmächtig wäre", erwiderte Richard.

"Hast du schon eine Antwort?", fragte ich neugierig.

"Ich bin mir noch nicht so ganz sicher. Zuerst dachte ich an ewiges Leben, doch davon bin ich wieder abgekommen. Das Leben ist nicht schön genug, dass ich das alles bis in alle Ewigkeit erleben will."

"Da hast du sicherlich Recht", stimmte ich zu.

"Was hast du dir denn schon überlegt?", wollte Richard wissen.

"Bisher noch nichts richtig", gab ich an.

"Was fällt dir denn ganz spontan dazu ein?", hakte Richard nach.

"Mir gehen unheimlich viele Wünsche durch den Kopf. Aber die sind es alle nicht wert, dass ich dafür meinen allmächtigen Wunsch opfern würde", erwiderte ich.

"So ähnlich geht es mir auch. Ich überlege die ganze Zeit, wie ich all meine Wünsche in einem einzigen zusammenfassen kann."

"Was hältst du davon, wenn wir versuchen, den wichtigsten Wunsch zu finden?", schlug ich vor.

"Wie willst du das anstellen?"

"Wir könnten mit einem beliebigen Wunsch beginnen und uns fragen, warum wir den eigentlich erreichen wollen."

"So ganz verstehe ich noch nicht, was du genau machen willst", gab Richard zu.

"Nimm doch einmal deinen Wunsch nach ewigem Leben. Warum willst du ewig leben?"

"Damit ich nicht sterben muss", antwortete Richard.

"Und warum willst du nicht sterben?"

"Weil dann alles vorbei ist."

"Was ist dann vorbei?"

"Mein Leben."

"Hm, warum willst du eigentlich leben?", fragte ich und stellte mir dieses Frage gleichzeitig auch selbst.

"Gute Frage. So genau weiß ich eigentlich gar nicht, warum ich leben will."

"Dir ist aber klar, dass es dafür einen Grund geben muss? Sonst wärst du bereits tot."

"Vielleicht will ich einfach nur leben, um Spaß zu haben", meinte Richard.

"Und warum willst du Spaß haben?"

"Meinst du wirklich, Rachel, dass uns diese Art, das Problem anzugehen, weiterbringt?"

"Ich denke schon. Ich habe schon so eine Idee. Machen wir noch ein paar Minuten weiter, wenn dann nichts dabei herauskommt, lasse ich dich in Ruhe, okay?"

"Na gut, machen wir weiter!", stimmte Richard zu.

"Also, warum willst du Spaß haben?", wiederholte ich meine Frage.

"Weil ich glücklich bin, wenn ich Spaß habe."

"Das heißt, du willst eigentlich glücklich sein, und der Spaß ist eine Möglichkeit dazu?", schlussfolgerte ich.

"Ja, so könnte man es sehen."

"Richard, ist das nicht der wichtigste Wunsch? Irgendwie beinhaltet der doch alle anderen Wünsche. Ich denke, ich gehe zum Spielmacher von Mysterio und teile ihm diesen Wunsch mit."

"Viel Glück dabei."

"Mach's gut, Richard. Ich wünsche dir noch viel Spaß mit Mysterio."

"Bye, Rachel."

Mittlerweile gefiel mir das Spiel immer besser. Offenbar bot es die Möglichkeit, mit wildfremden Menschen tiefgründige Gespräche zu führen.

Ich klickte mich wieder auf die erste Seite von Mysterio.

"Ich habe die Antwort gefunden", gab ich dem Computer ein.

"Wie lautet dein Wunsch?", wollte der Spielmacher wissen.

"Ich will glücklich sein!"

"Netter Wunsch! Aber bist du sicher, dass das wirklich das höchste Ziel aller Ziele ist, die du in deinem Leben verwirklichen willst?", fragte der Spielmacher zweifelnd und verunsicherte mich.

"Ich bin nicht hundertprozentig sicher", gab ich zu.

"Du kannst dein Spiel fortsetzen und es herausfinden. Wenn du willst, bestimme ich für dich deinen nächsten Gesprächspartner. Er heißt Jochen, ist Deutscher und ist genauso weit wie du."

Ich beschloss, auf jeden Fall weiterzuspielen und den Vorschlag des Spielmachers anzunehmen. Solch intensive Überlegungen über meine Wünsche hatte ich in meinem Leben bisher noch nie angestrengt. Ich freute mich auf die nächste Runde und klickte auf den Namen Jochen, der in einer anderen Farbe dargestellt war. Mein Computer wechselte wieder auf die Seite, auf der sich die Spieler miteinander unterhalten konnten.

Mit diesem Jochen verstand ich mich echt gut. Offenbar hatte dieser Mann die gleiche Art und Weise, an ein Problem heranzugehen, wie ich. Nach einer Weile kamen wir beide zu der Auffassung, dass unser Wunsch nach Glücklichsein etwas zu schwammig war. Wir sollten uns die Mühe machen und einmal genauer definieren, was wir unter dem Glücklichsein überhaupt genau verstanden.

"Also, Rachel, wenn du glücklich bist, wie ist das dann genau?", wollte Jochen wissen.

"Ich will sehr viel Freude in meinem Glücklichsein", antwortete ich.

"Ich glaube, mir ist Freude noch zu wenig. Ich brauche mehr Kick. Euphorie würde da schon eher passen", gab Jochen zur Diskussion.

"Genau, das ist es!", stimmte ich begeistert zu. "Ich will bis in alle Ewigkeit euphorisch sein."

"Aber irgendetwas fehlt mir immer noch", bremste mich Jochen. "Das hat irgendwie zu wenig Tiefgang. Mir fehlt die Liebe, glaube ich."

"Ja, aber es dürfte keine heilige oder melancholische Liebe sein. Sie müsste schon euphorisch sein. Euphorisch und lustvoll."

"Rachel, das ist es. Ich bin ganz sicher. Ich weiß jetzt, was ich will. Ich will permanent euphorische, lustvolle Liebe erleben."

"Du hast Recht, Jochen. Euphorische, lustvolle Liebe. Da fehlt wirklich nichts mehr."

"Es war schön mit dir zu reden, Rachel. Aber jetzt will ich zum Spielmacher. Mach's gut."

Ich war mir jetzt ganz sicher. Das war die Lösung der Aufgabe. Ich war sehr neugierig, was der Spielmacher zu diesem Wunsch sagen würde. Doch ich wollte mich noch ein wenig gedulden. Ich wusste ja, dass Jochen sich direkt zum Spielmacher geklickt hatte und dieser infolgedessen besetzt sein musste. Doch das Wort "Mysterio" war auf meinem Bildschirm gar nicht farbig. Vielleicht hatte Jochen sich das Ganze doch noch einmal anders überlegt.

Ich klickte "Mysterio" an und wechselte die Seite. Ich war wieder beim Spielmacher und teilte ihm meinen Wunsch mit.

"Ich will permanent euphorische, lustvolle Liebe fühlen."

"Das ist schon ganz gut", schrieb dieser, "aber willst du dich wirklich nur auf dieses eine Gefühl beschränken?"

"Was soll daran falsch sein?", wehrte ich mich.

"Es ist sicherlich nicht falsch", antwortet der Spielmacher. "Ich möchte jedoch vorschlagen, diesen Wunsch noch einmal zu überdenken. Willst du wirklich bis in alle Ewigkeit immer nur euphorisch und lustvoll lieben? Was ist mit Ruhe und Zufriedenheit? Was ist mit innerem Frieden? Diese Gefühle würdest du ausschließen, wenn du dich auf die euphorische, lustvolle Liebe einschränken würdest – und noch Vieles andere mehr. Bist du beispielsweise sicher, dass es dir nur darum geht, schöne Gefühle zu haben? Ist es dir vollkommen egal, was in deinem Leben geschieht, wenn du nur deine euphorische, lustvolle Liebe spürst?"

"Du hast Recht!", gab ich zu. "Ich will ein grenzgeniales, oberabgefahrenes Leben haben – und ebensolche Gefühle. Ich will auch gesund bleiben und in meinem Beruf erfolgreich sein."

"Du kannst weiterspielen, wenn du willst", schlug der Spielmacher vor. "Es wartet eine Spielerin auf dich, die ihren Namen mit Vanessa angegeben hat."

Ich fackelte nicht lange und klickte den Namen Vanessa an. Ich war wieder auf der Seite, auf der sich die Spieler unterhalten konnten. Vanessas Wunsch war es, permanent Lebenslust zu erleben. Im Gegensatz zu meinem bezog sich Vanessas Wunsch nicht nur auf das Gefühl der Lebenslust. Sie verstand unter Lebenslust, dass immer genau das geschehen sollte, wozu sie gerade Lust hatte.

"Das ist genial, Vanessa", erklärte ich begeistert. "Was kann es Besseres geben, als dass ich immer genau das bekomme, wozu ich gerade Lust habe?"

"Das habe ich den Spielmacher auch gefragt. Er antwortete mit einer Gegenfrage: Was ist besser? Wenn es genau so kommt wie du es dir wünschst, oder wenn es noch viel besser kommt als du es dir überhaupt vorstellen kannst?"

"Das ist noch genialer!", antwortete ich.

"Aber es scheint noch nicht das endgültige Ziel zu sein", erwiderte Vanessa.

"Wieso nicht?", wollte ich wissen.

"Weil der Spielmacher vorgeschlagen hat, dass ich mich weiterhin mit anderen Spielern austauschen sollte."

"Was kann denn noch besser sein, als dass es schöner kommt als ich es mir vorstellen kann?", fragte ich ratlos.

"Ich weiß was", schrieb Vanessa. "Dass es nicht nur besser kommt, sondern dass das Allerbeste geschieht. Das größte Glück, das überhaupt möglich ist."

"Und das immer genau zum richtigen Zeitpunkt", dachte ich mit. "Wenn mein Traummann vor mir steht, und ich bin dummerweise noch nicht so weit, dann nutzt mir das auch nicht viel."

"Das wäre dann aber auch nicht wirklich größtes Glück", erwiderte Vanessa.

"Für mich definiert größtes Glück es noch nicht eindeutig genug", meinte ich. "Wenn ich sage, ich will größtes Glück, dann habe ich schon noch ein wenig Angst, dass zwar etwas gigantisch Tolles geschieht, aber möglicherweise zum falschen Augenblick."

"Wie wäre denn dann das richtige Wort für dich?", wollte Vanessa wissen.

"Das ist schwierig", erwiderte ich nachdenklich. "Höchstes Glück vielleicht? Nein, das ist es auch nicht. Perfektes Glück? Nein, ich weiß es: vollkommenes Glück! Das ist es! Ich will vollkommenes Glück. Punkt! Das drückt für mich alles aus. Vollkommen ist mein Glück nur dann, wenn es das Genialste ist, was passieren kann, und wenn es zum perfekten Zeitpunkt geschieht. Das Beste daran ist aber, dass ich momentan gar nicht wissen muss, was in zehn Jahren für mich vollkommenes Glück sein wird. Das werde ich dann erfahren. Genau, das ist es: Ich wünsche mir vollkommenes Glück für alle Zeit."

"Ich denke, du hast deinen Wunsch gefunden, Rachel. Ich werde noch einmal in mich gehen und mir das Ganze durch den Kopf gehen lassen. Vermutlich willst du jetzt schnell zum Spielmacher. Ich danke dir für dieses Gespräch. Es war echt bereichernd. Bis bald, Rachel."

"Ich danke dir Vanessa. Es war auch sehr schön, mit dir zu reden."

"Bye, Rachel."

Ich klickte mich wieder zum Spielmacher. Dieses Mal hatte ich Glück. Er nahm meinen Wunsch an.

"Du hast jetzt die letzte Chance, das Spiel abzubrechen", schrieb der Spielmacher. "Wenn du es nicht tust, wird dein Wunsch erfüllt. Er wird auf eine Art und Weise erfüllt, die du als realistisch ansehen kannst. Das heißt, dass es Situationen geben kann, die du als unangenehm bewerten würdest. Doch ohne diese Situationen würdest du deine Schritte zum vollkommenen Glück nicht gehen können. Nicht weil es nicht möglich ist, sondern weil du es nicht glauben kannst.

Solltest du dich dazu entscheiden weiterzumachen, dann bedenke, dass es kein Zurück gibt. Wie ist deine Entscheidung?"

Ich erklärte noch einmal, dass dies mein Wunsch sei. Allerdings ging ich immer noch davon aus, dass dies alles nur ein Spiel sei. An diese Entscheidung dachte ich noch oft zurück.

Als ich an diesem Abend nach Hause ging, hatte ich immer noch dieses schöne Gefühl in meinem Körper, das ich beim Spielen die ganze Zeit gehabt hatte. Mir war klar, dass das Spiel dafür verantwortlich sein musste. Für einen Moment jagte mir ein seltsamer Gedanke durch den Kopf: "Was ist, wenn ich von dem Spiel abhängig werde?"

Ich wunderte mich über mich selbst. Noch nie zuvor hatte ich Angst gehabt, von irgendetwas abhängig zu werden. Ich war eigentlich sicher, mich gut unter Kontrolle zu haben. Doch ich hatte an diesem Abend Schwierigkeiten, meine Bedenken zu zerstreuen. Mein Verstand konnte mir hundert Mal sagen, dass das mit der Abhängigkeit Unsinn war. Meine Gefühle schienen sich von meinem Verstand nicht beeindrucken zu lassen. Schließlich schlief ich mit gemischten Gefühlen ein.

Als ich am nächsten Morgen aufwachte, waren die Gefühle des Spiels verschwunden. Ich bemerkte es sofort und war richtig erleichtert. So hundertprozentig hatte ich mich am letzten Abend also doch nicht davon überzeugen können, dass ich von Mysterio nicht abhängig werden würde. Doch jetzt, wo meine Gefühle wieder normal waren, musste ich darüber lachen.

Als ich an diesem Abend an meiner Doktorarbeit weiterschreiben wollte, hatte ich Schwierigkeiten, mich auf mein Thema zu konzentrieren. Ich dachte immer wieder an Mysterio. Ich war unsagbar neugierig, wie es weitergehen würde mit dem Spiel. Meine Neugier wurde so stark, dass ich beschloss, meine Arbeit aufzuschieben und mich ins Internet einzuloggen.

Ich rief das Spiel auf und kam wieder auf die erste Seite von Mysterio. Auf dieser Seite hatte ich gestern mit dem Spielmacher gesprochen. Dieses Mal sah die Seite jedoch etwas anders aus. Die Warnung, die mir gestern einen Schrecken eingejagt hatte, war verschwunden. Stattdessen stand auf dem Bildschirm eine Frage:

"Willst du deinen Computer an die Technik von Mysterio anpassen?"

Ich verstand nicht, was das bedeuten sollte, und antwortete einfach mit "Ja". In diesem Moment wurde der Bildschirm schwarz.

"Was soll denn das jetzt wieder?", sagte ich laut vor mich hin.

Plötzlich musste ich lachen. Das konnte nur wieder so ein Trick sein, mit dem sich Mysterio interessant machen wollte.

Als das Spiel wieder begann, zeigte der Bildschirm eine tropische Insel, die mit dem Namen "Mysterio" überschrieben war.

"Das ist ja stark!", sagte ich laut.

Was mich so faszinierte, war die Bildqualität. Es war wie der Blick durch ein Fenster. Ich sah, wie die Wellen sich am Strand brachen und wie die Palmen sich im Wind bewegten. Alles sah absolut echt aus. Und auch die Musik, die dem Spiel unterlegt war, war sehr seltsam. Sie wirkte irgendwie unheimlich.

Viel mehr machte mir allerdings zu schaffen, dass ich, seit ich wieder spielte, totale Glücksgefühle hatte. Warum ausgerechnet jetzt? Und wodurch wurden sie ausgelöst? Durch das Spiel vielleicht? Mir war das unheimlich.

Auf dem Bildschirm war die Einladung zu lesen, nach Mysterio zu kommen, um das nächste Spiel zu beginnen. Ich bestätigte diese Einladung, indem ich mit der Maus das Wort "Mysterio" anklickte.

In diesem Moment zeigte der Bildschirm den Landeanflug auf die Insel. Ich hatte beim Anblick dieser Bilder das Gefühl, tatsächlich zu schweben. Ich konnte mich gegen den Gedanken nicht wehren, dass hier etwas nicht mit rechten Dingen zuging. Doch die Neugier auf das nächste Spiel dominierte schließlich über meine Bedenken. Ich setzte am Ende meines Fluges an einem wunderschönen Strand sanft auf. Ich sah eine menschliche Gestalt, die auf mich zukam. Es war eine seltsame Person. Man konnte weder erkennen, ob diese Person jung oder alt, noch, ob es Mann oder Frau war. Sie sah irgendwie aus wie eine ältere, reife Frau mit einem jugendlichen Wesen und gleichzeitig wie ein junger Mann mit weisen Gesichtszügen. Noch nie zuvor hatte ich eine Person gesehen, die diese seltsame Wirkung auf mich hatte. Das Bild war gestochen scharf – an der Bildqualität konnte es also nicht liegen, dass ich die Person nicht einschätzen konnte. Es war diese unbeschreibliche Ausstrahlung, die mich verwirrte. Die Person kam immer näher und sprach mich über den Bildschirm an.

"Hallo, Rachel, ich bin dein Spielmacher. Ich möchte dir zunächst gratulieren, dass du es in die zweite Runde geschafft hast."

"Was meinst du mit geschafft?", fragte ich verwirrt.

"Die erste Runde war ein Eingangstest. Du hast ihn bestanden."

"Ich wusste gar nichts von einem Eingangstest. Worin besteht denn dieser Test?", wollte ich wissen.

"Das ist jetzt nicht mehr wichtig. Lass uns lieber das nächste Spiel beginnen. Wie ich dir bereits sagte, kannst du nur den Weg zum vollkommenen Glück gehen, den du als realistisch ansehen kannst.

Was müsste geschehen, das dich jetzt vollkommen glücklich machen würde?"

"Das ist ganz leicht: Wenn ich jetzt richtig reich werden würde, dann wäre ich vollkommen glücklich."

"Okay, dein Wille geschehe", bestätigte der Spielmacher. "Es gibt einige Menschen hier auf der Insel, die dir bei deinem Wunsch behilflich sein können. Ich werde dich mit ihnen in Kontakt bringen."

"Danke!"

Erst jetzt merkte ich, dass ich ganz vergessen hatte, dass dies nur ein Spiel war. Es war, als ob der Spielmacher jetzt tatsächlich dafür sorgen würde, dass ich reich würde. Ich wusste ganz genau, dass dies Unsinn war, aber das Gefühl war so stark, dass ich es mir die ganze Zeit klar machen musste.

Der Spielmacher hatte in der Zwischenzeit einen Gesprächspartner für mich ausgewählt. Es war ein Mann namens Markus. Ich klickte mit meiner Maus diesen Namen an. Sofort begann ich wieder zu schweben. Die Musik des Spiels wurde plötzlich von Windgeräuschen ersetzt. Mir wurde regelrecht schwindelig, während ich auf den Bildschirm schaute. Ich konnte mich gegen das Gefühl kaum wehren, dass ich tatsächlich flog. Ich hatte tatsächlich das Gefühl, schwerelos zu sein. Ich schüttelte den Kopf und fasste meinen Körper an.

"Das kann doch alles nicht wahr sein! Was geschieht hier?", dachte ich verunsichert.

Ich schaute hinter mich und nahm den Raum des Rechenzentrums wahr. Das ließ die Gefühlsillusion zu fliegen für einen Moment verschwinden. Als ich jedoch wieder in den Bildschirm schaute, war das Gefühl zu fliegen nach wenigen Sekunden stärker als je zuvor.

Schließlich setzte ich auf einem schönen, weißen Strand auf. Ein Mann kam auf mich zu. Das musste wohl Markus sein.

"Du siehst sehr hübsch aus, Rachel", begrüßte er mich.

"Was soll denn das jetzt?", dachte ich verwundert.

"Hallo Markus. Siehst du ein Bild von mir?", tippte ich in meinen Computer ein.

"Natürlich, du siehst mich doch auch", antwortete Markus.

"Kannst du mir beschreiben, wie ich in diesem Programm dargestellt werde?", fragte ich skeptisch.

"So wie du aussiehst. Du bist etwa 1,70 cm groß, hast blondes, halblanges Haar und eine tolle Figur."

Ich war total erschrocken über diese Antwort. Konnte das Zufall sein?

"Du hast gut geraten, gratuliere!", sagte ich unsicher.

"Ich habe nicht geraten, Rachel. Ich sehe dich", kam die unglaubwürdige Antwort.

"Wenn du mich wirklich siehst, dann sag mir doch mal, was ich jetzt mache!"

"Du nimmst den Daumen in den Mund", antwortete Markus augenblicklich.

Ich wurde kreidebleich. Dieser Mann hatte Recht. Wie konnte das sein? Zufall? Ich hätte so viele verschiedene Dinge tun können, statt ausgerechnet am Daumen zu lutschen. Oder war hier eine versteckte Kamera und das Ganze ein abgekartetes Spiel mit dem Fernsehen?

"Markus, ist das hier ein Witz? Du kannst mich doch nicht wirklich sehen, oder?", fragte ich unsicher.

"Ich sehe dich so, wie du mich siehst. Doch wenn du gestattest, lass uns zu deinem Wunsch kommen. Du bist ja nicht zum Vergnügen hier."

"Verdammt noch mal", dachte ich. "Natürlich bin ich zum Vergnügen hier. Das ist doch alles nur ein Spiel."

Ich war total verwirrt. Aber wenn dieser Markus so spielen wollte, als wäre das alles Realität, dann sollte er seinen Willen bekommen.

"Also, Markus, ich will reich werden. Kannst du mir dabei helfen?"

"Natürlich. Wie viel Geld willst du?", antwortete dieser trocken.

"Och, fünf Millionen Dollar würden schon genügen", meinte ich im Scherz.

"Ich kann dir eine geben. Für die restlichen vier hole ich ein paar Freunde. Du musst aber etwas für mich tun", erwiderte Markus.

"Was soll ich tun?"

"Du musst mir genau beschreiben, wie das ist, wenn du dich freust."

"Und dafür bekomme ich eine Million Dollar?", fragte ich belustigt.

"Natürlich, warum nicht?"

"Ein gutes Geschäft. Also, wenn ich mich richtig freue, ist es, als hätte ich tausend Springmäuse im Bauch. Ich könnte dann die ganze Welt umarmen."

Ich erzählte Markus eine ganze Weile, wie es für mich war, wenn ich Freude spürte. Dieser Markus spielte seine Rolle wirklich gut. Ich hatte den Eindruck, dass er tatsächlich lernen wollte, Freude zu erleben. Er verhielt sich, als wäre dieses Gefühl für ihn völlig unbekannt. Genau genommen verhielt er sich eigentlich so, als würde er gar keine Gefühle kennen. Ich vergaß mit der Zeit ganz, dass alles in Wirklichkeit nur ein Spiel war. Ich bemerkte zunächst auch nicht, dass in mir immer mehr Freude aufstieg, je länger ich darüber redete.

Nach einer Weile schrieb ich, dass ich nun alles gesagt hätte, was ich zur Freude sagen könne.

"Ich danke dir für deine Bemühungen. Wie möchtest du das Geld haben?"

Ich hatte schon ganz vergessen, dass dieses Spiel darin bestand, reich zu werden. Ich antwortete scherzeshalber, dass ich das Geld gerne per Banküberweisung zugestellt bekommen würde. Markus versicherte, das zu tun, und bat mich, einen Moment zu warten, damit er seine Freunde holen könne. Es sei denn, ich wollte die restlichen vier Millionen nicht haben. Ich tat mich immer noch ein bisschen schwer damit, dass dieser Markus so tat, als wäre das Ganze Wirklichkeit. Ich antwortete, dass ich um die restlichen vier Millionen auch noch spielen wolle.

Markus holte also seine Freunde. Alle wollten mir jeweils eine Million geben, wenn ich ihnen erklärte, wie sich Liebe, Lust, Freundschaft und Zuneigung anfühlten. Ich tat es. Ich war noch immer erfüllt von der Freude, die durch die Erklärungen für Markus in mir ausgelöst worden war. Doch jetzt kamen die anderen Gefühle noch hinzu. Denn jedes Mal, wenn ich ein Gefühl beschrieb, wurde es in mir ausgelöst und blieb mir auch weiterhin erhalten. Noch nie in meinem Leben hatte ich solch intensive Glücksgefühle erlebt. Ich geriet regelrecht in Ekstase. Mein Nervensystem schien mit so vielen tollen Gefühlen kaum zurechtzukommen. Ich kam an einen Punkt, an dem ich nicht mehr fähig war, weiter zu beschreiben, wie sich diese Gefühle anfühlten. Ich konnte sie nicht mehr auseinander halten. Auch bereitete mir das Schreiben große Mühe. Ich fühlte mich, als wäre ich im Vollrausch. Ich hörte einfach auf zu schreiben und schaute fast apathisch in den Bildschirm. Ich genoss meine Gefühle so sehr, dass ich nichts mehr um mich herum wahrnahm. Ich war in einer völlig anderen Welt – in einer sehr glücklichen Welt.

Ich weiß nicht, wie lange ich so dagesessen habe. Als ich wieder zu mir kam, waren die ekstatischen Glücksgefühle abgeklungen. Auf dem Bildschirm war wieder die Seite zu sehen, mit der das Spiel begonnen hatte. Ich wurde aufgefordert, anzugeben, ob ich die Anpassung an die Technik von Mysterio wieder rückgängig machen wollte. Ich bejahte diese Frage, ohne richtig zu kapieren, was ich eigentlich tat.

Plötzlich stürzte mein PC ab. Ich schaltete ihn aus und wieder ein, in der Hoffnung, dass dann wieder alles normal sein würde. Doch dem war nicht so. Der Bildschirm blieb schwarz.

"So ein Mist!", dachte ich, "Jetzt muss ich dem Assistenten Bescheid sagen. Das hat mir gerade noch gefehlt."

Als der Assistent den schwarzen Bildschirm sah, machte er ein Gesicht, als ob etwas ganz Schlimmes passiert wäre.

"Was hast du denn mit dem gemacht, Rachel? Ich glaube nicht, dass die Universität das so einfach hinnehmen wird, was du da angestellt hast. Der PC ist hinüber, so viel ist sicher. Ich muss das melden. Es sei denn, du kämst mir ein bisschen entgegen. Wenn du willst, können wir gleich in mein Büro gehen und die Sache regeln, oder wir melden es im Sekretariat. Die werden jedoch bestimmt darauf bestehen, dass du den PC bezahlst. Also, wie sieht es aus mit uns beiden?"

Erst jetzt merkte ich, dass der Assistent auf einen Liebesdienst aus war. Mit seiner Angstmache hatte er mich doch tatsächlich für einen Moment eingeschüchtert. Ich griff sein Ohr und drehte es herum. Der Assistent krümmte sich vor Schmerz.

"Du linke Bazille. Glaubst du wirklich, ich wäre so blöd, darauf reinzufallen? Bring jetzt den PC in Ordnung und verzieh dich wieder in dein Büro."

"Ist ja gut, Rachel. Ich habe doch nur Spaß gemacht", beschwichtigte der Assistent und machte sich an die Arbeit.

Mit dem PC war etwas Unerklärliches geschehen. Seine Festplatte war völlig leer. Der Assistent hatte jetzt wirklich allerhand zu tun. Er musste die gesamte Software wieder neu aufspielen sowie alle Daten, die vorher auf der Festplatte gewesen waren. Er wollte von mir wissen, was ich gemacht hätte. So aus Versehen konnten ja wohl nicht alle Daten gelöscht worden sein. Ich erklärte das mit der Umwandlung meines PCs in die Technik von Mysterio.

"Willst du mich auf den Arm nehmen, Rachel? Was hast du wirklich gemacht?"

"Ich habe die Wahrheit gesagt. Er ist abgestürzt, als ich das Spiel beenden wollte. Ich kann mir das alles auch nicht erklären."

So ein bisschen tat es mir jetzt doch Leid, dass der Assistent so viel Arbeit mit dem PC hatte. Aber mir ging es viel zu gut, als dass ich mir darüber ernsthaft Gedanken machen wollte. Ich spürte immer noch etwas von den schönen Gefühlen, die durch das Spielen in mir ausgelöst worden waren. Diese Gefühle hielten noch Tage nach dem Spiel an.

Gelegentlich kam mir immer noch der Gedanke, von dem Spiel abhängig werden zu können. Doch ich weigerte mich, darin ein echtes Problem zu sehen. Ich machte mir auch keine Gedanken darüber, wie das Spiel es angestellt hatte, mich diese Ekstase erleben zu lassen.

Ein paar Tage später ging ich zur Bank. Ich dachte scherzeshalber, dass ich einmal nachschauen wollte, ob die fünf Millionen schon auf meinem Konto wären. Ich war fast ein bisschen aufgeregt, als ich meine Karte in den Drucker steckte, um meinen Kontostand ausdrucken zu lassen. Ich dachte für einen Moment, dass es vielleicht wirklich besser wäre, nicht mehr Mysterio zu spielen. Das Spiel schien meinen Sinn für die Wirklichkeit zu trüben.

Als der Drucker die Kontoauszüge ausgab, glaubte ich, meinen Augen nicht zu trauen. Mein Herz begann zu rasen. Auf meinem Konto waren fünf Millionen Dollar eingezahlt worden.

"Das gibt es doch nicht!", dachte ich hysterisch. "Ich muss träumen! Habe ich jetzt Wahnvorstellungen?"

Ich lief völlig aufgelöst zu einem Bankschalter. Ich gab dem Mann hinter dem Schalter meine Auszüge und fragte ihn, welchen Kontostand er läse. Der Mann sah mich verblüfft an und sagte ganz leise, dass etwas mehr als fünf Millionen Dollar auf meinem Konto seien.

Ich war völlig durcheinander. Ohne ein Wort zu sagen, nahm ich meine Auszüge und verließ die Bank. Was hatte das zu bedeuten? War das legal, was hier ablief? Was wäre, wenn das Spiel von einem Computerhacker in das Internet eingespielt worden war, der mir jetzt dieses Geld illegal auf mein Konto gebucht hatte? Was sollte ich jetzt tun? Das Geld nehmen und untertauchen? Mir damit ein schönes Leben machen? Was wäre mit meinem Studium? Die ganze Arbeit wäre umsonst gewesen. Nein, es wäre zwar verlockend, endlich einmal viel Geld zu besitzen, doch dafür wollte ich nicht mein gesamtes Leben aufgeben. Und vielleicht würde ich dann am Ende im Gefängnis landen. Ich beschloss, zur Bank zurückzugehen und die Falschbuchung zu melden.

Der Bankangestellte, der mich bediente, konnte allerdings keinen Fehler feststellen. Auf den ersten Blick sah alles so aus, als ob die Transaktionen echt waren. Das Geld kam aus verschiedenen Ländern von insgesamt fünf verschiedenen Absendern. Der Bankangestellte erklärte, es würde ein paar Tage dauern, bis alle Transaktionen überprüft seien. In der Zwischenzeit käme das Geld auf ein Zwischenkonto, das für mich vorerst gesperrt sei.

Meine guten Gefühle waren durch dieses Ereignis verschwunden. Stattdessen hatte ich jetzt Angst, dass ich mächtigen Ärger bekommen würde durch das Geld auf meinem Konto. Ich hatte ja von Anfang an das Gefühl gehabt, dass mit diesem Spiel etwas nicht in Ordnung war. Hätte ich doch nur auf mein Gefühl gehört!

Ich schwor mir in diesem Moment, nie wieder Mysterio zu spielen. Ich erzählte nur einem einzigen Menschen etwas von dem Spiel: meiner Freundin Sonja, mit der ich zusammen ein Apartment gemietet hatte. Sonja ging zur gleichen Universität. Wir vereinbarten Stillschweigen, da wir Angst hatten, gesetzlich belangt zu werden, wenn wir andere Menschen auf das illegale Spiel aufmerksam machten. Doch Sonja konnte ihre Neugier nicht zügeln.

Am nächsten Tag brachte sie den Assistenten dazu, sie im Internet surfen zu lassen. Sie suchte eine ganze Weile, bis sie Mysterio endlich gefunden hatte. Sie bekam die gleiche Aufgabe wie ich. Doch Sonja hatte keine Lust, diese dämliche Frage nach dem allmächtigen Wunsch zu beantworten. Sie gab mit der Tastatur ein, dass sie um Geld spielen wolle. Unmittelbar nachdem sie das geschrieben hatte, erklärte der Spielmacher von Mysterio das Spiel für verloren. Sonja versuchte weiterzuspielen, bekam aber keine Antwort mehr. Sie beendete das Spiel und wollte es erneut wieder aufrufen. Doch die Seite im Internet, die zuvor auf das Spiel Mysterio hingewiesen hatte, war jetzt plötzlich verschwunden. Wie konnte das sein? Sie hatte doch vor einer Minute noch gespielt. Sie suchte wie eine Verrückte, aber das Spiel war weg. Der Server, den sie aufrief, meldete immer nur: "File not found!", was bedeuten musste, dass dieses Spiel nicht existierte. Sonja verstand die Welt nicht mehr. Nach einer Weile sah sie ein, dass es keinen Zweck hatte. Offenbar musste jemand das Spiel in dem Moment gelöscht haben, in dem sie es beendet hatte. Eine andere Erklärung gab es nicht. Auf jeden Fall war es jetzt weg, so viel war sicher.

Sonja erzählte mir nichts von diesem heimlichen Versuch. Sie hatte ein schlechtes Gewissen, ihre beste Freundin hintergangen zu haben. Doch der Drang zu spielen war einfach zu groß gewesen. Sie hatte der Versuchung nicht widerstehen können.

Während die nächsten Tage vergingen, spürte auch ich immer häufiger das Gefühl, spielen zu wollen. Ich sehnte sich nach den tollen Gefühlen, die ich beim Spielen gehabt hatte. Immer öfter musste ich daran denken. Ich wachte am Morgen auf und dachte an das Spiel. Ich ging am Abend zu Bett und konnte nicht einschlafen, weil ich immer nur dachte, dass ich mich bestimmt jetzt ganz toll fühlen würde, wenn ich nur wenigstens einmal kurz spielen könnte. Mein Drang zu spielen wurde von Tag zu Tag größer. Die normalen Dinge des Alltags begannen mich immer weniger zu interessieren. Ich steigerte mich mehr und mehr in eine Unlust hinein. Nach ein paar Tagen war ich regelrecht depressiv geworden. Ich konnte mich nicht mehr dazu motivieren, an meiner Doktorarbeit weiterzuarbeiten. Die Angst, von Mysterio tatsächlich abhängig geworden zu sein, steigerte sich von Tag zu Tag.

Eines Nachts wachte ich mitten im Traum auf. Ich träumte, wie der Spielmacher mich mit magischer Stimme rief: "Rachel, komm zu mir! Du musst spielen. Du kannst nicht leben ohne mich. Komm, du brauchst mich!"

Ich konnte diesem Ruf nicht widerstehen. Ich träumte, dass ich meinen freien Willen an das Spiel verloren hatte. Ich musste tun, was der Spielmacher sagte. Ich hatte keine andere Wahl. Ich konnte mich nicht dagegen wehren, sosehr ich es auch versuchte.

Am Morgen nach diesem Traum erkannte ich, dass ich Hilfe brauchte. Es war mehr als nur Lust zu spielen. Ich fühlte sich wie eine Drogensüchtige beim Entzug. Ich hasste und liebte gleichzeitig dieses vermaledeite Spiel.

Am selben Morgen erhielt ich einen Anruf von der Bank.

"Mrs. Hillard, ist es Ihnen möglich, heute Morgen gegen zehn Uhr in unserer Bank vorbeizukommen?", fragte die nette Stimme am Telefon.

Ich spürte, dass ich ganz schön tief in der Tinte saß. Nicht genug, dass ich diese seltsamen Entzugserscheinungen hatte, jetzt musste ich mich auch noch mit der Polizei herumschlagen. Was sollte ich den Polizisten erzählen? Und würden die mir überhaupt glauben? Vielleicht würde ich sogar vorbestraft. Damit wäre alles, was ich mir bisher aufgebaut hatte, auf einen Schlag den Bach runtergegangen. Mit einer Vorstrafe würde ich als Philosophin mit Sicherheit niemals einen Fuß auf den Boden bekommen.

Ich war um Punkt zehn in der Bank. Der Bankangestellte, der mich angerufen hatte, kam mir gleich entgegen.

"Bitte hier entlang, Mrs. Hillard."

Er führte mich in ein Büro, das hinter den Schaltern lag, an denen ich normalerweise abgefertigt wurde.

"Bitte setzen Sie sich. Möchten Sie einen Kaffee oder sonst irgendetwas?"

"Nein, danke", sagte ich ungeduldig.

"Nun", begann der Bankangestellte. "Ihr Konto zeigt einen Kontostand von fünf Millionen Dollar auf."

"Ich habe das wirklich nicht gewollt. Ich dachte, das sei alles nur ein Spiel. Nie hätte ich geglaubt, dass die so weit gehen würden."

"Ich weiß zwar nicht, wovon Sie genau sprechen, aber offenbar hat es Ihnen fünf Millionen Dollar eingebracht. Die Transaktionen waren allesamt in Ordnung. Wir haben alles sehr sorgfältig überprüft. Sie sind rechtmäßige Besitzerin des Geldes."

"Aber das kann nicht sein! Sie müssen etwas übersehen haben! Die hatten ja noch nicht mal meine Kontonummer."

"Also wissen Sie doch, woher das Geld kommt?", fragte der Bankangestellte skeptisch.

"Nicht wirklich", erklärte ich. "Ich habe über das Internet mit ein paar Menschen kommuniziert. Die scheinen mir tatsächlich das Geld geschickt zu haben. Das gibt es doch nicht."

"Wie dem auch sei. Ich möchte Ihnen ein paar Angebote unterbreiten, wie Sie dieses Geld wirklich Gewinn bringend anlegen können. Haben Sie schon einmal daran gedacht, an der Börse zu spekulieren? Wir hätten da gerade ein interessantes Angebot für Sie."

"Bevor Sie weitererzählen, muss ich erst einmal verdauen, dass ich jetzt wahrhaftig Millionärin bin. Ich werde jetzt gehen. Vielleicht komme ich morgen wieder. Jetzt will ich erst mal meinen Freunden davon erzählen."

"Gut, wenn sie morgen wiederkommen, fragen Sie bitte nach mir. Mein Name ist Miller."

"Okay, Mr. Miller. Bye bye."

"Goodbye, Mrs. Hillard. Und nicht vergessen, Miller."

Ich wusste momentan nicht, was ich als Erstes tun sollte. Ich konnte mich noch gar nicht so richtig über das viele Geld freuen. Mir saß immer noch der Schreck in den Knochen, dass ich geglaubt hatte, vielleicht ins Gefängnis zu müssen. Ich begann mich langsam zu beruhigen. Als erstes wollte ich meiner Freundin Sonja alles erzählen. Die machte sich ja auch Sorgen.

Ich wusste, dass Sonja eine Vorlesung hatte. Ich fuhr mit meinem Wagen zur Universität. Sonja hatte den gleichen Studiengang wie ich. Und da sie fast die gleichen Kurse belegt hatte, wusste ich, wo ich Sonja finden würde. Ich musste Sonja aus der Vorlesung herausholen. Ich konnte nicht warten, bis die Vorlesung beendet wäre.

Auf dem Weg zur Universität stieg in mir der Drang wieder auf, Mysterio zu spielen. Je näher ich der Universität kam, desto stärker wurde das Gefühl. Ich begann schon zu überlegen, ob ich nicht noch einmal kurz spielen sollte, bevor ich zu Sonja ging. Doch Sonja war jetzt wichtiger – oder doch nicht? Ich schwankte noch ein paar Mal hin und her, entschied mich aber letztendlich für Sonja.

Ich fand Sonja in einer langweiligen Vorlesung und setzte mich auf den freien Platz neben ihr.

"Sonja, ich muss dir etwas erzählen. Kommst du mit raus?"

Sonja nickte und packte sofort ihre Sachen. Als wir den Vorlesungssaal verlassen hatten, wollte Sonja wissen, was los war.

"Was ist so wichtig, dass du mich aus der Vorlesung rausholst, Rachel?"

"Das Geld, es gehört tatsächlich mir!", erklärte ich euphorisch.

"Das ist nicht dein Ernst!", zweifelte Sonja.

"Doch, die Bank hat es überprüft. Es ist alles ganz legal. Ich bin jetzt Millionärin. Ich kann es selbst noch nicht so ganz glauben."

"Du meinst es wirklich ernst, Rachel? Wie kann das sein? Es überweist dir doch nicht wirklich jemand fünf Millionen Dollar, nur weil du ihnen ein paar Gefühle erklärst. Das kann ich nicht glauben."

"Wenn ich es dir sage! Die Bank hat alles sorgfältig geprüft. Ich weiß ja auch nicht, wieso die fünf von Mysterio das gemacht haben. Aber es ist Tatsache. Ich besitze fünf Millionen", flüsterte ich.

"Wenn das wirklich stimmt, will ich auch spielen!", erklärte Sonja ungeduldig.

"Ich wollte dir gerade vorschlagen, dass wir zusammen ins Rechenzentrum gehen und Mysterio aufrufen."

"Worauf warten wir dann noch? Los, gehen wir! Aber lass uns keinem anderen Menschen davon erzählen. Es sollte nicht jeder wissen, dass man von dem Spiel so viel Geld bekommen kann. Du solltest auch sonst niemandem von deinem Geld erzählen. Du hast sonst keine ruhige Minute mehr."

Wir gingen ins Rechenzentrum und wollten spielen. Doch der Assistent des Rechenzentrums kam uns abwinkend entgegen.

"Es ist jetzt kein PC frei", sagte er zu uns.

"Was soll das? Die Hälfte der Plätze sind leer!", antwortete ich widerwillig.

"Ja, aber es soll noch ein Kurs kommen."

Wir glaubten ihm kein Wort. Thomas konnte nicht gut lügen. Ein Blinder mit Krückstock erkannte, wenn Thomas ihm einen Knopf an die Backe nähen wollte.

"Es gäbe da noch eine Möglichkeit ...", fuhr Thomas fort. "Es wäre aber eine reine Goodwill-Aktion von mir, wenn ich das tun sollte. Euch ist klar, dass ich das nicht ohne Gegenleistung tue?!"

Ich kapierte sofort, was er wieder wollte. Ich zwinkerte Sonja zu.

"Glaubst du, du kannst es auch mit zwei Frauen gleichzeitig aufnehmen?", fragte ich schelmisch.

Thomas begann, über beide Backen zu strahlen. Wenn er keine Ohren gehabt hätte, hätte er rundum gegrinst.

Sonja und ich gingen mit Thomas in sein Büro und schlossen die Tür hinter uns ab. Thomas begann sich auszuziehen. Als er gerade seine Krawatte geöffnet hatte, schnappte ich mir seinen Arm und legte Thomas mit einem Polizeigriff auf den Schreibtisch. Sonja nahm die Krawatte und fesselte seine Hände. Danach nahm ich das Telefonkabel und fesselte seine Füße. Wir banden Hände und Füße zusammen und legten den Assistenten behutsam auf den Boden. Danach bekam er noch einen Knebel in den Mund.

"So, das wär's. Ich denke, das sollte deinen Trieb ein wenig dämpfen. Vielleicht überlegst du es dir das nächste Mal genauer, mit wem du dein Spielchen machen willst!"

Der Assistent versuchte zu antworten, doch mit dem Knebel im Mund war kein Wort zu verstehen. Sonja und ich verließen das Büro und schlossen die Tür wieder zu. Es musste ja nicht jeder sehen, was wir mit dem Assistenten gemacht hatten. Wir wollten ihn ja sowieso gleich wieder befreien. Wir setzten uns an einen freien PC, und Sonja begann, sich einzuloggen. Ich gab ihr den Vortritt, denn ich hatte ja bereits meine Millionen. Sonja rief mit gemischten Gefühlen die Seite im Internet auf, auf der Mysterio hätte zu finden sein müssen. Sie wusste, dass das Spiel wahrscheinlich nicht da sein würde. Es war ja gelöscht worden. Und so war es auch. Die Seite war leer.

"So ein Mist, das Spiel ist gelöscht worden."

"Das kann ich mir nicht vorstellen, Sonja. Lass mich mal versuchen!"

Doch sosehr ich es wollte, das Spiel war weg.

"Das gibt es doch gar nicht. Es muss doch da sein!", sagte ich mit einem aggressiven Unterton in der Stimme. "Ich gehe hier nicht eher weg, bis ich das Spiel gefunden habe!"

"Rachel, es hat keinen Sinn. Das Spiel ist weg!", erwiderte Sonja.

"Es darf aber nicht weg sein!", sagte ich aggressiv.

"Was ist mit dir los, Rachel? So kenn' ich dich ja gar nicht!"

"Lass mich! Ich muss das Spiel finden. Es kann nicht weg sein!", sagte ich hysterisch.

"Rachel, hör mir zu! Rachel, du sollst mir zuhören!", schrie Sonja mich an. "Das Spiel ist weg! Akzeptiere es!"

In diesem Moment brach ich in Tränen aus. Ich hatte das Gefühl, dass in meinem Leben noch nie etwas so Schlimmes passiert war. Ich war völlig verzweifelt.

"Ich kann ohne das Spiel nicht mehr leben, Sonja", stammelte ich unter Tränen.

"Rachel, beruhige dich! Du hast doch das Geld, was willst du denn noch?"

Aber ich war nicht in der Lage, Sonja eine Antwort zu geben. Ich heulte wie ein Schlosshund.

"Um Himmels Willen, Rachel. Die letzten Tage müssen einfach zu viel für dich gewesen sein. Los, wir ziehen jetzt los und kaufen alles ein, was du dir schon immer gewünscht hast! Vergiss dieses blöde Spiel! Du brauchst es jetzt nicht mehr. Du bist Millionärin!"

Sonja zerrte mich regelrecht aus dem Rechenzentrum. Als wir draußen waren, wollte sie wissen, was ich schon immer gerne haben wollte. Unter Tränen stammelte ich fast unverständlich: "Einen italienischen Sportwagen!"

"Sollen wir einen kaufen gehen?", fragte Sonja euphorisch.

"Ich weiß nicht. Meinst du wirklich?"

"Natürlich! Geld hast du doch mehr als genug. Los, wir gehen uns wenigstens mal einen anschauen! Du kannst ja immer noch überlegen, ob du ihn willst oder nicht", schlug Sonja vor.

Wir setzten uns in meinen alten Wagen und fuhren in die Stadt. Ich wusste genau, wo ich hinfahren musste. Ich hatte mir diese italienischen Wagen schon öfter durch die Schaufensterscheibe angeschaut.

"Los, gehen wir rein, Rachel!"

"Okay, was habe ich zu verlieren?"

Als wir den Ausstellungsraum betraten, kam uns sofort ein Verkäufer entgegen. Er musterte uns von oben bis unten und meinte dann: "Meine Damen, was kann ich für Sie tun?"

"Ich interessiere mich für einen Lamborghini. Den da zum Beispiel. Was kostet der?", fragte ich interessiert.

"Ich denke, dass dieses Stück Ihren Geldbeutel etwas überlasten dürfte", antwortete der Verkäufer. "Sind Sie sicher, dass Sie wirklich hier einen Wagen kaufen wollen?"

"Wenn Sie nicht verkaufen wollen, kann ich auch woanders hingehen", entgegnete ich aggressiv.

"Sie meinen es tatsächlich ernst, oder?", fragte der Verkäufer etwas unsicher.

"Ich möchte diesen Wagen hier kaufen, jetzt sofort, und auch gleich mitnehmen", erklärte ich arrogant.

"Dies ist ein Lamborghini Diablo. Er hat einen Preis von über zweihunderttausend Dollar."

"Okay, den kaufe ich", entschied ich.

"Rachel", flüsterte Sonja mir zu, "du musst handeln! Du kannst doch nicht einfach den Preis akzeptieren, den der sagt."

"Ich habe gesagt, ich will ihn haben! Machen Sie ihn fertig! Ich möchte ihn gleich mitnehmen. Meinen alten Wagen können Sie gleich hier behalten."

"Dann kommen Sie bitte mit", bat der Verkäufer und führte uns in sein Büro. "Wie gedenken Sie zu zahlen?", wollte er anschließend wissen.

"Ich zahle per Scheck."

"Ich möchte Sie um Verständnis bitten, aber einen Scheck über solch einen Betrag kann ich, ohne mich rückversichert zu haben, nicht annehmen. Wenn Sie einverstanden sind, dann unterschreiben Sie mir bitte diese Vollmacht. Ich werde sofort jemanden zu Ihrer Bank schicken, um Ihren Scheck überprüfen zu lassen. Aber ich warne Sie. Wenn Sie mich hier auf den Arm nehmen, werden Sie diese Überprüfung bezahlen müssen."

"Werden Sie nicht unverschämt!", wehrte ich mich. "Schicken Sie Ihren Boten los! Wir wollen nicht den ganzen Tag hier verplempern."

"Nun gut, wie Sie wollen. Es wird etwa eine halbe Stunde dauern. Möchten Sie so lange hier warten? Wie wäre es mit einem Kaffee?"

"Kaffee ist okay."

Uns wurde ein Kaffee gebracht. Der Verkäufer verhielt sich immer noch so, als wüsste er, dass der Scheck nicht gedeckt sei. Er ließ uns nicht aus den Augen. Ich versuchte mir bereits jetzt sein Gesicht vorzustellen, wenn er erfahren würde, dass ich den Wagen tatsächlich bezahlen könnte. Ich schaute Sonja an und erkannte, dass sie das Gleiche dachte. Wir lachten uns kaputt.

Schließlich kam der Bote wieder zurück, der zu meiner Bank gefahren war. Er gab dem Verkäufer einen Zettel. Dieser stand auf einmal auf wie von der Tarantel gestochen und kam auf mich und Sonja zu.

"Es tut mir schrecklich Leid, dass ich so misstrauisch war. Aber Sie glauben ja nicht, was ich hier schon alles erlebt habe", versuchte er sich zu entschuldigen.

"Sie sollten die Leute nicht nach ihrer Kleidung beurteilen. Da kann man ganz schön ins Fettnäpfchen treten", erwiderte ich überheblich.

Es tat so gut, sich auf diese Weise einmal so richtig daneben zu benehmen. Sonja und ich mussten die ganze Zeit über kichern.

"Sie haben Recht. Es tut mir Leid. Möchten Sie mit dem Wagen zuvor noch eine Probefahrt machen? Sie können sich dafür so lange Zeit nehmen wie Sie wollen. Wenn Sie möchten, fahre ich auch gerne mit. Es gibt da einige sehr wichtige Dinge, die Sie wissen sollten. Ein Lamborghini ist nicht einfach nur ein Auto. Sie haben immerhin vierhundertfünfzig PS unter der Haube."

"Nein, danke", lehnte ich ab. "Machen Sie ihn fertig und geben Sie mir die Papiere! Mehr ist nicht notwendig."

Der Verkäufer verhielt sich weiterhin wie ein Untertan gegenüber seiner Königin. Zwanzig Minuten später saßen Sonja und ich im neuen Wagen. Als ich den Schlüssel umdrehte, war ich zunächst erschrocken von dem gigantischen Motorengeräusch. Ich war schon mit vielen Wagen gefahren, sogar schon einmal mit einem Truck. Aber dieses Auto jagte mir schon einen gewissen Respekt ein. Als ich anfuhr, machte der Wagen einen Satz wie ein Känguru. Beim zweiten Versuch klappte es schon besser. Zwar quietschten dabei immer noch die Reifen, aber ich fuhr. Als meine Anspannung etwas nachgelassen hatte, ließ ich einen Freudenschrei los. Ich trat aufs Gaspedal und brauste los wie eine Rakete. Nun waren all meine schlechten Gefühle endgültig verschwunden. Ich war total aufgedreht.

"Los, Sonja. Wir gehen uns jetzt etwas Schickes zum Anziehen kaufen. Du bist natürlich eingeladen. Du kannst kaufen, was du willst und so viel du willst."

"Meinst du das ernst, Rachel?"

"Natürlich! Du bist meine beste Freundin. Ich möchte heute mit dir feiern."

"Na dann los!"

Wir fuhren durch die Stadt und parkten unseren Lamborghini direkt vor den teuersten Läden, egal ob da Parkplätze waren oder nicht. Wenn ich mit meinem alten Wagen dort gehalten hätte, wäre ich sofort abgeschleppt worden. Doch nun kam sofort jemand aus dem Geschäft und hielt uns beiden die Tür auf. Sonja und ich ließen uns bedienen wie Königinnen. Wir kauften ein, was das Zeug hielt.

Nach ein paar Stunden hatten wir genug. Sonja wollte am liebsten nach Hause und den Tag in Ruhe zu Ende gehen lassen. Wir fuhren also heim. Als wir dort ankamen, fiel mir brühwarm ein, dass wir Thomas, den Assistenten, ganz vergessen hatten. Wie konnte das passieren! Der arme Kerl musste immer noch gefesselt auf dem Boden in seinem Büro liegen. Ich setzte Sonja zu Hause ab und fuhr so schnell ich konnte in die Universität.

Thomas lag immer noch zusammengeschnürt in seinem Büro. Ich befreite ihn, immer darauf bedacht, dass ich eventuelle Angriffe seinerseits bereits im Keim ersticken könnte. Ich rechnete damit, dass er mit Recht eine Scheißwut auf mich haben würde. Doch er war ganz friedlich. Er musste geweint haben. Seine Augen waren ganz aufgequollen und sein Gesicht ganz nass. Mir tat es schrecklich Leid, dass wir ihn einfach vergessen hatten. Ich nahm ihn noch am Boden liegend in die Arme und bat ihn um Verzeihung. Thomas konnte gar nichts sagen. Er war völlig fertig. Er begann wieder leise zu weinen. Es tat mir jetzt wirklich unsagbar Leid, was wir mit dem armen Kerl gemacht hatten. So ein schlechter Mensch war er ja wirklich nicht. Im Grunde genommen konnte er keiner Menschenseele etwas zu Leide tun. Er war halt nur ein bisschen penetrant, wenn es um Frauen und Sex ging. Aber dass er so sensibel war, hatte ich nicht gewusst.

Ich hielt ihn bestimmt noch eine halbe Stunde im Arm, bis er sich beruhigt hatte. Danach war er immer noch ganz friedlich und meinte, er wolle jetzt nach Hause gehen. So traurig hatte ich ihn noch niemals zuvor gesehen. Vielleicht war er ja tatsächlich in mich verliebt, und was ich ihm angetan hatte, hatte ihm das Herz gebrochen.

Ich wusste es damals noch nicht, aber es sollte das letzte Mal gewesen sein, dass ich Thomas gesehen hatte.

Als er weg war, spürte ich mich plötzlich wieder magisch von dem PC angezogen. Es war, als ob ich eine Stimme hörte, die immerzu nach mir rief und mich aufforderte, nach Mysterio zu kommen. Ich dachte wieder daran, dass der Spielmacher mir sagte, mein Wunsch nach vollkommenem Glück würde erfüllt werden. Es sah jetzt fast so aus, als hätte er wahr gemacht, was er versprochen hatte. Der Tag, der jetzt hinter mir lag, war wundervoll gewesen – bis auf das Missgeschick mit Thomas natürlich.

Ich konnte immer noch nicht so recht daran glauben, dass dies alles Wirklichkeit sein sollte. Dennoch trauerte ich dem Spiel nach.

"Vielleicht ist das Spiel ja doch wieder da", dachte ich hoffnungsvoll.

Ich wusste, dass diese Hoffnung unsinnig war, doch ich wollte mir trotzdem Gewissheit verschaffen. Ich loggte mich ins Internet ein und klickte mich auf die Seite, auf der ich Mysterio das erste Mal gefunden hatte. Ich traute meinen Augen nicht: Das Spiel war wieder da – kein Anzeichen, dass es jemals gelöscht gewesen war.

Völlig außer mir vor Freude klickte ich das Wort "Mysterio" an. In diesem Augenblick wurde ich plötzlich wieder durchflutet von den tollen Glücksgefühlen, die ich beim letzten Spiel gespürt hatte. Ich verstand nicht, wie das kam, fühlte mich aber seltsamerweise irgendwie geborgen und zu Hause.

Mysterio stellte mir zu Beginn wieder die Frage nach der Umwandlung meines Computers. Ich wollte alles wieder genauso machen wie das letzte Mal und bejahte diese Frage. Daraufhin wurde der Bildschirm wieder schwarz. Als das Spiel erneut begann, befand ich mich im Landeanflug auf die Insel Mysterio. Der Spielmacher kam auf mich zu. Wieder war ich nicht in der Lage zu beurteilen, wie alt der Spielmacher war. Oder war es vielleicht eine Spielmacherin?

Ich bekam meine nächste Aufgabe:

"Wir sind schon ein gutes Stück vorangekommen", erklärte der Spielmacher. "Das nächste Spiel lautet: Was würde in dir übergroße Liebe auslösen?"

Ich wusste auf diese Frage sofort eine Antwort: "Ich müsste meinen Seelenpartner finden – den Mann, der für mich bestimmt ist. Ich glaube ganz fest daran, dass dieser Mann existiert."

"Woran würdest du diesen Mann denn erkennen?", wollte der Spielmacher wissen.

"Ich würde es einfach wissen, wenn ich ihm begegne", antwortete ich.

"Woher würdest du es wissen?", hakte der Spielmacher nach.

"Ich würde es spüren. Da bin ich ganz sicher. Ich würde die Verbindung zwischen uns spüren. Vom ersten Augenblick an, in dem ich ihn sehen würde, wüsste ich, dass er es ist."

"Ich werde dir jetzt einen Körper zeigen", schlug der Spielmacher vor. "Wir werden diesen Körper gemeinsam verändern, bis du ihn als deinen Seelenpartner erkennst."

"Okay, fangen wir an", erklärte ich mich einverstanden.

Auf dem Bildschirm erschien eine menschliche Gestalt. Sie war ähnlich unkonkret wie das Bild des Spielmachers. Das Einzige, was man erkennen konnte, war, dass es eine männliche Person war. Ich sagte dem Spielmacher, dass mein Seelenpartner sehr liebevoll sein würde. Daraufhin sah ich, wie sich das Bild des Mannes auf eine seltsame Weise veränderte. Ich konnte gar nicht richtig beschreiben, was sich genau verändert hatte, aber der Mann, der jetzt zu sehen war, hatte tatsächlich eine liebevolle Ausstrahlung. Ich war entzückt von diesem Spiel. Ich gab als Nächstes an, dass dieser Mann verständnisvoll und tolerant sein müsste, außerdem sportlich und attraktiv, und natürlich sehr lebensfroh und immer zu jeder Schandtat bereit. Ja, und sehr erotisch, das war ganz wichtig. Weiterhin müsste er auch Mysterio spielen, genau wie ich.

Das Bild meines Traumpartners war jetzt ziemlich konkret geworden, aber irgendetwas fehlte noch. Ich gab als Letztes an, dass mein Herz sich öffnen würde, wenn ich meinem Seelenpartner gegenüber stünde. Das sei eigentlich das Hauptmerkmal, an dem ich ihn erkennen würde. Alles andere sei gar nicht wirklich wichtig.

Als ich das eingab, wurde das Bild des Mannes plötzlich gestochen scharf und deutlich. Es sah aus wie ein Foto. Ich fühlte mich zu diesem Mann sehr stark hingezogen. Mein Herz öffnete sich und Liebe stieg in mir auf. Ich hielt mich zwar selbst für verrückt wegen dieser Gefühle, aber ich genoss sie trotzdem. Ich sah mir diesen Mann viele Minuten lang an. Zu gerne hätte ich dieses Bild ausdrucken lassen, doch das funktionierte leider nicht. Nach einer Weile erklärte ich dem Spielmacher, dass ich das Spiel beenden wollte. Ich wollte nach Hause gehen und schlafen. Ein langer Tag lag hinter mir. Als ich das eingegeben hatte, erschien wieder die erste Seite von

Mysterio, auf der ich gefragt wurde, ob ich meinen Computer an die Technik von Mysterio anpassen wollte. Jetzt wollte er wieder wissen, ob ich die Umwandlung rückgängig machen wollte. Ich gab "nein" ein, denn ich wollte nicht, dass der PC wieder alle Daten auf der Festplatte löschte. Ich schaltete den PC nach dem Spiel ganz normal aus und ging nach Hause.

Als ich an einem Münztelefon vorbeikam, klingelte dieses plötzlich. Ich hob verwundert den Hörer ab.

"Herzlichen Glückwunsch! Sie haben soeben eine Reise nach Hawaii gewonnen. Die Sache hat jedoch einen Haken: Sie müssen in 2 Stunden am Flughafen sein."

Ich war live auf einem Radiosender. Völlig überrascht und aufgeregt sagte ich zu. Nach Hawaii hatte ich immer schon einmal gewollt. Warum also nicht gleich jetzt? Ich wollte schnell nach Hause fahren und meine Sachen packen. Doch unterwegs blieb ich im Stau stecken. Es ging keinen Meter vorwärts. Kurzerhand parkte ich meinen Wagen und rannte zur U-Bahn. Ich hatte Glück. Ich erwischte sofort Anschluss und war eine Viertelstunde später zu Hause. Sonja schlief schon. Ich versuchte, so leise wie möglich meinen Koffer zu packen. Ich hatte nicht mehr viel Zeit. In einer knappen Stunde musste ich am Flughafen sein. Ich packte nur das Nötigste ein. Ich wollte mir in Hawaii alles kaufen, was ich brauchte.

Nach nicht einmal zehn Minuten verließ ich eilig meine Wohnung. In der Eile hatte ich ganz vergessen, Sonja einen Zettel hinzulegen, damit diese Bescheid wüsste, wo ich war. Doch ich könnte sie ja auch noch von Hawaii aus anrufen.

Als ich auf dem Flughafen ankam, ging alles ganz schnell. Während ich eincheckte, wurde ich vom Radiosender interviewt. Sie wollten wissen, wie ich mich jetzt fühlte und eine Menge belangloses Zeug. Zehn Minuten später war ich diese Quälgeister los. Ich wurde zu dem Gate gebracht, an dem mein Flugzeug stand.

Ich flog erster Klasse. Das fand ich ganz toll. Ich war während der Studentenzeit an Luxus nicht gewöhnt, deshalb genoss ich es jetzt doppelt.

Ich schlief fast den ganzen Flug lang. Am Morgen erreichte das Flugzeug Hawaii. Ich fühlte mich wie im Paradies. Ein bisschen erinnerte mich die Insel im Landeanflug an Mysterio. Für einen Moment dachte ich, dass ich jetzt leider eine Woche kein Mysterio spielen könnte. Doch angesichts des schönen Aufenthalts, der für mich geplant war, konnte ich dieses Bedauern wieder zerstreuen. Ich würde eine tolle Rundreise antreten, die mich sogar mit echten Kahunas zusammenbringen sollte. Das sind die hawaiianischen Schamanen. Ich hatte schon viel über diese Kahunas gelesen und freute sich sehr auf das Zusammentreffen mit diesen Menschen.

Ich wurde in einem Fünf-Sterne-Hotel in der Nähe des Flugplatzes untergebracht. Ich genoss den Luxus in diesem Hotel. Ich hatte sogar einen eigenen Whirlpool in meinem Badezimmer. Für den ersten Tag würde ich in diesem Hotel bleiben. Danach würde es eine Woche lang kreuz und quer über die Insel gehen.

Ich verlebte einen wunderschönen Tag am Strand dieses Hotels und setzte mich am Abend in die hoteleigene Bar. Es wurde ein nettes Kabarettprogramm angeboten. Ich folgte dem Verlauf der Show, bis ich plötzlich das Gefühl hatte, beobachtet zu werden. Ich sah einen Mann auf der anderen Seite des Saals, der mich zu beobachten schien. Aus der Entfernung und bei der schwachen Beleuchtung während der Show hatte dieser Mensch sehr viel Ähnlichkeit mit dem Mann, den ich mir mit Mysterio gebaut hatte. Ich erschrak, als ich dies wahrnahm. Als der Typ merkte, dass ich ihn anschaute, drehte er sich um und verließ den Raum. Ich stand auf und ging während der Show quer durch den Raum. Dabei wurde ich von den Schaustellern auf der Bühne mit in die Show einbezogen.

"Hey, da haben wir ja eine Freiwillige!", rief eine der Frauen auf der Bühne. "Ja, Sie! Kommen Sie doch bitte mal hoch zu uns! Keine Angst, wir tun Ihnen nichts. Kommen Sie! Bitte! Einen Applaus für unsere Freiwillige!"

Mir war klar, dass ich mich jetzt auf jeden Fall zum Affen machen würde. Doch irgendwie fühlte ich mich gezwungen, dort hinaufzugehen.

"Wie ist Ihr Name?"

"Ich heiße Rachel."

"Also, Rachel. Es ist schön, dass Sie diesen vielen Menschen da unten zeigen wollen, dass es gar nicht so schwer ist, Hula zu tanzen."

"Oh Gott", dachte ich. "Was Schlimmeres hätte mir wirklich nicht passieren können – ausgerechnet Hula tanzen!"

"Kommen Sie. Es ist ganz leicht. Machen Sie einfach nur nach, was ich tue."

Ich versuchte es und wusste dabei, dass ich mich schrecklich blamieren würde. Glücklicherweise kannte mich hier kein Mensch. Nach ein paar Minuten durfte ich die Bühne glücklicherweise wieder verlassen.

"Einen Applaus für unsere Tänzerin!", hörte ich die Schausteller sagen, als ich die Bühne verließ.

Leider war der Mann verschwunden, der meinem Seelenpartner ähnlich sah. Ich hoffte, ihn bis zur Abreise am nächsten Tag noch einmal wiederzusehen.

Als ich in dieser Nacht einschlief, überfiel mich ein tiefes Gefühl von Liebe zu meinem Seelenpartner. Ich wünschte mir so sehr, diesem Mann wirklich zu begegnen. Vielleicht war diese große Sehnsucht auch dafür verantwortlich, dass ich glaubte, der Mann in der Bar sähe meinem Seelenpartner ähnlich. Bestimmt war es so, dachte ich, denn einen so großen Zufall konnte es nicht geben.

Am nächsten Tag sollte meine Rundreise beginnen. Ich hielt beim Frühstück Ausschau nach dem Mann von letzter Nacht, sah ihn jedoch nirgends. Mir ging durch den Kopf, dass sich mein Leben ganz schön verändert hatte, seit ich mit dem Spiel angefangen hatte. Mein Doktortitel interessierte mich kaum noch. Ich hatte das Gefühl, ein ganz anderer Mensch geworden zu sein. Jetzt suchte ich schon nach meinem Seelenpartner. Ich wusste noch nicht, ob ich das Ganze wirklich gut finden sollte.

Nach dem Frühstück ging es los. Von jetzt an hatte ich eine Reisebegleitung. Es war eine einheimische Frau. Sie war sehr nett und erklärte mir alles, was ich wissen wollte. Ich war sehr angetan von der ruhigen und liebevollen Art, wie diese Frau sich mir gegenüber verhielt. Bisher hatte ich immer geglaubt, dass es auf Hawaii nur schöne Strände gäbe und sonst nichts. Doch, was ich durch meine Begleiterin erlebte, ließ mich nur noch staunen. Diese Insel war fürwahr eine Insel der Liebe. Die Menschen, die hier lebten, waren von so einem wunderbaren Zauber umgeben, dass ich mich wirklich zu fragen begann, was ich selbst in New York zu suchen hatte.

Am Abend kamen wir in meinem neuem Hotel an. Hier würde ich auch die zwei nächsten Nächte verbringen. Meine Begleiterin verabschiedete sich und ließ mich allein. Ich hatte auch das Gefühl, dass ich jetzt Ruhe brauchte. Ich ging auf mein Zimmer und legte mich eine Weile aufs Bett.

Es war eine wunderschöne, laue Nacht. Ich ging wenig später auf den Balkon hinaus, um die Abendluft zu genießen. Von hier aus hatte ich einen faszinierenden Blick auf den Stand. Ich sah zwischen Palmen hindurch den Mond im Meer blitzen.

Als ich einen Mann am Strand entlanggehen sah, erschrak ich. War das nicht wieder mein Traummann? Es war zwar viel zu dunkel, um wirklich etwas erkennen zu können, doch ich wollte der Sache auf den Grund gehen. Ich rannte, so schnell ich konnte, die Treppen hinunter und lief zum Strand. Doch leider war der Mann nicht mehr da. Nur ein paar Verliebte gingen im Mondschein spazieren.

Ich ging wieder auf mein Zimmer und versuchte zu schlafen. Doch es fiel mir schwer. Ich musste unentwegt an meinen Seelenpartner denken. Ich fragte mich permanent, ob dieser Mann tatsächlich existieren könnte. Doch was sollte ich tun, wenn er wirklich hier auf der Insel wäre? Ich könnte ihn ja nicht einfach ansprechen und sagen: "Hey, du bist mein Seelenpartner. Ich habe dich mit einem Computer gebaut. Du gehörst jetzt mir."

Aber wenn er hier wäre, dürfte ich diese Chance auch nicht ungenützt verstreichen lassen. Vielleicht wäre dies die einzige Chance, ihn zu treffen.

Mit diesen Gedanken, Befürchtungen und Hoffnungen schlief ich an diesem Abend ein. Als ich am Morgen aufwachte, fühlte ich mich wie gerädert. Die Ungewissheit, ob es diesen Seelenpartner tatsächlich gab, zehrte schwer an meinen Nerven.

An diesem Morgen ging die Führung weiter. Meine Reisebegleiterin führte mich in die interessantesten einheimischen Geschäfte, in denen handgefertigte Schmuckstücke verkauft wurden. Ich kaufte alles, was mir gefiel. Die Leute hier waren so nett, dass ich ihnen etwas Gutes tun wollte. Ich brauchte zwar die Sachen nicht, wollte sie aber verschenken.

Am Abend dieses Tages ging ich an den Strand. Ich wollte mir den Sonnenuntergang anschauen. Ich spazierte eine Weile am Strand entlang und setzte mich dann in den Sand. Ich genoss mit geschlossenen Augen die sanfte Meeresbrise.

Plötzlich erschrak ich. Es stand ein Mann neben mir.

"Oh, entschuldigen Sie, ich wollte Sie nicht erschrecken", sagte dieser.

Ich glaubte zu träumen. Der Mann, den ich mir gebaut hatte, stand leibhaftig vor mir.

"Verstehen Sie das bitte nicht als eine billige Anmache. Aber kennen wir uns nicht irgendwoher?", fragte er.

"Spielen Sie Mysterio?"

Ich erschrak selbst, als ich den Mann das fragte. Der würde doch gar nicht verstehen können, was ich wollte. Bestimmt würde er mich für verrückt halten.

"Ja, ich spiele Mysterio", erklärte der Mann. "Kennen Sie das Spiel auch? Das finde ich toll. Ich habe bisher noch keinen Menschen getroffen, der das Spiel kannte."

Ich stand auf und gab dem Mann aufgeregt die Hand.

"Ich heiße Rachel. Es freut mich, Sie kennen zu lernen."

"Ich bin Aaron."

Aaron setzte sich neben mich. Eine ganze Weile redeten wir über belangloses Zeug. Keiner von uns beiden traute sich, dem anderen persönliche Fragen zu stellen. Doch eines wurde für mich bei diesem Smalltalk bereits klar: Dieser Aaron war wirklich der Mann, den ich mit Mysterio gebaut hatte. Er hatte offenbar alle Eigenschaften, die ich dem Spielmacher angegeben hatte. Was mich jedoch am meisten beeindruckte, war, dass sich mein Herz augenblicklich öffnete, als ich ihn sah. Ich fühlte mich bereits nach wenigen Minuten sehr zu Aaron hingezogen. Und diese Zuneigung sollte sich mit jeder Minute mehr und mehr steigern.

Auch Aaron war sichtlich angetan von mir. Er rätselte insgeheim immer noch, wo wir uns schon einmal begegnet sein könnten. Ich war ihm so vertraut, als ob er mich schon seit Ewigkeiten kennen würde. Er war sich nicht sicher, aber für Augenblicke hatte er das Gefühl, dass er mir in seinen Träumen mehrfach begegnet war.

Aaron und ich unterhielten uns sehr lange. Die Nacht wurde bereits spät. Doch keiner von uns beiden wollte das Gespräch beenden. Unabhängig voneinander war uns beiden klar, dass wir uns verliebt hatten.

Die laue, romantische Nacht schien auch wie geschaffen, um sich zu verlieben – und diese Insel erst recht. Es dauerte bis zum frühen Morgen, bis wir uns endlich küssten. Beide wollten wir das schon seit Stunden, hatten uns aber nicht getraut, die Initiative zu ergreifen. Jetzt, wo es endlich so weit war, spürte ich eine ungeheure Müdigkeit. Ich legte mich in Aarons Arm und genoss das herrliche Rauschen des Meeres. Mit der Zeit wurde mir immer klarer, dass sich mein Leben mit der letzten Nacht verändert hatte. Es war nicht nur ein Urlaubsflirt. Ich spürte genau, dass ich mit Aaron zusammenbleiben würde. Ich würde mit ihm leben. Ich war mir ganz sicher. Noch nie in meinem Leben wollte ich mit einem Mann wirklich zusammenleben. Doch bei Aaron genügte mir diese eine Nacht, um absolut sicher zu sein. Ich spürte, dass auch Aaron so dachte. Ich sagte ihm, dass ich ihn liebte. Aaron sah mir tief in die Augen.

"Willst du mich heiraten?", fragte er.

Ich stand völlig neben mir. Ich hörte, wie meine innere Stimme dachte, dass dies unmöglich wahr sein konnte. Wie konnte dieser Mann mich nach den wenigen Stunden, die wir uns kannten, fragen, ob ich ihn heiraten wolle?

Während ich darüber nachdachte, hörte ich mich plötzlich sagen: "Mehr als alles andere auf der Welt."

Was war passiert? Ich hatte soeben einem Mann das Jawort gegeben, den ich kaum kannte. Was war bloß mit mir geschehen? Ich war total durcheinander. Für einen Moment dachte ich, dass meine Übermüdung vielleicht diese Reaktion verursacht hatte. Doch dann spürte ich ganz deutlich, dass ich Aaron wirklich liebte und mit ihm leben wollte. Ich hatte richtig entschieden, auch wenn dies für andere Menschen nicht so aussähe.

"Aaron, sollen wir gleich hier auf der Insel heiraten?", schlug ich vor.

"Am liebsten sofort!", stimmte er zu.

"Dann komm mit! Meine Reisebegleiterin wird uns sicher weiterhelfen."

Wir standen auf und gingen zum Hotel zurück. Wir hatten gerade noch Zeit fürs Frühstück, bis meine Reisebegleitung kommen würde. Beide hatten wir nach dieser langen Nacht einen Bärenhunger.

Während des Frühstücks sahen wir uns immer wieder verliebt an. Man konnte bereits von weitem erkennen, dass keiner von uns beiden seine Entscheidung noch einmal überdenken wollte. Wir fühlten uns ganz sicher: Wir waren füreinander geschaffen. Ich erzählte Aaron beim Frühstück von meinem letzten Spiel mit Mysterio.

"Der Spielmacher zeigte mir das undefinierbare Bild eines Mannes. Er sagte, ich solle erklären, woran ich meinen Seelenpartner erkennen würde. Ich gab viele verschiedene Dinge an. Mit jeder Angabe wurde das Bild des Mannes deutlicher. Ich weiß nicht, wie ich es dir sagen soll, aber der Mann, der am Ende auf dem Bildschirm zu sehen war, warst du."

"Du meinst, er hatte meine Charaktereigenschaften?", fragte Aaron zweifelnd.

"Er war voll und ganz du", erwiderte ich fasziniert. "Er sah genauso aus wie du. Bis ins Detail. Du erschienst allerdings erst richtig auf dem Bildschirm, als ich angab, mein Seelenpartner würde sicherlich auch Mysterio-Spieler sein und mir augenblicklich das Herz öffnen, wenn ich ihn sehe."

"Wie kann das sein? Ich habe niemals ein Bild von mir in den PC eingescannt. Wie konnte das Spiel wissen, wie ich aussehe?", fragte Aaron verwirrt.

"Ich finde es noch unglaublicher, dass ich dich hier in Hawaii getroffen habe", meinte ich fassungslos.

"Ich fühlte mich, gleich als ich dich das erste Mal sah, magisch von dir angezogen", meinte Aaron.

"Glaubst du, dass das etwas mit dem Spiel zu tun hat?"

"Ich glaube nicht an so große Zufälle", meinte Aaron. "Irgendetwas Übersinnliches ist hier im Spiel."

"Du glaubst wirklich an etwas Übersinnliches?", fragte ich beeindruckt.

"Ich wüsste nicht, wie ich das Ganze sonst erklären könnte."

"Es sind noch ganz andere Dinge geschehen, seit ich spiele. Ich habe bis jetzt nur einem einzigen Menschen davon erzählt. Ich habe bei meinem vorletzten Spiel fünf Millionen Dollar gewonnen."

"Machst du jetzt einen Scherz?", fragte Aaron ungläubig.

"Nein, wirklich. Das Geld ist auf meinem Konto."

"Aber wer gibt dir fünf Millionen Dollar? Und für was?"

"Ich konnte es zunächst selbst nicht glauben. Ich habe nur ein paar Leuten erklärt, wie sich verschiedene Gefühle anfühlen. Alle haben mir dafür jeweils eine Million auf mein Konto überwiesen."

"Das Spiel muss ich nachholen, sobald ich wieder zu Hause bin", meinte Aaron scherzhaft. "Und das ist wirklich die Wahrheit? Du hast mich jetzt nicht auf den Arm genommen?"

"Es ist die Wahrheit. Wirklich!", versicherte ich Aaron.

"Nun, bei mir sind auch schon viele seltsame Dinge passiert, aber so etwas noch nicht."

"Was ist denn bei dir bereits geschehen, was du mit Mysterio in Verbindung bringst?", hakte ich nach.

"Zum Beispiel diese Reise. Ich habe mir vor ein paar Tagen gedacht, dass ich wieder mal ein paar Tage Urlaub vertragen könnte. Doch mir fehlte das Geld. Am nächsten Tag rief mich ein Freund an. Er musste seine Reise kurzfristig absagen und hat sie mir für den halben Preis verkauft. Eigentlich hatte ich gar keine Zeit für Urlaub. Aber er hat so lange an mir herumgeredet, dass ich schließlich zugesagt habe. Wenn ich gewusst hätte, dass du mir hier begegnest, hätte ich ihm den doppelten, ach, was sag' ich, den zehnfachen Preis gezahlt."

"Danke für das Kompliment!"

"Das war kein Kompliment. Das war die Wahrheit!"

"Du bist süß."

Wir küssten uns und redeten noch eine ganze Weile über die seltsamen Ereignisse, seit wir Mysterio spielten.

"Rachel, ich bin froh, dass ich endlich einmal mit einem Menschen über das Spiel reden konnte. Ich hatte Angst, dass man mich für verrückt hält. Aber ich glaube wirklich, dass Mysterio kein normales Spiel ist. Es muss irgendeine Art Magie sein", erklärte Aaron.

"Ich habe mich bisher sehr bemüht, das Spiel logisch und wissenschaftlich zu betrachten, aber du hast Recht. Wenn ich ehrlich bin, dann glaube ich schon lange, dass hier etwas nicht mit rechten Dingen zugeht. Ich hatte zu Anfang große Angst vor dem Spiel."

"Wieso Angst?", fragte Aaron verwundert.

"Aaron, ich kann mich gegen das Gefühl nicht wehren, dass der Spielmacher kein wirklicher Mensch ist."

"Was denn?", hakte Aaron verwundert nach.

"Ich habe das Gefühl, dass er ein Geist ist, der aus irgendeinem Grund durch das Spiel Kontakt zu Menschen sucht."

"Was sollte er denn damit bezwecken?", wollte Aaron wissen.

Mir lief es plötzlich eiskalt den Rücken herunter, als er das fragte.

"Vielleicht will er uns erst einmal abhängig machen, und wenn er das geschafft hat, nimmt er Besitz von uns", meinte ich entsetzt.

Aaron lachte: "Ich glaube, du siehst dir zu viele schlechte Filme an, Rachel."

"Lach nicht! Hast du noch nicht bemerkt, dass du von dem Spiel abhängig bist?", meinte ich ungehalten.

"Ich freue mich immer sehr auf das Spiel. Aber abhängig bin ich noch lange nicht."

"Ich hatte bereits richtige Entzugserscheinungen. Ich habe sogar nachts im Traum gehört, wie Mysterio nach mir gerufen hat. Aaron, ich habe Angst, dass es ein Geist sein könnte, der uns etwas antun will!"

"Rachel, beruhige dich. Es gibt keine bösen Geister. Wenn es so wäre, dann hätte er uns schon längst etwas antun können."

Doch ich konnte mich nicht so leicht beruhigen. Ich dachte an verschiedene Filme, in denen böse Geister zunächst auch ganz freundlich waren und den Menschen halfen, bis diese sich immer häufiger auf den Geist verließen und sich immer mehr mit ihm verbanden. Schließlich übernahm er ganz die Kontrolle über diese Menschen und verübte in deren Körper die fürchterlichsten Gräueltaten. Bisher hatte ich solche Filme nur als Fiktion betrachtet und mir darüber keine Gedanken gemacht. Doch nun schien mir das alles Realität zu sein. Ich konnte meine Angst nicht mehr im Zaum halten. Aaron konnte sagen, was er wollte. Ich beschloss erneut, nie wieder zu spielen, egal wie stark es mich dazu drängen würde. Bis jetzt hatte der Geist mir noch geholfen. Doch irgendwann würde der Zeitpunkt kommen, wo er zuschlagen würde.

Es dauerte eine Weile, bis ich mich wieder beruhigt hatte. Aaron machte mich darauf aufmerksam, dass meine Reisebegleitung sicher schon wartete. An die Hochzeit wollte er mich jetzt nicht unbedingt erinnern.

Wir gingen nach draußen und trafen die Reisebegleitung vor dem Hotel. Diese hatte nichts dagegen einzuwenden, dass Aaron sich uns anschloss.

An diesem Tag sollte es zu den Kahunas gehen. Einer dieser Männer hatte eingewilligt, mit Touristen zu reden. Wir sollten ihn am Fuße eines Hügels treffen. Hier war die Insel vom Tourismus noch völlig unberührt. Man konnte nur zu Fuß oder mit dem Geländewagen zu dieser Stelle gelangen, und auch dann nur, wenn man sich auskannte.

Aaron und ich waren sehr gespannt auf den Kahuna. Wir warteten bereits eine halbe Stunde, als er kam. Als er uns drei sah, blieb er wie angewurzelt stehen. Irgendetwas schien nicht zu stimmen. Wahrscheinlich deshalb, weil er nur zwei Leute erwartet hatte und nun Aaron dabei war, dachte ich.

Nach ein paar Sekunden kam der Kahuna näher. Er musterte mich und Aaron sehr eindringlich. Daraufhin bat er die Reisebegleiterin, zu gehen. Wir verstanden nicht, was das zu bedeuten hatte – bis der Kahuna uns schließlich ansprach.

"Ich danke euch, dass ihr mir die Ehre erwiesen habt, zu mir zu kommen. Mein ganzes Leben habe ich davon geträumt, dies zu erleben."

Was sollte das jetzt? Wieso verhielt sich der Kahuna so seltsam? Ich sprach ihn direkt darauf an.

"Die Ehre ist ganz unsererseits. Doch sage mir, was an uns so Besonderes sein soll."

"Ihr braucht euch nicht zu verstellen", erwiderte der Kahuna. "Ich werde niemandem etwas davon sagen. Ich sehe eure Aura und kann erkennen, dass ihr nicht von hier seid."

"Natürlich sind wir nicht von hier. Ich komme aus New York und Aaron aus Fort Myers, Florida. Wir sind Touristen."

"Lasst uns ehrlich miteinander sein! Von welchem Stern kommt ihr wirklich?", ließ sich der Kahuna nicht beirren.

"Du hältst uns für Außerirdische? Du meinst das jetzt wirklich ernst, oder?", vergewisserte ich mich.

"Ich weiß es. Ich sehe es. Warum tut ihr immer noch so, als ob ihr Menschen wäret? Ihr habt von mir nichts zu befürchten. Ich werde wirklich niemandem sagen, dass ich euch gesehen habe."

"Aber wir sind wirklich keine Außerirdischen. Wieso bist du dir denn so sicher, dass wir keine Menschen sind?", fragte ich verwirrt.

"Ich habe in meinem ganzen Leben noch niemals eine Aura gesehen, die der euren ähnlich war", erklärte der Kahuna. "Ihr habt nicht die Aura der Menschen. Eure gesamte Energiestruktur ist anders."

Aaron und ich sahen uns fragend an. Machte dieser Kahuna jetzt einen Scherz mit uns? Und wenn nicht, was hatte unsere Aura dermaßen verändert? Mir schoss sofort durch den Kopf, dass Mysterio daran schuld sein musste. Vielleicht waren wir von dem Geist schon besetzt worden? Und vielleicht war dieser Geist ein Außerirdischer?

Ich erzählte dem Kahuna von dem Spiel und davon, dass, seit wir spielten, sehr seltsame Dinge geschehen waren. Der Kahuna hörte sich alles sehr aufmerksam an. Aaron hielt sich die ganze Zeit zurück. Er glaubte nicht an einen Geist. Er konnte nicht nachvollziehen, was ich erzählte.

Als ich fertig war, bat uns der Kahuna mitzukommen. Er wollte uns zu seinem Vater und Ausbilder bringen. Normalerweise hatte dieser zwar keinen Kontakt zu Fremden, doch in diesem Fall würde er mit Sicherheit eine Ausnahme machen.

Aaron und ich liefen mit dem Kahuna eine ganze Weile durch den Dschungel. Schließlich kamen wir an eine Hütte, die auf einer kleinen Lichtung neben einem wunderschönen Wasserfall stand. Noch bevor wir dort ankamen, öffnete sich die Tür der Hütte, und ein Mann kam heraus. Es war ein sehr alter Hawaiianer. Das musste der Vater des Kahunas sein.

Als wir näher kamen, bemerkten Aaron und ich, dass auch dieser Mann uns beide lange und genau anschaute. Er sprach seinen Sohn an. Wir verstanden nicht, was er sagte, denn er sprach nur die einheimische Sprache. Sein Sohn übersetzte schließlich.

"Mein Vater hat erkannt, dass ihr keine Außerirdischen seid. Er sagt, dass aber trotzdem etwas an euch nicht von dieser Welt ist."

Als der Kahuna das sagte, rutschte mir fast das Herz in die Hose. Das konnte doch nur bedeuten, dass der Geist uns tatsächlich schon besetzt hatte. Der Vater des Kahunas sprach weiter zu seinem Sohn.

"Mein Vater sagt, dass eure Chakren, eure Energiezentren, so stark sind, dass sie sich alle gegenseitig durchdringen. Normalerweise sind die einzelnen Chakren nicht viel größer als eine Hand. Doch bei euch haben sie einen Durchmesser von mehr als einem Meter."

"Ist das nun gut oder schlecht?", fragte Aaron.

"Das kann man so pauschal gar nicht sagen", antwortete der Kahuna. "Ich werde meinen Vater fragen, ob er dazu Genaueres sagen kann."

Der Vater des Kahunas sah Aaron lange an. Er ließ über seinen Sohn fragen, ob er Aaron an der Stirn berühren dürfe. Aaron bejahte natürlich, denn er wollte wissen, was mit uns los war. Der alte Mann legte seine Hand auf Aarons Stirn und schloss die Augen. Er redete zu seinem Sohn, was dieser gleich für Aaron und mich übersetzte.

"Mein Vater sagt, dass er noch nie ein Stirnchakra von solcher Reinheit berührt hat. Du müsstest eine unglaubliche Wahrnehmungsfähigkeit haben. Er sagt, dass in jedem deiner Chakren die gesamten Energiequalitäten der anderen Chakren vorhanden sind. So etwas hat er noch nie erlebt. Er kann sich jedoch vorstellen, dass dies gut ist. Er fühlt nichts, was in ihm irgendwie ein unangenehmes Gefühl auslösen würde. Im Gegenteil – er fühlt sehr viel Liebe und Schönes."

"Kann dein Vater auch einmal bei mir fühlen?", bat ich.

Ich hoffte, dass er mir sagen könnte, ob ich von einem bösen Geist besetzt sei oder nicht. Der alte Mann legte sofort seine Hand auf meine Stirn. Gleich darauf nahm er sie wieder weg und legte sie mir auf den Bauch.

"Mein Vater sagt, dass deine Energie anders ist als die von deinem Begleiter. Er hat das Gefühl, dass du alles durchdringen könntest, was für uns fest ist."

"Was bedeutet das?", fragte ich verständnislos.

"Er sagt, dass du über die Materie frei verfügen kannst. Du weißt dies nur noch nicht", erwiderte der Kahuna.

"Was ist mit dem Geist? Bin ich besessen?", fragte ich direkt.

"Mein Vater kann keinen Hinweis auf eine Besessenheit finden. Er sagt nur, dass auch du eine Energie ausstrahlst, die in ihm sehr viel Liebe hervorruft. Er fühlt sich um Jahre jünger durch deine Energie."

Und in der Tat: Ich hatte wirklich das Gefühl, dass der alte Mann jünger aussah. Sollte das wirklich an unserer Energie liegen? Oder war das alles doch nur ein gelungener Gag für die Touristen?

"Mein Vater hat gerade gesagt, dass deine Energie die feste Materie verändert – und zwar zum Positiven. Du müsstest heilen können."

"Dann ist das doch kein böser Geist, der diese Dinge in uns hervorgerufen hat?", stellte ich fest.

"Mein Vater kann sich nicht vorstellen, dass ein böser Geist diese Macht haben sollte. Er glaubt, dass ihr direkt mit Gott in Kontakt steht. Er bittet euch, ihn zu segnen."

Aaron und ich schauten uns verwundert an. Es gab keinen Zweifel, der alte Mann meinte es ernst.

Ich nahm langsam meine Hand hoch und legte sie dem alten Mann auf die Stirn, so wie er das zuvor bei mir und Aaron gemacht hatte. Der alte Mann schloss die Augen. Daraufhin sackte er zusammen und fiel auf den Boden. Ich erschrak fürchterlich. Doch der alte Mann stand sofort wieder auf und ließ über seinen Sohn verkünden, dass es ihm gut gehe. Es sei nur ein wenig zu heftig gewesen, sodass sein Kreislauf nicht mehr stabil bleiben konnte. Jetzt sei aber alles wieder okay. Er sagte weiter, dass er eine leuchtende Erscheinung gesehen habe, als ich ihm die Hand auf die Stirn gelegt habe. Es war ein wunderbares höheres Wesen, das er gesehen hatte. Er glaubte, dass dies das Wesen sei, dass für die Veränderungen bei Aaron und mir verantwortlich sein musste. Ein böser Geist sei das mit Sicherheit nicht.

Er bat auch Aaron, seine Hand auf seine Stirn zu legen. Doch zuvor wollte er sich setzen. Aaron tat das Gleiche wie ich. Nach einer Minute nahm er die Hand wieder herunter. Der alte Mann ließ ausrichten, dass er durch Aarons Energie die gesamte Welt von außen gesehen habe. Er sagte, dass der Tag nahe sei, an dem die gesamte Menschheit auf eine höhere Bewusstseinsebene gehen würde.

Aaron und ich wussten nicht, was wir von all dem halten sollten. Die beiden Kahunas verhielten sich so, als wären wir lebende Götter. Auch der Sohn des alten Kahunas wollte jetzt von uns beiden gesegnet werden. Die beiden schienen danach nicht mehr die gleichen Menschen zu sein.

Ich hatte das Bedürfnis, dem alten Mann die Geschichte von dem Spiel zu erzählen. Vielleicht konnte er etwas Licht in die ganze Angelegenheit bringen. Mit gesundem Menschenverstand oder der Wissenschaft kam man hier nicht weiter. Der alte Kahuna hörte sich alles in Ruhe an. Sein Sohn übersetzte simultan, was ich erzählte.

"Mein Vater sagt, dass die Ereignisse, die euch so mystisch vorkommen, von euch selbst erschaffen wurden."

"Wie denn das?", wollte ich wissen.

"Ihr selbst seid Schöpfer eurer eigenen Realität. Genauer gesagt wählt ihr aus einer unendlichen Vielfalt an möglichen Ereignissen diejenigen aus, die ihr erleben möchtet."

"Wie kommt er darauf, dass dies bei uns so sein soll?", fragte ich zweifelnd.

"Das ist nicht nur bei euch so. Alle Menschen gestalten ihre Realität selbst", erklärte der Kahuna. "Das ist ein fester Bestandteil unserer Weltanschauung. Hast du dich denn noch nie über die vielen kleinen Zufälle gewundert, die in deinem Leben immerzu geschehen? Dass du beispielsweise an jemanden denkst, und im gleichen Augenblick klingelt das Telefon und derjenige ist dran? Oder dass du an jemanden denkst, den du schon seit vielen Jahren nicht mehr gesehen hast, und am nächsten Tag triffst du ihn? Ist dir denn nie aufgefallen, dass du immer dann, wenn du begonnen hast, dich mit etwas Neuem zu beschäftigen, genau die Menschen getroffen hast, von denen du etwas darüber erfahren konntest? Glaubst du wirklich, dass dies alles Zufall sein kann?"

"Und wie soll das mit dem Auswählen funktionieren?", fragte ich immer noch skeptisch.

"Ihr erlebt die Realität, auf die sich eure Wahrnehmung ausrichtet. Eure Wahrnehmung wiederum wird durch euren Glauben und eure Gefühle bestimmt. Ihr könnt unbewusst alle wahrscheinlichen Ereignisse in eurer Zukunft wahrnehmen. Unbewusst wählt ihr dann ein bestimmtes Ereignis aus und konzentriert euch darauf.

Wir benutzen eine Art magisches Ritual, mit dem wir unsere Realität beeinflussen. Wir versetzen uns in diesem Ritual in Trance und gehen zu unserem höheren Selbst. Dort stellen wir uns genau vor, was wir wollen und versetzen uns in das Gefühl hinein, als hätten wir das Ziel bereits erreicht. Wir wissen seit Jahrhunderten, dass dieses Ritual funktioniert."

"Wie genau funktioniert das Ritual?", fragte Aaron neugierig.

"Stell dir vor, du bist als Geistseele in deinem Körper. Du befindest dich gerade in deinem untersten Chakra. Alles um dich herum ist leuchtend rot. Du spürst die vitale Kraft in deinem roten Chakra. Nimm diese Energie wahr! Kannst du sie spüren?"

"Ja, ich spüre sehr viel Wärme und habe auch das Gefühl, dass die Energie in meinem untersten Chakra sehr stark ist."

Ich wunderte mich, dass Aaron das alles spüren konnte. Ich beschloss, lieber zuzuschauen, was Aaron erlebte, als das Ganze selbst mitzumachen.

"Gut", fuhr der Kahuna fort, "geh jetzt in das Chakra, das direkt darüber liegt. Es hat eine orange Farbe. Und nimm einen Teil der Energie aus dem roten Chakra mit. Füge der roten Energie jetzt die orange hinzu. Lass diese Energie ganz in dich hinein. Und genieße es!"

Aaron gab einen leisen Seufzer von sich, als er das tat.

"Mach dich jetzt bereit, in das nächste Chakra zu gehen. Es wird die Farbe Gelb haben. Gib dich ganz dort hinein, nimm aber die Energie der anderen beiden Chakren mit. Lade dich auf mit der gelben Energie und genieße diese für ein paar Minuten."

Der Kahuna machte eine kleine Pause, um Aaron richtig genießen zu lassen.

"Wenn du bereit bist, dann geh jetzt weiter in das grüne Chakra. Es liegt direkt über dem gelben. Nimm deine Energie wieder mit."

In dieser Weise kamen noch das blaue, dann das lilafarbene und schließlich das violette Chakra an die Reihe.

"Während du in diesem violetten Chakra bist, kannst du dein höheres Selbst bereits fühlen. Es ist immer in dir. Du nimmst es sonst nur nicht wahr. Kannst du es fühlen?"

Aaron nickte, was mich sehr erstaunte.

"Gut! Gib deinem höheren Selbst einen Teil deiner Energie, die du mitgebracht hast, als Dank dafür, dass es dir helfen möchte."

Aaron sah wirklich aus, als würde er mit diesem höheren Selbst reden. Ich war zugleich verwundert und fasziniert.

"Mach dir jetzt ein Bild davon, was du erleben möchtest, und lade dieses Bild mit all deiner Liebe auf. Geh ganz in dieses Bild hinein und fühle dich so, als ob du diese Realität jetzt erleben würdest. Du wartest nicht darauf, dass sie eintritt, sondern erlebst sie bereits. Gib dieser Situation die gesamte Energie, die du mitgebracht hast. Und genieße die Situation. Vor allem fühle, was du erlebst. Fühle genau, wie es ist, diese Realität zu erleben. Fühle es in allen Einzelheiten, und dann übergib deinem höheren Selbst dieses mit Gefühlen und Energie aufgeladene Bild. Sende abschließend Dank für die Realisierung an dein höheres Selbst und gehe davon aus, dass du damit alles getan hast, was notwendig war, um diese Realität zu erschaffen. Deine Arbeit ist damit getan. Jetzt ist dein höheres Selbst an der Reihe. Lass dieses Bild bis zu seiner Realisierung ruhen, denn sonst nimmst du deinem höheren Selbst die Möglichkeit, alles für diese Realität vorzubereiten. Vergiss das Bild am besten, sobald du wieder in deine normale Welt zurückgekehrt bist. Geh jetzt deine Chakren in umgekehrter Richtung wieder hinab. Nimm dir dafür so viel Zeit, wie du willst. Du brauchst dabei keine Energie mehr mitzunehmen. Steige einfach durch alle Chakren hindurch, bis du wieder im roten bist, und öffne dann die Augen. Du wirst dann wieder ganz wach sein und dich sehr wohl fühlen."

Ich beobachtete ganz genau, was Aaron tat. Bei der ganzen Geschichte fiel mir auf, dass der Kahuna größten Wert darauf gelegt hatte, dass Aaron fühlte, was er fühlen würde, wenn das Ereignis bereits eingetreten wäre. Mir wurde klar, dass ich beim Spielen im Grunde genommen das Gleiche getan hatte. Ich hatte mich bei dem Spiel um Geld tatsächlich so gefühlt, als würden mir die fünf Millionen bereits gehören. Aber für das Geld gab es wenigstens eine vernünftige Erklärung. Aus irgendeinem Grund hatten mir fünf Leute dieses Geld geschenkt. Ich konnte mir zwar nicht vorstellen, warum, aber die ganze Sache hatte nichts mit Magie zu tun. Doch das Zusammentreffen mit Aaron war nicht mehr mit normalem Menschenverstand zu erklären. Solch einen großen Zufall konnte es wirklich nicht geben. Da steckte irgendetwas Übersinnliches dahinter. Doch ob dies Magie war, wagte ich zu bezweifeln. Ich glaubte eher an Vorsehung oder an übersinnliche Wahrnehmung oder an den bösen Geist, den ich immer noch nicht ganz vergessen hatte.

Aaron war in der Zwischenzeit wieder ins normale Leben zurückgekehrt. Er lächelte zufrieden, als er die Augen öffnete.

"Das war toll. Ich hatte wirklich das Gefühl, bei meinem höheren Selbst zu sein. Und du meinst wirklich, dass dies funktioniert?", fragte er den Kahuna.

"Ich weiß, dass es funktioniert. Es hat bei mir schon Hunderte von Malen funktioniert. Es kann nur sein, dass du durch deinen Zweifel alles wieder rückgängig machst."

"Wieso kann dies passieren?", fragte Aaron unsicher.

"Weil alles, was du erlebst, nur eine Illusion ist. Du erlebst diese Illusion bloß als Wirklichkeit. In Wirklichkeit gibt es unendlich viele Wirklichkeiten. Du nimmst jedoch immer nur eine wahr, und die erlebst du dann. Du erlebst also immer deine Auswahl. Die wird wiederum durch deine Gefühle beeinflusst, die wiederum von deinem Glauben verändert werden. Wenn du also glaubst, dass dies alles Unsinn war, dann wirst du das auch so fühlen. Infolgedessen wirst du die Realität wahrnehmen, auf die du deine Wahrnehmung gerichtet hast. Und das ist, durch die Gefühle des Zweifels, eine Realität, die alles anders kommen lässt als du es wolltest."

"So langsam wird mir einiges klar", sagte Aaron. "Rachel, unser Leben hat sich deshalb so gravierend geändert in der letzten Zeit, weil wir unsere Wahrnehmung durch das Mysterio-Spielen auf ganz andere Realitäten eingestellt haben. Zumindest bei mir kann ich ganz klar nachvollziehen, dass ich immer genau das erlebt habe, was den Gefühlen entspricht, die ich beim Spielen hatte."

"Wenn das wirklich stimmen sollte, dann stehen mir einige unangenehme Überraschungen ins Haus", meinte ich sehr besorgt.

"Wieso denn das?", wollte Aaron wissen.

"Wenn die positiven Gefühle meine Realität beeinflussen, dann werden es die negativen mit Sicherheit auch tun."

"Das ist klar. Und weiter?", hakte Aaron nach.

"Ich hatte vor ein paar Tagen sehr große Angst, ins Gefängnis zu müssen. Ich werde dir das Ganze später erzählen. Ich mache mir jetzt ein wenig Sorgen, dass das mit den Gefühlen und der Realität vielleicht doch stimmen könnte."

"So schlimm wird es schon nicht werden, Rachel. Und wenn es hart kommt, bin ich ja auch noch da", erklärte Aaron.

"Bemühe dich ab jetzt, auf das Positive zu schauen!", meinte der Kahuna. "Vielleicht kannst du die Ereignisse damit noch abbiegen."

Der Kahuna jagte mir mit dem, was er sagte, einen tüchtigen Schrecken ein. So, wie es aussah, war er ziemlich sicher, dass etwas Negatives passieren würde. Ich begann jetzt, mir wirklich Sorgen zu machen. Ich überlegte schon, was alles passieren könnte. Ich dachte an die fünf Millionen und daran, dass damit vielleicht doch etwas nicht in Ordnung sein könnte. Dann dachte ich an meinen neuen Wagen, den ich viel zu teuer gekauft hatte, und an die vielen Kleider. Wenn ich das Geld wirklich zurückgeben müsste, dann würde ich das mit Sicherheit nicht bezahlen können. Ruckzuck sah ich mich im Gefängnis sitzen.

"Rachel", sagte Aaron. "Es wird schon alles gut werden. Ich verspreche es. Mach dir ab jetzt einfach schöne Gefühle. Wir haben beide doch Gründe genug, uns zu freuen. Wir haben uns. Mehr brauchen wir nicht. Wir werden heiraten. Denk lieber daran!"

Aaron wollte mich nicht drängen. Er wollte nur meine negativen Gedanken zerstreuen. Als ich ihn ansah, flammte in mir wieder die Liebe der letzten Nacht auf. Ich umarmte Aaron.

"Es tut mir Leid, dass ich diesen Tag so unromantisch gestaltet habe. Verzeih mir bitte! Was hältst du davon, wenn wir morgen in aller Feierlichkeit heiraten?"

Als die Kahunas das von der Hochzeit hörten, wurden sie ganz lebendig.

"Wollt ihr eine hawaiianische Hochzeit haben? Unser höchster Priester könnte euch trauen. Es wäre uns eine sehr große Ehre, wenn wir die Hochzeit für euch ausrichten könnten."

"Na, Rachel? Willst du?"

"Und ob ich will!"

Aaron und ich beredeten alle Formalitäten und wurden anschließend von dem Kahuna, der uns hergebracht hatte, wieder zurückgeführt.

Meine Reisebegleitung hatte die ganze Zeit gewartet. Für mich war das unfassbar. Zu Hause in New York hätten die nicht mal fünf Minuten gewartet, und diese Frau wartete geduldig über drei Stunden lang.

Wir fuhren zurück ins Hotel. Auf dem Weg dorthin sagte ich meiner Reisebegleitung, dass sich meine Reisepläne geändert hätten. Ich lud sie gleichzeitig zu unserer Hochzeit ein. Meine Begleiterin freute sich sehr über diese Ehre. Sie sagte uns, dass sie im Hotel alles für uns erledigen würde, damit wir weiterhin hier bleiben könnten.

Aaron und ich verbrachten unsere erste gemeinsame Liebesnacht miteinander. Es war genauso, wie ich es im Spiel angegeben hatte. Aaron war sehr liebevoll und zärtlich, aber gleichzeitig sehr leidenschaftlich und erotisch. Ich dachte, dass ich auch in dieser Beziehung die richtige Wahl getroffen hatte.

Bedingt durch den Schlafmangel der letzten Nacht schliefen wir an diesem Morgen sehr lange. Fast hätten wir sogar unsere eigene Hochzeit verschlafen. Als wir aufwachten, mussten wir uns sputen. Meine Reisebegleiterin wartete schon unten vor dem Hotel. Mit ziemlich zerzausten Haaren kamen wir schließlich herunter. Ich hatte nicht gedacht, dass ich einmal mit solch einer Frisur heiraten würde. Doch als ich an dem Ort der Feierlichkeiten ankamen, schleppten mehrere junge Frauen mich erst einmal in eine Hütte. Ich wurde geschminkt und frisiert. Die Frauen zogen mir die Kleider aus und kleideten mich in eine traditionelle hawaiianische, prunkvolle Tracht.

Ich fand das alles ganz aufregend. Ich wusste ja nicht, was auf mich zukommen sollte.

Als ich fertig angekleidet und geschminkt war, sah ich fast aus wie eine Hawaiianerin. Die Hochzeitsfeier konnte beginnen. Ich verließ zusammen mit den anderen Frauen die Hütte.

Draußen waren eine Unmenge Menschen versammelt. Männer und Frauen blieben getrennt. Die Männer hatten auf der einen Seite auf dem Boden Platz genommen und die Frauen auf der anderen.

Ich wusste nicht, wie es weitergehen sollte. Ich wurde inmitten der Frauen, die mich angekleidet hatten, auf den Platz gebracht. Plötzlich verschwanden alle Frauen, und ich stand allein in der Mitte des ganzen Geschehens. Alle Augen waren auf mich gerichtet. Was würde jetzt geschehen?

Trommeln ertönten. Man gab mir zu verstehen, dass ich tanzen sollte. Mir war das alles sehr peinlich. Ich erinnerte mich an den Abend im ersten Hotel, wo ich auch Hula hatte tanzen müssen, zur allgemeinen Volksbelustigung. Ich hatte nicht geglaubt, dass dies so schnell wieder geschehen würde.

Es blieb mir nichts anderes übrig. Ich musste tanzen. Als ich begann, fingen alle Leute an zu klatschen. Ich schaute in die Runde, um zu sehen, ob sich Aaron auch gut amüsieren würde. Ich sah ihn, wie er dasaß und lachte. Das war zu viel! Ich tanzte zu Aaron hin und streckte ihm meine Hand entgegen. Wenn ich mich schon hier zum Affen machen musste, dann sollte er auch nicht ungestraft davonkommen. Ich zog Aaron auf die Tanzfläche und merkte, dass ich von nun an nicht mehr der alleinige Mittelpunkt des Geschehens war. Aaron war nicht besonders begabt, was das Hulatanzen betraf, um es gelinde auszudrücken. Doch als Aaron anfing, kamen gleich eine Menge Leute dazu und tanzten voller Freude mit. Alle gratulierten Aaron und mir. Was uns beiden in diesem Moment noch nicht bewusst war: Wir hatten die Hochzeitszeremonie bereits hinter uns. Dies wurde uns erst klar, als der Hohepriester auf den Platz kam und uns segnete. Die Zeremonie hatte offenbar darin bestanden, dass ich Aaron tanzend umwarb und dieser mit seiner Teilnahme am Tanz sein Einverständnis gab. Als Aaron und ich das erfassten, küssten wir uns erst einmal. Es war alles zu schnell gegangen. Jetzt waren wir Mann und Frau.

Die Hochzeitsfeier dauerte noch den ganzen Tag an. Aaron und ich wollten bereits gehen, doch man ließ uns nicht weg. Man erklärte uns, dass wir nicht in unser Hotel gehen könnten, bevor wir nicht die Ehe vollzogen hätten. Sonst sei die Ehe ungültig. Wir wurden in eine Hütte begleitet, die innen sehr schön geschmückt war. In der Mitte dieser Hütte fanden wir ein Bett für uns vorbereitet. Die Zeremonie war also noch nicht zu Ende. Dieser Teil der Zeremonie gefiel uns beiden am besten. Während die Feier draußen weiterging, wurde die Tür hinter uns geschlossen.

Als wir am nächsten Morgen aufwachten, feierten die Leute immer noch. Wir wurden sehr herzlich begrüßt, als wir aus der Hütte kamen. Die Leute schauten uns beide so anzüglich an, dass ich vor Scham tatsächlich ein bisschen rot wurde. Offenbar ging man hier sehr viel öffentlicher mit dem Thema Sexualität um.

Erst gegen Mittag verließen Aaron und ich die Feier. Wir kehrten in unser Hotel zurück und verbrachten noch ein paar sehr romantische, verliebte und lustvolle Tage. Ich wollte nach meiner Rückkehr in New York ganz schnell meine Doktorarbeit fertig schreiben und dann zu Aaron hinunter nach Fort Myers fahren. Ein paar Wochen würde das jedoch noch dauern. Wir verabredeten das nächste Treffen. Aaron wollte gleich am nächsten Wochenende nach New York fliegen.

Aaron und ich hatten leider keinen gemeinsamen Rückflug. Ich fühlte schon Sehnsucht nach ihm, bevor das Flugzeug überhaupt gestartet war. Ich tröstete mich mit dem nächsten Wochenende.

Als ich in New York ankam, hatte ich keine Lust, mit der U-Bahn nach Hause zu fahren. Mein Wagen stand noch irgendwo unterwegs, wo ich ihn wegen des Staus geparkt hatte. Ich nahm mir ein Taxi. Am späten Abend kam ich zu Hause an. Es war schon lange dunkel. Erst jetzt fiel mir auf, dass ich vollkommen vergessen hatte, Sonja anzurufen. Die würde jetzt bestimmt ganz schön sauer sein. Aber wenn ich ihr erzählte, warum ich nicht angerufen hatte, würde sie es bestimmt verstehen. Heiraten tut man schließlich nicht alle Tage. Da kann man schon einmal etwas vergessen.

Als ich meine Wohnung aufschloss, kam mir Sonja direkt entgegen.

"Wo bist du gewesen, Rachel? Und was hast du angestellt?", fragte Sonja panisch.

"Wieso angestellt? Ich war in Hawaii. Ich wollte dich ..."

"Rachel, hier sind seltsame Dinge passiert", fuhr mir Sonja ins Wort. "In der Universität wurde das Rechenzentrum geschlossen, und der Assistent wurde in eine Irrenanstalt eingeliefert. Er hatte zuvor überall herumerzählt, dass ein PC verhext sei. Und überall haben Beamte einer seltsamen Behörde, von der ich noch nie etwas gehört habe, nach dir gefragt. Sie wollten alles über dich wissen. Ich musste ihnen von dem Geld erzählen."

"Was wollten diese Männer von mir?", fragte ich ängstlich.

"Vielleicht hat es mit dem Geld zu tun. Ich bin aber nicht sicher. So richtig interessierte die das gar nicht, was ich ihnen über die fünf Millionen erzählt habe."

"Aber was wollten die sonst?"

"Ich will dir keine Angst machen, Rachel. Aber ich glaube, sie wollten dich. Sie haben drei Tage und Nächte vor dem Haus im Auto gewartet. Ich habe ein sehr übles Gefühl gegenüber diesen Männern. Die waren mehr als nur unfreundlich. Rachel, du kannst mich für verrückt halten. Aber wenn die beiden nicht von einer offiziellen Behörde gewesen wären, ich hätte geschworen, dass es professionelle Killer waren. Ich bin zwar noch nie einem Killer begegnet, aber ich hatte das Gefühl, dass der eine mich am liebsten gleich umgebracht hätte. Dem möchte ich nicht noch einmal begegnen. Ich hatte eine Scheißangst, kann ich dir nur sagen. Ich habe in den drei Nächten kein Auge zugetan. Was hast du getan, Rachel, dass solche Leute hinter dir her sind?"

"Ich habe nichts getan", versuchte ich Sonja zu beruhigen.

"Zumindest nichts Negatives", dachte ich bei mir. Ich konnte Sonja jetzt nicht erzählen, dass ich geheiratet hatte. Ich wollte das zu einem Zeitpunkt tun, an dem Sonja in der Lage sein würde, sich mit mir zu freuen.

"Irgendetwas musst du angestellt haben, Rachel. Hat das vielleicht etwas mit dem Rechenzentrum zu tun?", ließ Sonja nicht locker.

"Das Einzige, was ich dort angestellt habe, war, den Assistenten zu fesseln. Da warst du aber auch dabei. Wenn der Assistent uns angezeigt hätte, hätten sie auch nach dir gesucht."

"Nein, Rachel. Es muss was ganz Schlimmes sein. Ich kann dir nur sagen, wenn du die beiden Männer gesehen hättest, wäre dir jetzt ganz schön elend zu Mute. Solche Polizisten kümmern sich mit

Sicherheit nicht um irgendeinen Pupskram. Ich spüre ganz genau, wenn die dich erwischen, geht es dir an den Kragen."

"Sonja, bleib auf dem Teppich! Du machst mir Angst! So schlimm wird es schon nicht werden. Wenn es um die fünf Millionen geht, werde ich das Geld, das ich ausgegeben habe, schon irgendwie zurückzahlen."

"Ich glaube nicht, dass es um das Geld geht. Sie wollten dich – dich ganz persönlich", erklärte Sonja erneut.

In diesem Moment fuhr ein Wagen mit quietschenden Reifen vor ihrem Haus vor. Sonja lief zum Fenster und schaute hinaus. Die beiden Männer, die nach mir gesucht hatten, stiegen aus ihrem Wagen und rannten auf ihr Haus zu.

"Rachel, verschwinde!", rief Sonja hysterisch.

"Ich kann doch nicht einfach abhauen", wehrte ich mich.

"Los, Rachel!", schrie Sonja wie eine Verrückte. "Ich spüre, dass du weg musst! Die tun dir was an. Ich fühle so etwas. Hau ab! Los!"

Ich schnappte schnell meine Tasche und lief die Treppe hoch. Das Herz klopfte mir bis in den Hals. Sonja hatte mir mit ihrer Hysterie ganz schön Angst eingejagt. Ich schwankte hin und her, ob ich vielleicht nicht doch besser runtergehen sollte. Während ich mich versteckte, hörte ich, wie die beiden Männer die Tür eintraten. Fünf Sekunden später rannte ich so schnell ich konnte die Treppe hinunter. Als ich an unserer Wohnung vorbeilief, sah ich, dass einer der Männer Sonja geschnappt hatte und sie brutal verhörte. So etwas tat die Polizei nicht. Das waren keine Polizisten.

Voller Entsetzen rannte ich auf die Straße. Ich lief, bis ich fast zusammenbrach. Ich sah einen Polizisten und rannte schnell zu ihm.

"Helfen Sie mir! Zwei Männer sind hinter mir her", schrie ich hysterisch.

"Beruhigen Sie sich! Wo war das?", fragte der Polizist ruhig.

Ich sagte ihm meine Anschrift. Der Polizist ging an seinen Wagen, um über Funk die Zentrale zu benachrichtigen. Plötzlich kamen die beiden Männer mit dem Wagen angefahren. Sie hielten direkt bei dem Polizisten und stiegen aus. Sie zeigten ihm einen Ausweis und sagten ihm, dass ich ihnen entflohen sei.

"Glauben Sie denen nicht!", schrie ich. "Das stimmt alles nicht."

"Bleiben Sie ganz ruhig. Ihnen geschieht nichts", erwiderte der Polizist.

Er machte keinerlei Anstalten, mich zu beschützen. Im Gegenteil. Er war auf der Seite der Männer. Er stieg in seinen Wagen ein und fuhr weg. Ich hatte in diesem Augenblick das Gefühl, zum Tode verurteilt worden zu sein. Wieso tat der Polizist das? Ich schrie in meiner Verzweiflung um Hilfe. Daraufhin hielt mir einer der Männer den Mund zu. Was ich danach tat, geschah völlig unbewusst.

Ich hatte in meiner Selbstverteidigungskunst genau diesen Ernstfall immer wieder trainiert. Ein potenzieller Vergewaltiger hielt mir den Mund zu. Ohne zu überlegen, schlug ich diesem Mann mit der Handkante gegen den Kehlkopf. Ich wusste, dass dieser Schlag tödlich sein könnte, doch für diese Überlegung hatte ich keinen Gedanken mehr frei. Ich war in absoluter Todesangst und reagierte wie ein Raubtier, das in die Enge getrieben wurde. Ich ging mit ungeheurer Aggressivität auf den anderen Mann los. Mit dieser Attacke hatten die beiden nicht gerechnet. Ich wusste genau, wo ich hinschlagen musste, um einen kräftigen Mann außer Gefecht zu setzen. In wenigen Sekunden hatte ich den zweiten Mann zusammengeschlagen. Ich schlug immer weiter auf die beiden ein, bis diese sich nicht mehr bewegten. Ich konnte vorher nicht aufhören, denn ich hatte Angst, dass einer der Männer seine Pistole ziehen und mich erschießen würde.

Ich lief weg, so schnell ich konnte. Ich wusste nicht, ob ich die beiden Männer umgebracht hatte. Offenbar steckten diese beiden mit der Polizei unter einer Decke. Ich konnte also unmöglich zur Polizei gehen. Ich hatte nur eine Chance. Ich musste versuchen, zu Aaron zu kommen, und mit ihm zusammen die Sache aufklären oder für immer aus den USA verschwinden.

Ich rannte zu der Stelle, wo ich meinen Wagen hatte stehen lassen. Ich hoffte, dass die Männer ihn noch nicht gefunden hatten. Ich hatte Glück. Der Wagen war noch da. Ich stieg ein und wollte den Motor anlassen. Doch der sprang nicht an. Ich schrie den Wagen an, dass er anspringen solle. Schließlich tat er es. Ich rauschte mit quietschenden Reifen davon. Mir liefen die Tränen über's Gesicht. Fast hätte ich noch einen Unfall gebaut. Ich riss sich am Riemen.

"Ich muss langsam fahren! Ich darf jetzt auf keinen Fall auffallen!", sagte ich laut vor mich hin.

Es war ein weiter Weg bis nach Fort Myers. Ich würde ein paar Mal anhalten und tanken müssen. Ich hatte Angst, dass nun die

Polizei überall nach mir suchen würde. Ich hatte vielleicht die beiden Männer umgebracht. Der Polizist hatte mich zusammen mit den beiden gesehen. Es war mir klar, dass die Polizei zwei und zwei zusammenzählen würde.

Ich fuhr die ganze Nacht durch. Einmal musste ich zwischendurch tanken. Diese Kiste verbrauchte das Benzin schneller als man tanken konnte. Ich hatte Angst, dass man schon nach mir suchen würde, und dass der Tankwart wüsste, was ich getan hatte. Der schaute mich auch ganz genau an. Aber wahrscheinlich wollte er nur sehen, wer in diesem protzigen Wagen saß. So ein Gefährt kam schließlich nicht jeden Tag vorbei. Mir war die Geschichte jedoch suspekt. Ich fuhr so schnell es ging weiter, obwohl der Tankwart ständig versuchte, mit mir ins Gespräch zu kommen.

Am frühen Morgen musste ich schon wieder tanken. Es war bereits hell. Als ich bezahlt hatte, wurde gerade die Zeitung gebracht. Ein ganzes Paket wurde aus einem Lieferwagen vor die Tankstelle geworfen. Ich nahm mir schnell eine Zeitung und lief weg. Ich hatte Angst, dass ich vielleicht auf der Titelseite sein könnte und der Tankwart mich erkannte, wenn ich die Zeitung bezahlte. Es blieb unbemerkt, dass ich die Zeitung mitgehen ließ.

Ich fuhr schnell los und schlug erst auf dem Highway die Zeitung auf. Ich war tatsächlich auf der Titelseite. Doch da stand nichts von den beiden Männern. Stattdessen wurde behauptet, ich hätte meine Freundin Sonja auf brutalste Art und Weise umgebracht. Man schrieb, ich hätte den Verstand verloren und sei in höchstem Maße gefährlich. Warum schrieben die Zeitungen diese Lügengeschichten? Und hatten die beiden Männer Sonja tatsächlich etwas angetan?

Ich konnte es nicht fassen. Vor zwei Wochen hatte ich noch an meiner Doktorarbeit gesessen, und nun war ich Amerikas meistgesuchte Verbrecherin. Wie konnte das passieren?

Plötzlich sah ich hinter mir einen Streifenwagen mit Blaulicht näher kommen. Ich bekam schreckliche Angst. Der Tankwart an der letzten Tankstelle musste mich im Nachhinein in der Zeitung erkannt und die Polizei angerufen haben. Aber vielleicht wollten die auch nur vorbeifahren?

"Jetzt nur die Ruhe bewahren, Rachel", sagte ich mir. "Nur keine Panik. Das kriegen wir schon hin. Die wollen nichts von mir. Die fahren vorbei. Die fahren mit Sicherheit vorbei."

Aber der Streifenwagen fuhr nicht vorbei. Er gab über Lautsprecher durch, dass ich rechts heranfahren sollte. Ich verlangsamte die Fahrt. Ich beschloss, mich der Polizei zu stellen. Ich hatte nichts von alledem getan, was man mir vorgeworfen hatte. Sicherlich war Sonja wohlauf, und damit würde sich die ganze Angelegenheit in Wohlgefallen auflösen. Ich redete mir ein, dass die Polizei mir nichts tun würde.

Als ich jedoch noch einmal in den Rückspiegel schaute, erkannte ich, dass die beiden Männer von letzter Nacht den Wagen steuerten. Ich gab Vollgas und brauste mit meinem Lamborghini davon wie mit einer Rakete. Ich hatte Mühe, die Leistung des Wagens auf die Straße zu bringen. Sogar im vierten Gang drehten die Reifen noch durch. Die beiden Männer schossen mit einer Maschinenpistole hinter mir her, trafen aber nicht.

Ich schrie auf vor Erleichterung, als ich merkte, dass ich die Männer abgehängt hatte. Ich raste mit fast dreihundert Stundenkilometern über den Highway. Noch zwei Stunden in diesem Tempo, rechnete ich mir aus, und ich würde in Fort Myers bei Aaron sein. Doch so lange ging die Sache nicht gut. Nach einer halben Stunde sah ich von weitem eine Straßensperre. Kurzerhand machte ich eine Vollbremsung und wendete mitten auf dem Highway. Gegen die Fahrtrichtung fuhr ich auf dem Mittelstreifen zur nächsten Abfahrt zurück. Ein paar Mal stieß ich fast mit entgegenkommenden Fahrzeugen zusammen. Ich sah, wie sich hinter mir einige Unfälle ereigneten.

Als ich zur Abfahrt kam, fuhr ich weiter entgegen der Fahrtrichtung vom Highway herunter. Das war mein Glück, denn die Gegenspur war von der Polizei gesperrt worden. Offenbar hatte man nicht damit gerechnet, dass ich auf der falschen Seite herunterkommen würde. Ich wurde natürlich in meinem Lamborghini sofort gesehen. Die Polizeiwagen wendeten und fuhren hinter mir her.

Ich gab wieder richtig Gas. Ich fuhr wie eine Wahnsinnige zwischen den Autos auf der Straße hindurch. Erst jetzt bemerkte ich, was einen Sportwagen tatsächlich auszeichnete. Die Polizei hatte keine Chance, mir hinterherzukommen. Doch ich wusste, dass dieser Wagen für mich zu gefährlich war. Er war einfach zu auffällig.

Ich fuhr in eine Seitenstraße und stellte den Wagen im Wald ab. Ich war mittlerweile in Florida. Das Gute an Florida war, dass die meisten Leute ihre Wagen nicht abschlossen. Sie ließen sogar meistens den Schlüssel stecken. In New York wäre ihr Wagen in spätestens zehn Minuten weg gewesen. Ich lief zu Fuß zu einem kleinen Haus, das am Waldrand stand. Ein alter Lieferwagen stand vor der Tür. Und wie ich es gehofft hatte, war der Wagen offen, und der Schlüssel steckte.

Ich nahm mir das Gefährt und verschwand mit qualmendem Auspuff. Auf den Highway konnte ich nicht mehr, da waren überall Straßensperren. Ich fuhr nur auf kleinen Landstraßen.

Als ich im nächsten Ort ankam, beschloss ich, mir ein unauffälligeres Auto zuzulegen. Ich wollte alle zwei Stunden einen anderen Wagen stehlen, damit man mich nicht so leicht finden konnte. Ich kam mit meinem Wagen an einem Einkaufszentrum vorbei. Dies war der ideale Platz, um einen neuen Wagen zu finden.

Ich stellte den Lieferwagen ab und ging über den Parkplatz. Es war unglaublich für eine Frau aus New York. Auf diesem Parkplatz standen eine ganze Menge Wagen mit laufendem Motor. Sie waren völlig unbewacht. Ihre Besitzer mussten den Motor angelassen haben, damit die Klimaanlage weiter lief.

Ich stieg kurzerhand in einen der Wagen ein. Damit würde ich sicherlich die nächsten zwei Stunden nicht auffallen. Da ich nur Nebenstraßen nahm, kam ich nur sehr schleppend voran.

Nach etwa zwei Stunden wurde es Zeit für den nächsten Wagen. Auch war in dem jetzigen das Benzin fast alle. Ich fuhr wieder zum nächsten Einkaufszentrum und besorgte mir einen anderen Wagen. Ich war fast angekommen. Der Ort, an dem ich jetzt war, hieß Port Charlotte. In etwa einer Stunde würde ich da sein. Ich fuhr weiterhin auf der Landstraße.

Nach etwas mehr als einer Stunde kam ich dann tatsächlich in Fort Myers an. Ich hoffte, dass Aaron zu Hause sein würde. Ich wusste nicht, was ich tun sollte, wenn er nicht da wäre.

Als ich das Haus von Aaron gefunden hatte, stellte ich den Wagen etwas weiter weg ab und ging zu Fuß zurück. Aaron öffnete die Tür, als ich klingelte. In diesem Augenblick brach ich in Tränen aus. Ich hatte meine Verzweiflung die ganze Zeit unterdrückt. Doch jetzt, wo Aaron da war, konnte ich meine Gefühle nicht mehr im Zaum halten.

"Was ist passiert, Rachel?"

Ich war kaum fähig, Aaron zu antworten.

"Die haben ihr wahrscheinlich etwas angetan. Warum tun die so etwas?", sagte ich völlig aufgelöst.

"Rachel, wer hat wem etwas angetan?"

"Die beiden Männer haben möglicherweise Sonja umgebracht. Und jetzt wollen sie es mir in die Schuhe schieben."

"Beruhige dich, Rachel! Wer waren die beiden Männer?"

"Sonja sagte, es wären Polizisten. Aber so etwas tun Polizisten doch nicht, oder?"

"Und jetzt sind sie hinter dir her?"

"Ja, ich bin auf der Titelseite der Tageszeitung. Ich soll Sonja bestialisch ermordet haben. Aber das habe ich nicht."

Ich erzählte Aaron die ganze Geschichte, angefangen beim Mord an meiner Freundin, meiner Flucht mit dem Lamborghini und den vielen gestohlenen Wagen bis dahin, dass ich schließlich bei ihm klingelte.

"Hast du eine Ahnung, warum sie dich wirklich suchen?", fragte er noch einmal.

"Ich weiß nur, dass es etwas mit dem Rechenzentrum in unserer Universität zu tun haben muss. Die haben das Rechenzentrum dort geschlossen und überall nach mir gefragt."

"Rachel, hast du einen PC von Mysterio umwandeln lassen?", fragte Aaron fast hysterisch.

"Was hat denn das damit zu tun?"

"Hast du, oder hast du nicht?", hakte Aaron ungeduldig nach.

"Ja, ich habe", stimmte ich zu.

"Hast du diese Umwandlung auch wieder rückgängig gemacht?", wollte Aaron weiterhin wissen.

"Nein, wieso?"

"Komm mit! Ich will dir etwas zeigen. Dieser PC ist nicht von dieser Welt. Seine Technik muss der unseren um Jahrhunderte voraus sein."

"Ich bin jetzt nicht aufgelegt für Rätselraten", wehrte ich mich. "Was willst du mir sagen?"

"Sieh dir bitte einmal das Stromkabel an!"

Ich sah das Stromkabel, aber der Stecker war nicht in der Steckdose. Der PC lief aber trotzdem.

"Der läuft jetzt schon ohne Strom, seit ich aus Hawaii zurück bin."

Ich rastete völlig aus. In meiner Hysterie nahm ich den PC und warf ihn zu Boden. Ich schrie immer nur: "Wegen dir musste Sonja sterben!"

Aaron versuchte, mich davon abzuhalten, den PC zu zerstören. Er redete immerzu davon, dass es viele ungewöhnliche Phänomene bei dem PC gab. Der PC hatte eine Grafik, die mit der heutigen Technik nicht möglich war. Außerdem schien der PC sich weiterzuentwickeln. Seine Leistungsfähigkeit stieg immer mehr. Manchmal hatte Aaron sogar das Gefühl, dass der PC auf seine Gedanken reagierte. Aaron schwärmte richtig davon.

Ich empfand Aarons Begeisterung als Besessenheit. Ich glaubte immer mehr an den bösen Geist, der die Mysterio-Spieler in seinen Bann zog. Ich flehte Aaron an, nie wieder zu spielen. Mysterio war daran schuld, dass meine Freundin wahrscheinlich tot war. Aaron beruhigte mich und versprach, nicht mehr zu spielen.

Doch ich musste mich verstecken, das war im Moment viel wichtiger als der PC. Aaron sagte mir, ich solle mich erst einmal ausruhen. Er fragte mich, wo ich den gestohlenen Wagen hingestellt hätte. Er wollte ihn weiter wegfahren, damit man mich nicht so schnell ausfindig machen könnte. Ihm war klar, dass ich mit den vielen gestohlenen Wagen eine gute Spur für die Polizei gelegt haben musste.

Als Aaron das Haus verließ, fiel ihm sofort eine Polizeistreife auf, die durch die Straßen patrouillierte. Konnten sie mich so schnell gefunden haben?

Als Aaron weiterging, sah er, wie Polizisten bereits von Haus zu Haus gingen und nach mir fragten. Er ging schnell weiter und sah von weitem, dass sie meinen Wagen bereits gefunden hatten. Er drehte um und ging zu mir zurück. Die Polizisten waren schon ganz in der Nähe. Es würde nicht mehr lange dauern, dann würden sie an seiner Tür klingeln. Sollte er das Risiko eingehen, ihnen zu sagen, dass ich nicht bei ihm sei, während ich mich drinnen versteckte? Er wäre viel zu aufgeregt dazu. Die Beamten würden das sicherlich merken. Er schloss die Tür auf und rannte sofort zu mir.

"Wir müssen weg. Sie haben den Wagen bereits gefunden, mit dem du gekommen bist. Frag mich nicht, wie die das so schnell geschafft haben. Sie sind bereits in der Nachbarschaft. Komm, wir nehmen meinen Wagen."

"Ich glaube nicht, dass ich dich auch noch in die Angelegenheit hineinziehen will. Ich werde mich stellen, Aaron."

"Du hast wohl ‘ne Meise! Wir sind verheiratet, hast du das vergessen? Was soll der Quatsch, mit mich nicht mit hineinziehen? Wo du drinsteckst, da stecke auch ich drin. In guten wie in schlechten Zeiten, erinnerst du dich? Los, schnapp deine Sachen und dann verschwinden wir!"

Als wir in Aarons Wagen durch die Stadt fuhren, bemerkten wir, dass ein Wahnsinnspolizeiaufgebot aufgefahren wurde. So viele Polizeibeamten hatte Aaron hier noch nie gesehen. Das musste die gesamte Polizeibereitschaft von Florida sein. Es schien, als hätte die Polizei plötzlich nichts anderes mehr zu tun als nach mir zu fahnden. In allen Nachrichten brachte man lange Berichte über den kaltblütigen Mord, den ich an meiner Freundin verübt haben sollte. Man sagte, ich sei wahnsinnig geworden und unglaublich gewalttätig.

Als Aaron an einer Tankstelle hielt, um seinen Wagen auftanken zu lassen, sah er, dass ich in allen Zeitungen auf der Titelseite war. Ich war vor der Tankstelle ausgestiegen und versteckte mich in einem Gebüsch neben der Straße. Aaron setzte seinen Wagen nach dem Tanken wieder zurück und ließ mich wieder einsteigen.

"Rachel, wir müssen raus aus den USA. Ich weiß nicht, wem du auf die Füße getreten bist, aber es muss jemand sehr Mächtiges gewesen sein. Dein Bild ist in allen Zeitungen auf der Titelseite. So etwas habe ich noch nie gesehen. Es ist, als ob alle Zeitungen plötzlich nichts anderes mehr zu berichten hätten. Schalt mal das Radio an! Du wirst keinen Sender finden, der nicht über dich berichtet. Alle halbe Stunde bringen sie einen Bericht über dich, und das in allen Sendern, egal was du einschaltest."

"Ich verstehe das nicht, Aaron. Was wollen die von mir?", fragte ich aufgelöst.

"Ich weiß es nicht. Es wird mit dem Mysterio-PC zu tun haben", meinte Aaron. "Wir werden die Sache gemeinsam durchstehen."

Aaron und ich beschlossen, auf die Bahamas zu fliehen. Wir mussten versuchen, eine Privatjacht zu chartern, die uns auf die Bahamas bringen würde. Linienschiffe mussten durch den Zoll, und dort würde man mit Sicherheit nach uns suchen.

Wenigstens konnte Aaron sich unbehelligt bewegen. Es wusste niemand, dass er mit mir verheiratet war. Wir hatten die Eheschließung noch nicht behördlich in den USA eintragen lassen. Bisher waren wir nur nach hawaiianischem Recht verheiratet.

Nach einer Weile schoss Aaron ein Gedanke durch den Kopf.

"Rachel, hältst du es für möglich, dass du diese Situation durch die Angst vor dem Gefängnis geschaffen hast, die du in Hawaii erwähntest?"

"Wenn das die Realität ist, die ich mir durch meine Angst erschaffen haben soll, was kommt dann noch?", erwiderte ich entsetzt.

"Aber passen würde es schon. Du hattest Angst, dass die Polizei dich sucht, und das tut sie doch jetzt."

"Findest du nicht, dass das ein bisschen weit hergeholt ist, was du da zurechtspinnst?", wehrte ich mich.

"Das mag sein. Aber ich kann nicht vergessen, was ich in Hawaii in der Meditation mit dem Kahuna erlebt habe. Das Ereignis, das ich erschaffen wollte, ist gleich, nachdem ich zu Hause war, eingetreten. Ich habe mir gewünscht, dass ich einen neuen Job bekomme, bei dem ich mein eigener Herr bin und nebenbei auch eine Stange mehr Geld verdiene. Ich möchte dich jetzt nicht mit Einzelheiten langweilen, aber solch einen Traumjob, wie ich ihn mir gewünscht habe, gibt es eigentlich gar nicht – dachte ich zumindest bis jetzt immer. Aber genau dieser Job ist mir angeboten worden – und das, ohne dass ich irgendjemanden danach gefragt hätte. Weißt du, wie unwahrscheinlich dieser Zufall wäre? Und das auch noch direkt, nachdem ich von Hawaii zurückkam. Seitdem habe ich diese Meditation ein paar Mal wiederholt – bisher immer mit Erfolg. Es ist unglaublich. Aber seit ich diese Kahuna-Magie anwende, ereignen sich die tollsten Dinge."

"Dann mach doch mal, dass die Polizei aufhört, nach mir zu suchen!", meinte ich vorwurfsvoll.

"Es tut mir Leid, Rachel. Mir ist klar, dass dir jetzt mit Sicherheit nicht der Kopf danach steht, dich mit mir über Magie zu unterhalten."

"Es tut mir auch Leid, dass ich dich angemacht habe. Verzeih mir bitte! Ich bin mit den Nerven völlig fertig."

"Mach dir keine Gedanken, Rachel. Ich kann mich sehr gut in dich hineinversetzen. Ich werde versuchen, ab jetzt mehr Rücksicht auf dich zu nehmen."

Aaron und ich redeten eine ganze Weile nicht mehr. Aber Aaron dachte weiter über das nach, was er gesagt hatte. Er hielt es durchaus für möglich, dass ich diese Situation durch meine Angst hervorgerufen hatte. In den letzten Tagen hatten sich so viele seltsame Zufälle ereignet, dass er alles für möglich hielt. Er wünschte sich beispielsweise eine neue Wohnung mit Blick aufs Meer, zu einem Preis, der um ein Drittel niedriger lag als seine alte Wohnung in der Stadt. Ihm war klar, dass es so gut wie unmöglich war, dass dieser Wunsch sich erfüllen könnte. Er tat auch außer der Kahuna-Magie nichts dafür, diese Wohnung zu finden. Zwei Tage später traf er einen alten Freund, der für ein paar Jahre nach Übersee musste. Er hatte ein Haus am Strand und suchte jemanden, der auf sein Haus aufpassen würde. Er fragte Aaron, ob er Interesse hätte, in diesem Haus so lange zu wohnen. Aaron glaubte, seinen Ohren nicht zu trauen. Der Preis, den sein Freund für die Miete verlangte, war genau die Summe, die Aaron sich gewünscht hatte.

Doch damit nahmen die unglaublichen Zufälle noch kein Ende. Aaron suchte seit Jahren nach einem wirklich guten Buch über Korruption in der Politik der Vereinigten Staaten. Er wendete die Kahuna-Meditation an. Am nächsten Tag kam ein Paket von einer sehr guten Freundin bei ihm an. Es war ein Geschenkpaket: das Buch.

Aber nicht nur seine Wünsche wurden in den letzten Tagen verwirklicht. Seine Befürchtungen und Sorgen schienen die gleiche Wirkung auf die Realität zu haben. In Aarons Haus war seit Monaten das Schloss der Hintertür defekt. Am Abend, bevor ich zu ihm kam, dachte er noch, dass er unbedingt das Schloss austauschen müsse, sonst würde vielleicht noch jemand bei ihm einbrechen. In der gleichen Nacht wurde, während er schlief, das halbe Wohnzimmer leergeräumt. Und seine Angst war lange nicht so groß wie meine. Es war für Aaron also nicht allzu weit hergeholt, dass ich meine Verfolgung durch die Polizei selbst erschaffen hatte.

Am Abend kamen wir in Miami an. Ich brauchte jetzt unbedingt ein Bett. Ich hatte jetzt seit zwei Tagen nicht mehr geschlafen und war völlig fertig. Aaron mietete ein Apartment in einem Motel. Hier konnten wir zumindest bis zum nächsten Morgen unbemerkt bleiben. Ich legte mich sofort ins Bett.

Aaron fuhr noch einmal los und kaufte eine Perücke und eine große Sonnenbrille. Außerdem hatte er mir ein Kleid mitgebracht: ein nettes kleines Kleidchen, wie viele Frauen in Florida es anhatten. Ich hatte noch nie ein Kleid angehabt, zumindest nicht, seit ich erwachsen war. Ich hasste diese Dinger, in denen man aufpassen musste, wie man sich bückte. Aber mit dieser Verkleidung und der Perücke konnte mich wirklich niemand mehr erkennen. So traute ich mich auch wieder auf die Straße. Ich ging zur Rezeption des Motels und wollte nachschauen, ob ich dort Frühstück und eine Zeitung bekommen könnte. Ich bekam auch eine Zeitung, doch was ich dort las, ließ mir meine Lust auf Frühstück gründlich wieder vergehen. Dieses Mal hatten sie es auf Aaron abgesehen. Mein Bild war auf der Titelseite verschwunden. Dafür war jetzt Aaron abgebildet. Er sollte seinen Boss in der Firma nach einem Streit ermordet haben. Schnell lief ich zurück zu Aaron und zeigte ihm die Zeitung. Er machte nicht schlecht Augen, dass jetzt er selbst gesucht wurde – wegen eines Verbrechens, das total unsinnig gewesen wäre, da er sowieso bereits einen anderen Job angenommen hatte. Es gab sogar Zeugen für den Streit zwischen ihm und seinem Chef. Zumindest wurde das in der Zeitung behauptet.

Wir mussten weg. Der Mann an der Rezeption würde Aaron in der Zeitung erkennen. Zum Glück war seine Schicht vorbei. Er war bereits nach Hause gefahren, bevor die neue Tageszeitung eintraf.

Als Aaron und ich in den Wagen einstiegen, fiel uns ein älterer Mexikaner auf, der uns zu beobachten schien. Wir fuhren schnell los. War das ein Detektiv, der sich eine Belohnung bei der Polizei abholen wollte? Oder war es Zufall, dass er uns beobachtet hatte? Vielleicht waren wir mittlerweile auch etwas neurotisch geworden und sahen überall Menschen, die uns verfolgten oder beobachteten?

Wir fuhren zum Hafen. Hier lagen sehr viele Jachten vor Anker, die man für einen Tag chartern konnte. Wir sprachen mehrere Bootsbesitzer an. Schließlich fanden wir einen, der bereit war, mit uns einen Trip auf die Bahamas zu machen. Es war ein schmieriger Kerl. Ich hatte bei den Verhandlungen mit dem Bootsbesitzer das Gefühl, dass dieser erkannt hatte, was Aaron und ich wirklich wollten. Der Preis, den er für die Fahrt verlangte, war reiner Wucher. Doch er ließ sich nicht dazu bewegen, mit dem Preis herunterzugehen. Wir hatten keine andere Wahl. Außerdem war ich sicher, auf den Bahamas gefahrlos an mein Geld herankommen zu können. Wir willigten also ein.

Es ging sofort los. Nun hatten wir das Schlimmste geschafft. Bald würden wir aus dem Hoheitsgebiet der Vereinigten Staaten heraus sein. Dann würde uns niemand mehr etwas anhaben können.

Am Abend dieses Tages kamen wir auf einer Insel der Bahamas an. Ich wollte als Erstes zu einer Bank und telegrafisch mein Geld anfordern. Damit würden wir auf den Bahamas ein schönes Leben führen können. Vielleicht würden wir auch woandershin fliegen, weit weg, wo uns niemand kannte und verfolgte.

Auf dem Weg zur Bank glaubte Aaron, den Mexikaner, der uns beobachtet hatte, in einem vorbeifahrenden Auto gesehen zu haben.

"Rachel, da war der alte Mexikaner vom Motel wieder!", sagte er aufgeregt.

"Unsinn, wie hätte der uns finden sollen?", zweifelte ich.

"Das weiß ich nicht. Aber ich bin sicher, er war es."

"Das sind nur die Nerven, Aaron. Wir sind raus aus den USA. Hier können die uns nicht verfolgen. Beruhige dich!"

Doch Aaron fand keine Ruhe. Die Polizei würde uns auf den Bahamas sicherlich nicht suchen. Aber wurden wir denn wirklich nur von der Polizei verfolgt?

Als Aaron und ich in der Bank waren, sah Aaron den alten Mexikaner wieder. Er ging draußen am Fenster vorbei. Aaron war ganz sicher, dass wir beobachtet wurden. Ich ließ mich jedoch nicht beirren. Ich veranlasste, dass zu meiner Bank telegrafiert wurde. Als ich meinen Ausweis vorlegte, schaute mich der Mann hinterm Bankschalter erschrocken an.

"Warten Sie bitte einen Augenblick! Ich bin gleich wieder zurück."

Der Mann verließ den Raum. Man sah, wie er zum Telefon griff.

"Hier ist was faul!", sagte Aaron. "Komm, lass uns verschwinden!"

"Der hat meinen Ausweis. Ohne den kommen wir nie an mein Geld ran. Wir können jetzt nicht verschwinden."

"Hier geht es um mehr als Geld. Wir haben keine Zeit, lange darüber zu diskutieren. Los, lass uns verschwinden!"

"Ich denke ja nicht daran. Du leidest schon unter Verfolgungswahn. Ich gehe hier nicht ohne meinen Ausweis weg."

In diesem Moment betrat ein maskierter Mann mit vorgehaltener Waffe die Bank. Er zwang alle Leute, sich auf den Boden zu legen und wollte vom Kassierer Geld haben. Alles ging blitzschnell. Als er die Tüte mit dem Geld bekam, sprach er Aaron und mich an.

"Los, aufstehen, ihr beiden. Ihr seid jetzt meine Geiseln. Wenn irgendjemand mir zu nahe kommt, töte ich die beiden! Ihr bleibt alle liegen, bis die Polizei kommt. Verstanden?"

Daraufhin verließ er mit uns als Geiseln die Bank. Wir mussten in einen Wagen einsteigen, der mit laufendem Motor, aber ohne Fahrer draußen stand.

"Los!", sagte er zu Aaron, "Du fährst!"

Wir fuhren mit quietschenden Reifen los.

"Fahr zum Hafen, schnell!"

"Wo ist der Hafen?", wollte Aaron wissen.

Der Bankräuber dirigierte ihn dorthin. Als wir dort angekommen waren, ließ er Aaron und mich aussteigen.

"Okay, jetzt aufs Schiff."

Wir standen vor einer großen Motorjacht, die mit Sicherheit einige Millionen wert war. Wollte der Bankräuber jetzt dieses Schiff stehlen? Als wir das Schiff betraten, wunderten wir uns, dass der Mann sich hier bestens auskannte. Er startete den Motor und legte ab. Alles ging sehr schnell und routiniert. Gehörte dieses Schiff etwa ihm? Wieso überfiel er dann eine Bank und erbeutete vielleicht ein paar tausend Dollar?

In einem Moment, wo der Mann mit dem Manövrieren des Bootes alle Hände voll zu tun hatte, überwältigte ihn Aaron. Er konnte ihm die Waffe abnehmen und zog ihm die Kapuze vom Kopf. Uns traf fast der Schlag, als wir sahen, dass der alte Mexikaner unter der Maske steckte.

"Was wollen Sie von uns? Raus mit der Sprache! Warum tun Sie das?", schrie Aaron den Mexikaner an.

"Ich muss das Boot aus dem Hafen steuern, sonst geht es uns allen an den Kragen."

Aaron ließ ihn gewähren.

Als das Schiff den Hafen verlassen hatte, schaltete der Mann den Autopiloten ein und bat uns, mit nach unten in die Kabine zu kommen. Wir wussten nicht, was das sollte, gingen aber mit.

"Ich bin auf euer Seite", begann der Mann zu erzählen. "Ich heiße Sanchez und bin Mysterio-Spieler."

Er zeigte Aaron und mir seinen PC, auf dem das Spiel immer noch lief.

"Ich kann nicht erklären wieso, aber ich musste euch helfen. Ich konnte mich nicht dagegen wehren", erklärte Sanchez.

"Was soll denn das für eine Hilfe gewesen sein, uns zu kidnappen?", fragte ich wütend.

"Es war die einzige Möglichkeit, euch da rauszuholen. Ihr habt ja keine Ahnung, wer hinter euch her ist. Es nützt euch überhaupt nichts, dass ihr aus den USA raus seid."

"Wer ist hinter uns her? Und wieso?", hakte Aaron nach.

"Ich weiß auch noch nicht alles, aber lasst uns erst mal von hier verschwinden, ich werde euch später alles sagen, was ich weiß."

Aaron und ich willigten ein. Uns war klar, dass dieser Sanchez die Wahrheit gesagt hatte. Sanchez ging wieder ans Steuer und jagte die Motoren hoch. Er steuerte mit Volldampf auf das offene Meer hinaus. Nachdem wir eine Weile gefahren waren, wollte ich wissen, wohin wir fuhren.

"Wir fahren nach Barbados. Ich habe dort ein Haus. Da sind wir für eine Weile sicher."

"Sag mir noch einmal, warum du das für uns tust!", bat ich.

"Ich weiß es nicht genau. Ich habe Mysterio gespielt und plötzlich euer Bild gesehen. Ich verspürte den Drang, euch zu helfen. Ich weiß nicht, wieso das Spiel das getan hat. Aber ich konnte mich gegen diesen Drang nicht wehren – obwohl ich große Angst hatte, dass man mich selbst erwischen würde. Ich bin nämlich in der gleichen Situation wie ihr."

"Wieso bist du in der gleichen Situation? Und wieso konnte dir das Spiel diesen Drang verpassen?", hakte ich weiter nach.

"Ich war wohl jemandem zu unbequem. Aus diesem Grund wollte man mich aus dem Verkehr ziehen. Ich habe eine Freie-Energie-Maschine erfunden, die das Energie- und Umweltproblem dieser Welt auf einen Schlag gelöst hätte. Das hat wohl jemandem nicht gefallen. Man hat versucht, mich zu ermorden. Doch es gelang nicht. Ich habe überlebt. Seitdem bin ich wie ihr auf der Flucht."

"Wer soll denn daran Interesse haben, dass solch eine Maschine nicht auf den Markt kommt?", fragte ich zweifelnd.

"Das ist nicht weiter schwer. Schon immer wurden Erfindungen und Entdeckungen auf dieser Welt blockiert und unterdrückt, die der Menschheit zu mehr Freiheit und Unabhängigkeit verholfen hätten. Meine Erfindung findet ihre Gegner in allen Lobbys, die momentan ihr Geld mit Energie verdienen."

"Funktioniert diese Maschine denn tatsächlich, die du da erfunden hast?", zweifelte ich weiterhin.

"Genauso wie dieser Computer funktioniert. Habt ihr noch nicht bemerkt, dass er ohne Strom läuft?", fragte Sanchez.

"Doch, das haben wir", stimmte ich zu. "Ich dachte jedoch, das Ding sei von einem bösen Geist besessen, und habe ihn zerstört."

"Das hast du wirklich geglaubt?", fragte Sanchez ungläubig.

"Es hat alles danach ausgesehen."

"Dein PC war nicht verhext. Er funktioniert mit einer Technik, die der unseren um Jahrhunderte voraus ist. Diese Technik war dafür verantwortlich, dass ich meine Freie-Energie-Maschine überhaupt entwickeln konnte. Ohne diesen PC hätte ich das niemals geschafft."

"Wie lange spielst du schon Mysterio?", wollte Aaron wissen.

"Seit ungefähr drei Monaten. Ihr glaubt ja nicht, was ich seit dieser Zeit alles erlebt habe."

"Wir können es uns vorstellen. Mir haben bereits die letzten Wochen genügt", meinte ich.

"Am Anfang waren die Auswirkungen auf mein Leben noch nicht so stark wie es bei neuen Mysterio-Spielern ist", erklärte Sanchez. "Das Spiel scheint sich mit jedem Spieler weiterzuentwickeln und wird dadurch immer effektiver. Die Auswirkungen, die es auf das Leben der Spieler hat, werden damit auch immer extremer."

"Wie kann das sein? Wer steckt hinter diesem Spiel?", fragte Aaron nach.

"Ich weiß es nicht. Er nennt sich einfach nur der Spielmacher. Ich weiß nicht, wer er ist, und ich weiß nicht, was er ist. Ein Mensch ist es jedenfalls nicht. Es muss eine Art höhere Intelligenz sein. Und er lernt mit unglaublicher Geschwindigkeit."

"Wie schafft er es, dass sich solche Ereignisse in unseren Leben abspielen?", wollte ich wissen.

"Diese Ereignisse werden nicht von dem Spielmacher hervorgebracht. Daran sind wir selber schuld", erwiderte Sanchez.

"Willst du mir jetzt auch erzählen, dass ich meine Realität selbst gestalte?", fragte ich ungläubig.

"Es ist so. Daran gibt es keinen Zweifel. Das Einzige, was auf das Konto von Mysterio geht, ist die Verstärkung unserer Fähigkeit, unsere Wahrnehmung zu fokussieren. Normalerweise ist unsere Wahrnehmung eher etwas zerstreut. Wenn wir an etwas denken, gehen uns tausend Möglichkeiten durch den Kopf, was noch alles passieren könnte oder was alles dazwischenkommen könnte. Mysterio hat dafür gesorgt, dass unsere unbewusste Aufmerksamkeit sich gleich einem Laserstrahl auf bestimmte Gedanken fokussiert. Dadurch katapultieren sich diese Gedanken mit unglaublicher Wucht in unsere Realität. Wir haben auch zuvor schon die Ereignisse in unserer Realität mit unseren Gedanken beeinflusst. Das ist uns nur nicht so direkt aufgefallen, weil wir unbewusst so zerstreut waren."

"Wie kannst du dir so sicher sein, dass dies wirklich so ist?", wollte ich wissen.

"Schau dir dein Leben jetzt an!", erwiderte Sanchez. "Vergleiche die Ereignisse mit den Gefühlen, die du hattest, seit du mit dem Spiel angefangen hast! Kannst du nicht die Parallelen erkennen?"

"Teilweise, aber nicht in allen Einzelheiten. Auf jeden Fall nicht so, dass es mich überzeugen würde", entgegnete ich skeptisch.

"Was stimmt denn zum Beispiel nicht mit deinen Gefühlen überein?", wollte Sanchez wissen.

"Dass Sonja möglicherweise umgebracht wurde zum Beispiel. Sonja hat mit mir zusammen gewohnt."

"Nun, ich weiß, dass unser Einfluss auf die Realität nicht so weit führt, dass ein anderer Mensch dadurch stirbt. Wie sah es mit Sonja aus? Hatte sie selbst Angst, getötet zu werden?"

"Ja, das hatte sie – sogar sehr große Angst. Glaubst du wirklich, diese Angst hätte ihren Tod verursacht?"

"Hat Sonja jemals Mysterio gespielt?", fragte Sanchez.

"Nein, das Spiel war verschwunden, als ich es mit ihr aufrufen wollte."

"Das Spiel war niemals verschwunden. Wenn ihr Mysterio nicht gefunden habt, dann hat Sonja vorher schon einmal gespielt und ist durchgefallen", erklärte Sanchez.

"Was heißt durchgefallen?", fragte ich verwundert.

"Die erste Runde ist ein Test. Wenn du ihn bestehst, kannst du weiterspielen, wenn nicht, ist das Spiel für dich nicht mehr zu finden."

"Ich erinnere mich. Der Spielmacher hat das mit dem Test schon einmal erwähnt. Worin soll denn dieser Test genau bestehen?", wollte ich wissen.

"So genau weiß ich das nicht. Ich weiß nur, dass alle Leute, die sich etwas gewünscht haben, was nicht mit Liebe und Glück zu tun hat, nicht bestanden haben."

"Was kann das für einen Sinn haben?", dachte ich laut nach.

"Ich glaube, dass Mysterio ein Ziel verfolgt", meinte Sanchez. "So genau weiß noch niemand, was das ist, aber es muss etwas damit zu tun haben, die Machtstrukturen auf dieser Welt zu verändern. Es wird eine Veränderung zum Positiven sein. Aus diesem Grund versucht auch die Organisation, die uns verfolgt, das zu verhindern. Denn das Ziel dieser Leute kann nur sein, die Machtstrukturen so zu lassen, wie sie jetzt sind."

"Ich habe in meinem zweiten Spiel fünf Millionen Dollar gewonnen", erklärte ich Sanchez. "Ich habe das Geld danach tatsächlich bekommen. Wer hat mir das Geld geschickt? Der Spielmacher?", fragte ich Sanchez.

"Möglicherweise", meinte er. "Oder Menschen, die der Spielmacher dazu angewiesen hat."

"Aber warum hat er mir das Geld gegeben?", fragte ich zweifelnd.

"Für ihn bedeutet Geld nichts. Du hast ihm mit Sicherheit etwas gegeben, was er gebraucht hat", antwortete Sanchez.

"Ich sollte in diesem Spiel erklären, wie sich für mich Liebe, Freude, Zuneigung und so weiter anfühlen. Ich hatte dabei wirklich den Eindruck, dass die Personen, denen ich das erklärte, tatsächlich nicht wussten, wie man diese Gefühle erlebt."

"Das deckt sich genau mit meinen Erfahrungen", stimmte Sanchez zu. "Wer oder was der Spielmacher auch wirklich ist, Gefühle hat er bisher nicht gekannt. Es muss eine Wesensform sein, die körperlos ist. Dadurch empfindet sie keine Gefühle."

"Also doch ein Geist?", meinte ich ängstlich.

"Mit Geist bezeichnet man im Allgemeinen eine verstorbene Seele, die von dieser Welt nicht loslassen kann. Sie hat das Gefühl, dass ihr Leben beendet wäre, wenn sie es täte", meinte Aaron. "In dem Sinne handelt es sich hier sicherlich nicht um einen solchen Geist. Es ist eine andere Wesensform."

"Ich glaube, dass Mysterio die Menschen braucht, um seine Aufgabe zu erfüllen", meinte Sanchez.

"Was für eine Aufgabe?", wollte ich wissen.

"Das weiß ich nicht. Aber es scheint eine sehr bedeutende Aufgabe für den gesamten Planeten zu sein. Für diese Aufgabe scheint eine bestimmte Anzahl an Menschen notwendig zu sein. 20.000, um es genauer zu definieren."

"Wie kommst du darauf?", hakte ich nach.

"Seit ich spiele, ist die Anzahl der Spieler unentwegt gestiegen. Seit zwei Wochen bleibt sie jedoch absolut konstant."

"Genau 20.000, keiner mehr oder weniger?", spekulierte Aaron.

"Ja, so ist es. Glaubst du immer noch, dass das alles Zufall sein könnte?", fragte mich Sanchez.

"Ich weiß es nicht. Noch nicht. Vielleicht gibt es dafür doch eine logische Erklärung. Seltsam ist es schon – auch, dass der Spielmacher in der Lage sein soll, 20.000 Spieler gleichzeitig zu koordinieren."

Am Ende dieses Gespräches wollte Aaron wissen, wie genau die PCs, die von Mysterio umgewandelt wurden, funktionierten. Sanchez wusste darüber recht gut Bescheid. Er hatte sich sehr ausgiebig mit seinem PC beschäftigt, um seine Freie-Energie-Maschine entwickeln zu können. Er erklärte Aaron, dass der Computer nicht mehr nach dem Binärcode arbeite, also mit Nullen und Einsen, sondern mit komplexen elektromagnetischen Informationseinheiten. Diese Einheiten würden sich auf subatomarer Ebene unentwegt miteinander vernetzen. Es schien sich innerhalb der Mikrochips ein neuronales Netz zu bilden, das dem menschlichen Gehirn sehr ähnlich war. Die Fähigkeiten der PCs wuchsen dabei unglaublich schnell. Sanchez erzählte auch, dass er glaube, dass sein PC tatsächlich lebendig sei. Er glaubte, dass der Spielmacher die PCs als physischen Körper benutzte, um in unserer Realität existieren zu können. Was Sanchez jedoch selbst stutzig machte, war, dass sein PC die Taktfrequenz des menschlichen Nervensystems angenommen hatte. Das konnte kein Zufall sein. Sanchez konnte sich allerdings noch nicht vorstellen, wozu das gut sein sollte. Aaron kam auf die Idee, dass der Spielmacher vielleicht vorhaben könnte, mit den Mysterio-Spielern telepathisch zu kommunizieren. Vielleicht sei dazu die gleiche Taktfrequenz notwendig. Sanchez hielt dies für möglich.

Aaron war von allem total fasziniert, was Sanchez ihm erzählte. Er wollte weiterspielen.

"Ich glaube", sagte er zu mir, "dass wir unter diesen Umständen weiterspielen sollten."

"Das denke ich nicht!", entgegnete ich vehement. "Was ist, wenn es doch ein böser Geist ist? Ich vergesse nicht so schnell die Gefühle, von dem Spiel abhängig zu sein."

"Daran ist nichts Magisches", sagt Sanchez. "Das Spiel benutzt subliminale Botschaften, um seinen Spielern ihre Glücksgefühle zu suggerieren."

"Was heißt das?", wollte ich wissen.

"Subliminale Botschaften wurden bereits vor vielen Jahren in der Werbung eingesetzt", erklärte Sanchez. "Seit langem ist diese Art der Werbung jedoch verboten. Die Menschen bekamen bewusst nichts von dieser Werbung mit und handelten frei nach ihren Gefühlen. Diese wurden jedoch von den subliminalen Bildern oder den subliminalen verbalen Suggestionen ausgelöst. Man empfand diese Art der Werbung als unmoralisch und verbot sie."

"Wie funktionieren diese Botschaften?", hakte ich nach.

"Bei den Bildern geht man folgendermaßen vor: Man tauscht bei einem ganz normalen Film ein Bild pro Sekunde mit einem Werbebild aus. Das heißt, das dieses eine Bild nur für den Bruchteil einer Sekunde zu sehen ist. Dadurch wird es vom Bewusstsein nicht wahrgenommen. Man sieht es jedoch unbewusst. Und damit spukt dieses Bild ohne Information des Bewusstseins in deinem Geist herum und will eingeordnet werden. Um das jedoch zu tun, musst du das, was auf dem Bild zu sehen ist, erleben. Es wird also ein fast zwanghafter Drang in dir ausgelöst, das zu erleben, was du auf dem Bild gesehen hast. Bei den verbalen Suggestionen ist das ähnlich. Die wirken wie eine gute Hypnose. Dein Bewusstsein bekommt von diesen Botschaften nichts mit, und du hältst sie für deine eigenen Gedanken. Diese Art der Suggestion wird in großen Kaufhäusern angewendet, um die Diebstahlquote herunterzudrücken. Bei der subliminalen verbalen Suggestion wird einfach einer ganz normalen Musik eine Sprachbotschaft so unterlegt, dass sie sich genauso anhört wie die Musik – zumindest für dein Bewusstsein. Dein Unbewusstes hört jedes Wort."

"Und du meinst, dass Mysterio diese Art der Suggestion benutzt hat, um mich abhängig zu machen?", fragte ich.

"Nein, Mysterio hat dir damit die Gefühle suggeriert, die du dir gewünscht hast. Das Abhängigkeitsgefühl kam dadurch, dass du dich beim Spielen durch diese Suggestion unsagbar wohl gefühlt hast. Auf die gleiche Weise hat auch Mysterio dafür gesorgt, dass du alles, was du gespielt hast, als Realität empfunden hast. Dadurch hattest du genau die Gefühle, die du hättest, wenn dein Ziel bereits erreicht wäre. Auf diese Weise wird deine Wahrnehmung durch die Gefühle auf eine bestimmte Realität gelenkt – und es geschieht."

"Dass ich Aaron dadurch getroffen habe, kann ich mir ja gerade noch vorstellen. Ich hatte im Spiel wirklich das Gefühl, mit ihm bereits zusammen zu sein. Und die Tage danach musste ich unentwegt an ihn denken. Meine Wahrnehmung war also auf ihn ausgerichtet. Insoweit kann ich das nachvollziehen. Aber wieso habe ich im Bildschirm Aaron bereits gesehen, und zwar genauso, wie er aussieht?"

"Weil Aaron Mysterio-Spieler ist. Der Spielmacher sieht alle Leute, die sich an einen PC setzen, der umgewandelt ist."

"Jetzt wird mir einiges klar. Das Bild wurde auch erst in dem Moment richtig deutlich, als ich sagte, dass mein Partner auch Mysterio-Spieler sein soll", dachte ich laut.

"Genau, damit hast du dem Spielmacher die Möglichkeit gegeben, aus den 20.000 Menschen, die spielen, denjenigen auszusuchen, der deiner Beschreibung genau entspricht. Er hat dir dieses Bild gezeigt und dir das Gefühl suggeriert, dass du bereits mit ihm zusammen bist. Was danach geschah, hast du selbst realisiert. Das Spiel hat dir also nur geholfen, deine Wahrnehmung auf deinen Wunsch zu fokussieren. Normalerweise tun wir Menschen das wie gesagt nicht so konzentriert. Wenn wir uns etwas wünschen, fokussieren wir uns meistens mehr auf unsere Zweifel an der Erfüllung dieses Wunsches. Damit realisieren wir dann auch diese Zweifel."

"Oder unsere Ängste – zum Beispiel die Angst, dass ich verfolgt würde und ins Gefängnis müsste", schlussfolgerte ich.

"Hattest du wirklich das Gefühl, dass du ins Gefängnis kommst?", wollte Sanchez wissen.

"Wenn ich mir das genau überlege, dann eigentlich eher, dass die Gefahr bestand, dass ich rein müsste."

"Und genau diese Gefahr erlebst du jetzt", meinte Sanchez. "Du hast dich mit deiner Angst vor dem Gefängnis nicht in den Knast gebracht, sondern eine Situation erschaffen, in der du Angst haben kannst, ins Gefängnis zu müssen. Unsere Wahrnehmung wird ganz genau von den Ereignissen widergespiegelt. Ist deine Wahrnehmung auf die Angst vor etwas ganz Bestimmtem gerichtet, erlebst du etwas, was dir genau wieder diese bestimmte Angst macht. Das heißt nicht, dass das passiert, wovor du Angst hast. Es geschieht lediglich etwas, was dir Angst macht. Es sieht also einfach nur gefährlich aus."

"Wenn das nicht so verrückt wäre, könnte man das alles tatsächlich glauben", meinte ich.

"Glaube es, Rachel!", sagte Aaron. "Was ich in der Meditation mit dem Kahuna erlebt habe, ließ mich ganz klar erkennen, dass es stimmt. Wir erschaffen uns unsere Realität selbst."

"Wenn das wirklich wahr ist, sollten wir uns darüber mehr Klarheit verschaffen", schlug ich vor. "Wir sollten herausfinden, wie wir die Realität gezielt beeinflussen können."

"Wie es in etwa funktioniert, kann ich dir erklären", meinte Sanchez.

"Worauf wartest du noch?", fragte ich ungeduldig.

"Stell dir vor, du sitzt in einem Wagen. Es ist jedoch ein spezieller Wagen. Er hat keine Bremse und kein Gaspedal. Er fährt immer im gleichen Tempo und kann nicht angehalten werden. Er hat aber auch kein Lenkrad. Stattdessen setzt man dir in diesem Wagen eine Brille auf, die genau misst, wo du hinschaust. Kannst du dir das vorstellen?"

"Ich denke schon", bestätigte ich.

"Der Wagen fährt genau dorthin, wo du hinschaust. Schaust du auf eine Angst, fährt dein Wagen in ein Ereignis, das dir genau wieder diese Angst macht. Spürst du beispielsweise die Angst, es könnte im Straßenverkehr etwas passieren, passiert es nicht wirklich. Du erlebst stattdessen zum Beispiel, dass dir jemand die Vorfahrt nimmt und du gerade noch bremsen kannst. Dieser Fastunfall bestätigt dir jedoch deine Angst, dass im Straßenverkehr immer etwas passieren kann. Verstehst du, was ich meine?"

"Habe ich also Angst, ins Gefängnis zu müssen, lande ich nicht wirklich dort, sondern es passiert lediglich etwas, was mir Grund gibt, Angst davor zu haben, ins Gefängnis zu müssen – so wie es jetzt ist", fasste ich zusammen.

"So ist es", bestätigte Sanchez. "Das Ziel von Mysterio scheint es zu sein, uns die Möglichkeit zu geben, unseren Wagen präzise zu steuern. Normalerweise verändern wir nämlich ständig unsere Blickrichtung während der Fahrt. Damit passieren in unserer Realität auch selten die Dinge, die wir uns wünschen."

"Bevor ich mich einverstanden erkläre, weiterzuspielen, möchte ich noch gerne von dir wissen, Sanchez, wie unsere Verfolger deine Erfindung aus dem Verkehr ziehen konnten."

"Ich war so dumm und wollte meine Erfindung zum Patent anmelden", begann Sanchez zu erzählen. "Zwei Tage später kreuzten zwei Männer bei mir auf und verschafften sich gewaltsam Zutritt zu meiner Wohnung. Sie zerstörten alles, was ich mir aufgebaut hatte. Glücklicherweise war ich nicht zu Hause. Als ob ich es geahnt hätte, übernachtete ich ein paar Tage bei einem Freund. Am Morgen des dritten Tages zeigte der mir plötzlich eine Zeitung, in der stand, dass ich jemanden ermordet hätte, um seine Erfindung zu stehlen. Er wusste, dass das gelogen sein musste, denn ich war zum fraglichen Zeitpunkt des Mordes mit ihm zusammen gewesen. Er verhalf mir zur Flucht. Die Jacht, auf der wir uns momentan befinden, gehört ihm."

Ich hatte das Gefühl, dass die Technologie, von der Sanchez sprach, der gesamten Menschheit unbedingt zur Verfügung gestellt werden musste. Wenn die Aufgabe der Mysterio-Spieler etwas damit zu tun haben würde, dass die Leute, die diese Technik blockieren wollten, entmachtet würden, dann würde ich weiterspielen wollen.

Ich wollte sofort mit dem Spiel beginnen. Ich ging in die Kabine und setzte mich vor den Bildschirm. Er zeigte das Bild der Insel Mysterio. Ich klickte das Wort "Mysterio" an, und sofort fühlte ich mich, als ob ich wieder im Landeanflug auf Mysterio wäre. Ich fühlte mich erneut schwerelos. Als ich aufsetzte, kam mir der Spielmacher entgegen.

In diesem Moment fiel mir der Assistent wieder ein. Der arme Kerl musste von den Leuten, die Aaron und mich jagten, in die Irrenanstalt gesteckt worden sein. Mit Sicherheit hatte der Assistent gemerkt, dass mit dem PC etwas nicht stimmte, und dann hatte er irgendwann den Stecker aus der Wand gezogen. Er musste nicht schlecht gestaunt haben, als der PC weiterlief.

Meine Gedanken wendeten sich wieder dem Spiel zu. Ich spürte plötzlich wieder, wie Glücksgefühle in mir aufstiegen. Sanchez hatte Recht. Diese Gefühle musste mir der Computer suggeriert haben. Ich hatte überhaupt nicht an diese Gefühle gedacht.

"Die Lust", stand auf dem Bildschirm, "ist die stärkste schöpferische Energieform für euch Menschen. Sie zu aktivieren, bedeutet eine enorme Verbesserung eurer Fähigkeit, eure Wahrnehmung auf eure Wünsche zu fokussieren und damit eine Verbesserung eurer schöpferischen Fähigkeiten. Der Ursprung der Lust entstammt der sexuellen Energie. Diese Energie ist der Urgrund deines Seins. Sie ist die Urkraft, derentwegen du als Seele auf die Erde gekommen bist. Sie ist das Fundament für alle Energieformen, die dich ausmachen. Die Lust zu unterdrücken bedeutet, dich selbst zu unterdrücken. Durch die permanente Unterdrückung der Lust hat deine Rasse nur einen Bruchteil der schöpferischen Fähigkeiten ausgebildet, die euch zur Verfügung stehen würden. Diese Fähigkeiten zu aktivieren ist nicht schwierig.

Die Lust ist ein sehr starkes Instrument, wenn du deine Wahrnehmung bewusst auf ein gewünschtes Ereignis lenken willst. Sie bildet das Gegenstück zur Angst. Auch die Angst fokussiert deine Wahrnehmung sehr stark auf ein Ereignis – jedoch auf ein Unerwünschtes. Die Lust kann das Gleiche vollbringen. Nur richtet sich deine Wahrnehmung durch die Lust auf das Schöne im Leben. Deine Fähigkeiten zu verstärken, Lust zu leben, führt dazu, dass du dein Leben immer mehr dem Schönen zuwendest.

Deine Wahrnehmung richtet sich immer nach dem stärkeren Antriebsimpuls. Ist die Lust stärker als die Angst, wird sie dafür sorgen, dass nur noch die positiven Dinge in dein Leben treten."

"Du sagtest, wir Menschen hätten die Lust blockiert. Wie hast du das gemeint?", wollte ich genau wissen.

"Ich möchte dir diese Frage gerne durch einen Blick in die lebendige Bibliothek der Weltgeschichte beantworten", antwortete der Spielmacher geheimnisvoll.

"Ich verstehe nicht, was du meinst."

"Ich möchte dir helfen, wahrzunehmen, was in deinem eigenen Gehirn über die Geschichte der Menschheit gespeichert ist. Du nutzt von deinem tatsächlichen Gedächtnis nur den Bereich, den du selbst erlebt hast. In deinem Gehirn ist jedoch in Wirklichkeit alles gespeichert, was sich jemals auf dieser Welt zugetragen hat. Du kannst das alles in dein Bewusstsein heraufholen."

"Das würde ich wahnsinnig gerne erleben!", erklärte ich begeistert.

"Dann folge mir. Lass dich einfach fallen. Ich aktiviere die Zentren deines Gehirns, in denen genau die Informationen gespeichert sind, die dir die Antwort auf deine Frage geben. Du wirst sehr schnell erkennen, warum die Lust bei euch Menschen blockiert wurde."

"Ich bin sehr gespannt."

Ich hatte diese Antwort noch nicht richtig geschrieben, als ich plötzlich das Gefühl hatte, ich würde in eine andere Welt gesaugt. Ich sah plötzlich Affenmenschen. Ich sah, wie diese Primaten in Rudeln zusammenlebten. Einer der Primaten schien das Leittier zu sein. Er gab eindeutig den Ton an im Rudel. Er war auch der Einzige, der mit den weiblichen Primaten sexuell verkehrte. Doch mit der Zeit begannen immer häufiger andere Männchen, sich dagegen aufzulehnen. Sie wollten auch Sex haben. Sie wurden von dem Anführer sofort angegriffen, wenn sie sich erlaubten, einen weiblichen Primaten zu begatten. Der Anführer griff mit absoluter Gewalt durch. Er sonderte alle Männchen aus dem Rudel aus, die sich erlaubten, sich gegen ihn aufzulehnen.

Plötzlich wurde mir schwindelig, und die Geschichte veränderte sich. Ich sah Bilder aus einer späteren Zeit. Die Primaten hatten sich bereits zu Höhlenmenschen entwickelt. Sie benutzten bereits einfache Werkzeuge. Immer noch hatten sie einen Anführer, der das alleinige Bestimmungsrecht über die Sippschaft für sich beanspruchte. Herausforderer wurden genauso brutal bekämpft wie zuvor bei den Primaten. Auch dieses Mal war meistens eine Frau der Anlass zu diesem Kampf. Doch die Geschichte wiederholte sich nicht einfach. Einer der Männer, die nicht kräftig genug waren, es mit dem Anführer aufzunehmen, lauerte diesem aus dem Hinterhalt auf und erschlug ihn von hinten mit einem großen Stein. Danach nahm er sich seine Frau und verließ die Sippschaft. Ein heilloses Chaos brach in der Sippschaft aus. Die Männer, die zurückblieben, kämpften um die Herrschaft über die Sippschaft. Jeder kämpfte gegen jeden. Es herrschte Mord und Totschlag. Es blieben kaum noch Männer übrig. Die Frauen erkannten, dass die Sippschaft so nicht existieren konnte. Sie mussten jetzt Aufgaben übernehmen, die zuvor die Männer erledigt hatten. Die Frauen beschlossen, es nicht mehr zu solch einem Eklat kommen zu lassen. Sie wussten, dass das Verhalten der Frauen Anlass zu diesem Kampf gewesen war. Der Mann, der den Anführer erschlagen hatte, tat dies, weil die Frau, mit der er verschwunden war, ihn als Partner ausgesucht hatte und er sie nicht haben durfte, weil der Anführer das verhindern würde. Die Frauen erkannten, dass die sexuelle Lust für den Kampf der Männer und deren Tod verantwortlich war. Sie beschlossen, Regeln aufzustellen, um den Männern keinen Anlass mehr zu bieten, sich gegenseitig zu ermorden. Sie beschlossen, ihre Attraktivität und vor allem ihre Lust zu verbergen. Dadurch glaubten sie, die Aggressivität der Männer zu dämpfen. Von nun an war es verpönt, Lust zu zeigen.

Ich machte wieder einen Zeitsprung und sah ein Dorf mit Menschen, die bereits in kleinen Hütten wohnten. Die gesellschaftlichen Umgangsformen hatten sich grundlegend geändert. Jeder Mann konnte Frauen haben, wenn er für sie sorgen konnte. Es kam nicht mehr darauf an, andere Männer zu bekämpfen, sondern möglichst viel Besitztum anzuhäufen. Wer am meisten besaß, hatte die meisten Frauen. Doch eines war gleich geblieben: Die Frauen zeigten ihre Lust nicht. Sie verhüllten sich in Kleidung, die möglichst viel von ihnen verdeckte. Offenbar hatte es sich bis in diese Zeit durchgesetzt, dass es verpönt war, als Frau Lust zu zeigen. Den Männern war dies gestattet. Was sich jedoch ganz klar in dieser Episode zeigte, war, dass die Frauen nicht mehr freiwillig ihre Lust verbargen. Die gesellschaftlichen Regeln wurden jetzt von Männern gemacht. Doch es steckte mehr dahinter als nur das Überbleibsel der Verpönung der Lust der Frau.

Ich erkannte, dass auch diese Gesellschaft ihren Anführer hatte. Es war nur dieses Mal nicht der Stärkste, sondern der Reichste. Er sorgte dafür, dass die Frauen sich verhüllen mussten. Ich erkannte, dass er damit etwas bezwecken wollte. Schließlich wurde klar, was die Absicht dieses Mannes war. Er streute Zwietracht unter den Menschen im Dorf, indem er dafür sorgte, dass die Frauen ihre Lust nicht nur nicht zeigten, sondern sie auch nicht lebten. Er fürchtete um seine Macht. Er wusste, dass niemand gefährlicher war als ein Mensch, der nach seinen Trieben und seiner Lust handelte. Er musste dafür sorgen, dass dies nicht geschehen würde. Er rief mit seinen Gefolgsleuten moralistische Verhaltensregeln ins Leben, die den Frauen verbot, ihre Sexualität auszuleben. Sex war nur erlaubt, um Kinder zu zeugen, allerdings auch erst nach Eheschließung. Durch den nicht gelebten sexuellen Trieb bei den Männern und den Frauen gab es heftige Spannungen zwischen den Partnern. Dadurch fühlte sich der Anführer des Dorfes relativ sicher vor Angriffen. Die Menschen hatten genug mit sich selbst zu tun. Sie hatten sogar so viel mit sich selbst zu tun, dass sie die Gesetzesvorschläge des Anführers gerne annahmen. Sie waren froh, dass sie sich nicht selbst darum kümmern mussten. Mit der Zeit schaffte es der Anführer dieses Dorfes, alle Leute von sich abhängig zu machen. Er war zum Mittelpunkt allen Geschehens in diesem Dorf geworden. Ohne ihn lief nichts mehr. Er weitete seine Macht immer mehr aus. Man erkannte sehr deutlich, dass er sich in seinem gesamten Verhalten durch nichts von den Rudelführern früherer Zeiten unterschied. Obwohl er nicht der stärkste und gesündeste Mann dieses Dorfes war, hatte er es geschafft, das Leittier zu werden.

Ich machte einen weiteren Zeitsprung ins Mittelalter. Ich sah eine Gruppe von Priestern, die eine Reihe von Richtlinien entwarfen, mit denen man das Ansehen und den Einfluss der Kirche sichern wollte. Man sah damals die Gefahr, dass die Menschen beginnen könnten, sich ihre eigenen Gedanken zu machen über das, was richtig und falsch war. Es wurde festgestellt, dass die Menschen begannen, Fähigkeiten zu entwickeln, welche ausschließlich Gott vorbehalten waren. Der größte Verstoß gegen die Gesetze Gottes lag darin, Einfluss auf die Gestaltung der Realität nehmen zu wollen (Hexerei). Man hatte Angst, seine Macht zu verlieren, und glaubte, dass die Menschheit dem Untergang geweiht sei, wenn die Menschen Gott dadurch entehrten, dass sie selbst Schöpfer spielten.

Die größte Gefahr ging von den Frauen aus. Man erkannte, dass es vorwiegend die Frauen waren, die diese Fähigkeiten hatten. Nach eingehenden Untersuchungen fand man heraus, dass diese Fähigkeiten durch die Lust der Frauen aktiviert wurden. Es waren allesamt Frauen, die ihre Lust schamlos auslebten. Auch die Männer, die mit diesen Frauen ihre Lust auslebten, begannen diese Fähigkeiten zu entwickeln.

Den Kirchenoberhäuptern war klar, dass sie etwas unternehmen mussten, um die Menschen ihrer Lust zu berauben. Es wurde ein Katalog von Maßnahmen erstellt, um dies zu erreichen.

Der Film machte wieder einen Zeitsprung und zeigte die westliche Welt, Anfang des 20. Jahrhunderts. Man sah, wie die Unterdrückung der Lust bei den Frauen ihren Höhepunkt erreicht hatte. Aus den ursprünglichen moralistischen Regeln, die der Anführer des Dorfes ins Leben gerufen hatte, waren jetzt ganze Moralsysteme geworden. Es gab eine unglaubliche Vielfalt an Ge- und Verboten, was die Sexualität betraf. Auch war gesichert, dass sich daran so schnell nichts ändern würde, da es nicht möglich war, über die Sexualität offen zu reden. Man durfte ja noch nicht einmal daran denken – was auch ganz klar erkennbar war: Es waren immer noch Organisationen, an deren Spitze einzelne Anführer standen, die dafür sorgten, dass die Menschen ihre Lust nicht lebten. Alle Organisationen, die größere Machtstrukturen aufgebaut hatten, benutzten die Lust als Werkzeug, um ihre Macht zu sichern. Die größte dieser Organisationen schien die katholische Kirche zu sein. Sie hatte es geschafft, dass die Menschen aus Angst vor Gott ihre Lust nicht lebten. Damit war ein perfektes System geboren, um die Lust zu unterdrücken und die Macht der Kirche aufrecht zu halten. Waren es doch einzig und allein die Kirchenoberhäupter, die entscheiden konnten, ob ein Verhalten in Ordnung war oder nicht – und ob man infolgedessen in den Himmel durfte oder in die Hölle musste. Auch waren die Priester die Einzigen, die dabei helfen konnten, in den Himmel zu gelangen – konnten sie doch durch die Beichte für Gottes Vergebung sorgen. Da so ziemlich alles Sünde war, kam kein Mensch an dieser Beichte vorbei. Die Kirche hatte damit das größte Machtsystem aufgebaut, um die Lust zu unterdrücken, das es je gab.

Mit diesen Bildern endete mein Trip. Mir war jetzt klar, dass ich meine Lust ausleben wollte – und zwar in jeder Beziehung.

"Was kann ich tun, um meine Lust zu verstärken?", fragte ich den Spielmacher.

"Beschreibe mir zunächst, wie die Lust in dir entsteht! Ich werde dir helfen, sie auszulösen."

"Okay, doch bevor ich das tue, möchte ich gerne wissen, wie ich dich nennen kann. Sage mir bitte deinen Namen!", bat ich.

"Ich habe keinen Namen, aber du kannst mir einen geben, wenn du willst", schlug der Spielmacher vor.

"Lass mich mal überlegen. Was wäre der richtige Name für dich als Spielmacher? Es ging in meinem Spiel bisher um Euphorie, Liebe und Lust. Dein Name sollte also damit etwas zu tun haben. Wenn ich die Anfangsbuchstaben nehme, komme ich auf Ell. Aber Ell gefällt mir nicht. Wie wäre es mit Ella? Das A könnte für das Allmächtigsein stehen, das ja Ursprung des ersten Spiels war."

"Du kannst mich nennen, wie immer du willst", antwortete der Spielmacher.

"Gefällt dir der Name Ella?", wollte ich wissen.

"Ich finde, dass sehr viel Sinn darin steckt, mich so zu nennen", bestätigte der Spielmacher.

"Okay, dann bist du ab jetzt Ella. Was sollte ich jetzt noch einmal tun? Du hast eben gesagt, ich soll dir irgendetwas erklären."

"Erkläre mir, wie du Lust empfindest", bat Ella.

"Meinst du jetzt die sexuelle Lust oder eine andere?"

"Ich meine Lust. Es gibt keinen Unterschied zwischen sexueller Lust und anderer. Du darfst jedoch nicht Erregung oder Verlangen mit Lust verwechseln."

"Das ist schwierig! Ich weiß nicht so genau, nach was ich suchen soll", erklärte ich.

"Wann bekommst du Lust?"

"Die kommt einfach so", antwortete ich ahnungslos.

"Nichts kommt einfach so. Alles wird erschaffen", erwiderte Ella.

"Dann weiß ich nicht, wie ich sie erschaffe."

"Gibt es irgendwelche Voraussetzungen, damit du Lust haben kannst?", wollte Ella wissen.

"Natürlich. Ich muss mich wohl fühlen und den Kopf frei haben", erklärte ich.

"Sind das die einzigen Voraussetzungen?"

"Ich bin mir nicht sicher. Wenn ich eine Lust befriedigt habe, dann habe ich nicht direkt wieder Lust, das Gleiche zu tun."

"Warum nicht?", hakte Ella nach.

"Weil das langweilig wäre. Das würde mir keinen Spaß machen."

"Du kannst also nur Lust haben, wenn du dabei Spaß hast?", stellte Ella fest.

"Ja, klar."

"Und wann hast du Spaß an irgendetwas?", wollte Ella jetzt wissen.

"Wenn ich etwas gerne tue", meinte ich.

"Wann tust du etwas gerne?"

"Wenn es schön ist, es zu tun."

"Du kannst also nur Lust auf etwas haben, wenn du es schön finden würdest, es zu tun?", vergewisserte sich Ella.

"Das ist logisch, ja!"

"Hast du auf alles Lust, was du schön findest?", wollte Ella wissen.

"Wenn nichts dagegen spricht, es zu tun, dann ja."

"Was könnte dagegen sprechen?"

"Es könnte mir Nachteile bringen, das zu tun, was ich schön fände. Ich hätte es zum Beispiel in meinem Studium sehr schön gefunden, einigen Professoren mal so richtig in den Hintern zu treten."

"Wenn es also keine Nachteile bringen würde, etwas zu tun, was du schön findest, hättest du dann automatisch Lust dazu?", hakte Ella nach.

"Ich denke schon, es sei denn, ich würde etwas anderes noch viel lieber tun."

"Das heißt, du hast dann Lust auf etwas, wenn es im jetzigen Augenblick das Schönste wäre und dir auch keine Nachteile bringen würde, es zu tun?", fasste Ella zusammen.

"Dazu würde ich einfach mal Ja sagen", stimmte ich zu.

"Dann hat Lust viel mit Liebe zu tun", schlussfolgerte Ella. "Wenn du liebst, bewertest du das Objekt deiner Liebe als wunderschön – wenn nicht sogar als das Schönste überhaupt. Wenn du einem Menschen oder einem Ereignis die höchste positive Bewertung zukommen lässt, fühlst du Liebe."

"Du meinst, wenn ich jemanden liebe, dann denke ich, dass dieser jemand ein ganz toller Mensch ist?"

"Genau das meine ich. Doch bezieht sich diese tolle Bewertung auch auf Dinge, die du tun kannst. Wenn dies der Fall ist, sagst du, dass du es liebst, diese Dinge zu tun."

"Okay, das habe ich verstanden. Wenn ich es also als das Schönste empfinde, etwas Bestimmtes zu tun, dann liebe ich es, das zu tun."

"Genau! Wenn du diese Liebe und starke Freude für etwas fühlst, dann weißt du, dass es dir Spaß machen würde, es zu tun. Wenn dann noch das Gefühl hinzukommt, dass es jetzt das Schönste ist, es zu tun, dann kann dich nichts mehr aufhalten. Es entsteht eine unbändige Lust."

"Die Lust wird demnach von der Liebe und der Freude ausgelöst?", wollte ich mich vergewissern.

"Nicht direkt ausgelöst. Sie ist vielmehr damit verbunden. Diese drei Gefühle sind dann eins. Sie sind nicht voneinander zu trennen."

"Warum hast du mir das erklärt?", wollte ich wissen.

"Damit du bewusst erkennst, dass du durch die Verstärkung deiner Lust auch die Liebe und die Freude gleichzeitig verstärkst."

"Dann lass uns endlich beginnen, die Lust zu verstärken!", meinte ich ungeduldig. "Ich spürte schon genug Motivation, als ich wahrnahm, wie die Lust seit Menschengedenken unterdrückt wurde."

"Genau das ist der Punkt, warum ich dir das alles klar machen wollte. Lust ist nicht das Gleiche wie die übliche Motivation. Wenn du deine Lust verstärken willst, weil du es für notwendig empfindest, wird es keine wirkliche Lust sein. Damit würdest du dein Ziel nicht erreichen können, vollkommenes Glück zu erleben."

"Wie kann ich denn wirkliche Lust bekommen?", wollte ich wissen.

"Nur indem du dich auf die Freude und die Liebe konzentrierst. Du hast sicherlich schon gemerkt, dass Gefühle durch die Konzentration deiner Wahrnehmung entstehen. Bei deinem ersten Spiel hast du durch die Frage nach dem allmächtigen Wunsch deine Wahrnehmung sehr intensiv auf dein Glücksgefühl ausgerichtet. Du kannst dich erinnern, dass dieses Gefühl dann den ganzen Abend angehalten hat?"

"Ja, sicher. Daran kann ich mich erinnern", stimmte ich zu.

"Wenn wir jetzt wieder das Gleiche tun, ich meine deine Wahrnehmung auf vollkommenes Glück konzentrieren, dann wird automatisch eine Idee in dir aufsteigen, was du wirklich gerne tun würdest. Etwas, was nicht wichtig oder vernünftig ist, sondern etwas, wozu du ganz einfach Lust hast. Das Schöne dabei ist, dass du während der gesamten Zeit, in der du das dann tust, automatisch dein gewünschtes Glücksgefühl erlebst."

"Das verstehe ich noch nicht so ganz. Wieso erlebe ich dadurch automatisch mein Glücksgefühl?", fragte ich verwundert.

"Weil das, was dann als Idee in dir hochkommt, aus deinem Glücksgefühl heraus gewachsen ist. Es ist infolgedessen etwas, was du liebst und was dir Spaß macht, also etwas, was Freude beinhaltet. Und es ist etwas, wozu du Lust verspürst. Es löst das Gefühl in dir aus, dass du vollkommen glücklich bist."

"Dann lass uns etwas finden, was dem entspricht", meinte ich ungeduldig.

"Konzentriere dich auf dein vollkommenes Glück! Ich werde dir dabei helfen, indem ich deinem Unbewussten diese Wahrnehmungsrichtung suggeriere."

Als Ella das gesagt hatte, stieg in mir ganz allmählich wieder mein Glücksgefühl auf. Es wurde mit jeder Sekunde stärker. Ich begann zu überlegen, wozu ich wirklich Lust hätte. Doch ich schränkte mich immer noch sehr ein mit meinen Überlegungen."

"Rachel, überlege nicht mit deiner Vernunft. Es kann etwas sein, wozu du Lust hast, was du momentan überhaupt nicht für möglich hältst."

"Wenn du mich so fragst, dann würde ich gerne einmal Gegenstände durch die Luft schweben lassen. Oder habe ich dich falsch verstanden?", fragte ich unsicher.

"Wenn du dazu große Lust hättest, das jetzt zu tun, dann hast du mich genau richtig verstanden", bestätigte Ella.

"Dazu hätte ich große Lust, aber ich kann es halt nicht."

"Du weißt nur noch nicht, dass du es kannst. Du kannst diese Fähigkeiten nicht wahrnehmen, weil deine Vernunft deine Wahrnehmung zu stark beeinflusst. Doch das können wir ändern."

Als Ella das sagte, veränderte sich die Umgebung. Ich sah einem Raum, in dem alle möglichen Gegenstände herumlagen, große und kleine, leichte und schwere. Ich konnte mir denken, dass dies ein Trainingsraum sein musste. Mir war jedoch nicht klar, wie das jetzt funktionieren sollte.

Plötzlich spürte ich, dass ich in diesen Raum hineingezogen wurde. Ich konnte es mir nicht erklären, aber ich hatte das Gefühl, mitten in diesem Raum zu sein. Und mehr noch: Ich konnte mich umdrehen und sah alles so, wie ich es wirklich sehen würde. Dabei spürte ich jedoch weiterhin den Stuhl, auf dem ich vor dem PC saß. Ich war also mit meinem Körper nicht wirklich in diesem Raum. Und trotzdem konnte ich alles so sehen und fühlen. Ella musste diese Bilder direkt in mein Gehirn projiziert haben. Das war wahrscheinlich der Grund, warum der PC die gleiche Taktfrequenz wie das menschliche Gehirn angenommen hatte.

Ich spürte auch, dass ich keine Angst haben musste. Ich fühlte mich vollkommen wohl und hatte das Gefühl grenzenloser Freiheit. Ich wusste, dass ich hier alles tun konnte, was ich wollte. Es war keine wirkliche Welt. Es war nur eine Illusion. Doch die Illusion wurde mit jeder Minute für mich realer. Ich vergaß immer mehr, dass dies keine wirkliche Welt war.

Während ich mich immer noch in diesem Raum umschaute, sah ich, wie Ella zu mir kam. Ich sah sie, wie ich Aaron oder Sanchez sehen würde, wenn sie vor mir stünden. Doch das Bild von Ella war immer noch absolut undefinierbar. Auch in dieser vollkommenen dreidimensionalen Form konnte ich nicht erkennen, ob Ella eher weiblich oder männlich war.

Ella stellte sich neben mich und bat mich, ihr zuzuschauen. Es war fantastisch. Ich konnte sie richtig hören. Ella zeigte auf eine Tasse, die auf einem kleinen Tisch vor uns beiden stand. Sie bewegte einen Arm langsam nach oben, und siehe da, die Tasse begann zu schweben. Danach ließ sie sie wieder auf den Tisch sinken.

Ich schaute ihr dabei begeistert zu. Ella zeigte auf ein Bild an der Wand und machte mit dem Zeigefinger eine Bewegung, wie man sie macht, wenn man will, dass jemand zu einem kommen soll. Das Bild löste sich von der Wand und schwebte zu ihr. Ich war total fasziniert.

Mittlerweile hatte ich vollkommen vergessen, dass ich in einer virtuellen Welt war. Ich wollte es jetzt unbedingt auch einmal versuchen. Ich konzentrierte mich sehr intensiv auf die Tasse, die Ella zuvor hatte schweben lassen. Doch nichts geschah. Ich suchte mir etwas Leichteres aus: einen Bleistift, der auf dem Boden neben dem Tisch lag. Mit größter Kraftanstrengung schaffte ich es, diesen Bleistift ein kleines Stück zur Seite rollen zu lassen. Als er sich bewegte, schrie ich auf vor Freude. Ich versuchte es gleich noch einmal. Dieses Mal klappte es schon besser. Ich rollte ihn hin und her, so wie ich wollte. Nach einer Weile versuchte ich, den Bleistift anzuheben. Ich hielt vor Anstrengung die Luft an und presste. Ich hob den Bleistift für ein paar Sekunden einige Zentimeter vom Boden ab. Danach war ich völlig fertig.

"Rachel, wenn ich dir einen Rat geben darf: Du brauchst, die Gegenstände nicht mit Kraft zu bewegen. Das geht viel leichter."

"Wie denn?", wollte ich wissen.

"Alles, was existiert, lebt. Alles hat ein Bewusstsein. Genauer gesagt, es ist Bewusstsein. Wenn du etwas bewegen willst, dann kommuniziere mit diesem Bewusstsein. Ich meine damit nicht, dass du mit ihm reden sollst. Kommuniziere mit dem Gegenstand so, wie du mit deinem Arm kommunizierst, um ihn zu bewegen. Fühle den Gegenstand, als ob er zu deinem Körper gehörte, und bewege ihn dann genauso wie du deinen Arm bewegst."

"Das kann ich nicht!", entgegnete ich zweifelnd.

"Das ist nicht schwer. Es ist eine Frage der Wahrnehmung. Momentan nimmst du den Gegenstand als etwas Fremdes wahr. Spüre einmal in deinen Arm hinein. Spüre, dass er zu dir gehört. Kannst du dieses Gefühl wahrnehmen?"

"Ja, natürlich. Ich fühle, dass es mein Arm ist."

"Und jetzt sieh dir die Tasse an. Was fühlst du?"

"Ich spüre, dass diese Tasse etwas Fremdes ist. Es gehört nicht zu meinem Körper."

"Jetzt tun wir einmal so, als wäre die Tasse dein Arm. Konzentriere dich auf dieses Gefühl: Die Tasse ist jetzt dein Arm", schlug Ella vor.

Es dauerte eine Weile, bis ich die Tasse wirklich so fühlen konnte.

"Und jetzt bewege die Tasse, wie du deinen Arm bewegst", forderte Ella mich auf.

Die Tasse begann zu schweben. Ich jauchzte vor Freude.

"Das ist ja ganz leicht. Ich brauchte nur daran zu denken, die Tasse zu bewegen, schon tat sie es", erkannte ich begeistert.

"So ist es. Du darfst nur nicht so viel nachdenken. Wenn du deinen Arm bewegen willst, denkst du auch nicht nach. Du willst es einfach, und schon tust du es. Sobald du dich jedoch mit deinem Bewusstsein zu sehr einmischst, funktioniert das Ganze nicht mehr. Du hast ein unbewusstes Bewegungsprogramm, das dafür sorgt, dass die Vorstellung der Bewegung deines Körpers sofort körperlich umgesetzt wird. Dieses Programm hast du als Baby bereits geschaffen. Es läuft völlig automatisch ab. Wenn du jedoch mit deinem Bewusstsein eingreifst, störst du das Programm. Konzentriere dich jetzt einmal bewusst auf deinen Arm. Denke daran, den Arm zu bewegen. Stell es dir ganz intensiv vor! Und? Bewegt er sich dadurch?"

"Keinen Millimeter."

"Das kommt daher, dass dein wirkliches Bewegungsprogramm nicht aktiviert wird. Du denkst zu intensiv an die Bewegung. Das sind aber nicht die Vorgaben, mit denen dein Unbewusstes gelernt hat, das Bewegungsprogramm tatsächlich ablaufen zu lassen. Jetzt bewege deinen Arm einfach einmal."

Ich hob den Arm.

"Hast du gemerkt, dass du unmittelbar vor der Bewegung bestimmt hast, wie dein Arm sich bewegen soll?", fragte Ella.

"Das war nur ein Bruchteil einer Sekunde, in dem ich es bestimmt habe", stimmte ich zu.

"Genau das ist der Punkt. Wenn du das länger und intensiver tust wie eben, fühlt sich dein Bewegungsprogramm nicht angesprochen.

Damit bewegt sich auch nichts. Weder dein Arm noch die Tasse. Es ist also eigentlich ganz leicht, Gegenstände zu bewegen. Und damit wird es wiederum schwer. Du hast Schwierigkeiten, das so locker zu machen. Doch mit ein bisschen Übung wird es dir immer leichter gelingen. Komm, versuch es gleich noch einmal!"

Ich konzentrierte mich auf das Bild an der Wand, aber nichts geschah.

"Okay, machen wir es dir ein wenig leichter. Wir tun es jetzt gemeinsam", schlug Ella vor.

Ella zeigte wieder auf das Bild und ließ es von der Wand wegschweben. Es kam direkt auf mich zu. Mittendrin drehte sie sich zu mir um und sagte: "Das bist du jetzt ganz allein. Ich habe schon lange aufgehört, das Bild zu bewegen."

In diesem Moment fiel das Bild zu Boden.

"Du kannst es wohl immer noch nicht glauben, dass du das Bild schweben lassen kannst."

"Lass es mich noch einmal versuchen", bat ich. "Gib mir nur etwas Starthilfe. Wenn es sich bereits bewegt, ist es einfacher."

Ella ließ das Bild wieder vom Boden abheben. Danach merkte ich, dass das Bild dorthin schwebte, wo ich es hin haben wollte.

"Jetzt nur nicht zu viel nachdenken", sagte ich mir.

Ich ließ das Bild überall im Raum herumschweben und freute mich immer mehr über diese Fähigkeit. Es machte mir einen Heidenspaß.

Unterdessen unterhielten sich Aaron und Sanchez an Deck des Schiffes. Sanchez erzählte von seinem Haus in Barbados. Es war nicht sehr groß, doch für eine gewisse Übergangszeit würde es für uns drei schon reichen. Sanchez erklärte, dass die Mysterio-Spieler sich gegenseitig unterstützten würden, so weit es ihnen möglich sei. Er glaubte, dass sie über ihren PC bestimmt Möglichkeiten finden würden, Aaron und mich an einen sicheren Ort zu bringen. Sanchez hatte durch das Spiel schon oft Kontakt zu anderen Mysterio-Spielern. Er kannte auch einige von ihnen bereits persönlich. Aaron wollte wissen, ob alle Spieler genauso verfolgt würden wie wir.

"Ihr seid die Ersten, von denen ich weiß, dass sie verfolgt werden – außer mir selbst natürlich."

"Aber wieso gerade wir?", wollte Aaron wissen.

"Das weiß ich nicht. Bei mir war es die Erfindung, die ich zum Patent anmelden wollte", erklärte Sanchez.

"Dann kann es wirklich nur an dem PC liegen, den Rachel im Rechenzentrum ihrer Universität an Mysterio angepasst hatte."

"Heißt das, dass unsere Verfolger einen Mysterio-PC haben?", schreckte Sanchez auf.

"Ja, ist das schlimm?", fragte Aaron besorgt.

"Ich weiß es noch nicht, aber es hört sich nicht so gut an. Wenn die einen PC haben, sind sie mit uns verbunden. Ich weiß nicht, ob es ihnen damit vielleicht sogar möglich ist, uns ausfindig zu machen", befürchtete Sanchez.

"Ich glaube, das würde der Spielmacher nicht zulassen", spekulierte Aaron.

"Ich hoffe, dass du Recht hast."

Nach diesem Gespräch herrschte erst einmal betretenes Schweigen. Beide konnten spüren, dass der andere Angst hatte.

Als ich wieder an Deck kam, wunderte ich mich über die seltsame Stimmung an Deck. Ich war total guter Laune. Ich sprühte förmlich vor Lebenslust.

"Was ist euch denn über die Leber gelaufen?", fragte ich, als ich die Gesichter der anderen beiden sah.

"Es gibt eine Sache, über die wir uns noch nicht so ganz sicher sind", erwiderte Aaron.

"Und die wäre?", wollte ich wissen.

"Wir wissen nicht, ob und wie viel die Leute, die uns verfolgen, mit dem PC anfangen können, den sie aus dem Rechenzentrum haben."

"Was sollen sie denn damit anfangen?", fragte ich verständnislos.

"Wir wissen es eben nicht. Vielleicht können sie über das Spiel an die Aufenthaltsorte der Mysterio-Spieler herankommen", meinte Sanchez.

"Das glaube ich nicht. Wie kommt ihr darauf?", entgegnete ich ungläubig.

"Die Mysterio-Spieler", erklärte Sanchez, "sind alle miteinander vernetzt – und zwar nicht über das Internet, sondern über ein eigenes Netz, das nicht auf konventionelle Telefonleitungen oder Satelliten und Ähnliches angewiesen ist. Wir wissen nicht, wie weit die Leute technisch entwickelt sind, die uns jagen. Es könnte sein, dass sie schon viel weiter sind als wir annehmen."

"Macht euch nicht verrückt! Bis jetzt haben wir sie ganz gut ausgetrickst. Es wird schon alles gut gehen."

Doch ich glaubte selbst nicht ganz an meine beruhigenden Worte. Ich wollte es nicht zeigen, um die Angst der beiden nicht noch mehr zu verstärken. Aber in Wirklichkeit hatte mir Sanchez eine Heidenangst eingejagt. Ich riss mich zusammen. Ich war durch meinen Kampfsport darauf trainiert, der Angst ins Auge zu sehen und besonnen zu handeln.

"Kommt, ihr beiden! Lasst den Kopf nicht hängen", sagte ich. "Ich bin fertig mit meinem Spiel. Mysterio wartet bereits auf den Nächsten. Mein Spiel war einfach gigantisch. Aber ich möchte nicht zu viel verraten. Ihr werdet es ja erleben."

Als Nächster ging Aaron hinunter in die Kabine. Er setzte sich vor den Bildschirm und klickte das Wort "Mysterio" an. Augenblicklich befand er sich im Landeanflug auf Mysterio. Bei diesem PC war das Gefühl zu fliegen viel intensiver als bei seinem zu Hause. Das musste daran liegen, dass der Computer sich bereits sehr viel weiter entwickelt hatte als sein eigener. Immerhin spielte Sanchez schon seit drei Monaten.

Aaron setzte auf einem schönen weißen Strand auf. Der Spielmacher kam ihm bereits entgegen.

"Also los, Aaron! Dann auf in die nächste Runde", begrüßte er Aaron.

Aaron wollte wissen, worum es denn eigentlich ging in der nächsten Runde. Er tippte diese Frage in den Bildschirm ein.

"Es geht immer um die Ausrichtung deiner Wahrnehmung auf Glück. Was du in der Spieleinleitung gelesen hast, war kein Scherz. Wir werden den Wunsch deines ersten Spiel verwirklichen. Um das zu tun, sollten wir auch bei dir dein gesamtes Lustpotenzial eröffnen."

"Ich denke, dass ich bereits ein ziemlich großes Lustpotenzial habe – vielleicht sogar ein zu großes", erwiderte Aaron.

"Du hast einen starken Sexualtrieb, doch das ist nicht dasselbe wie dein Lustpotenzial. Du lebst nämlich deinen Sexualtrieb nicht frei aus. Aus diesem Grund empfindest du ihn auch eher als Drang denn als Lust."

"Und was ist jetzt zu tun?", wollte Aaron wissen.

"Lass uns deine Sexualenergie befreien!", schlug der Spielmacher vor.

"Wie soll das funktionieren?", fragte Aaron neugierig.

"Indem du deine Überzeugungen veränderst."

"Welche Überzeugungen meinst du?"

"Die Überzeugung, dass Frauen nicht so viel Sex wollen wie Männer", erklärte der Spielmacher.

"Und wie soll ich diese Überzeugung ändern?", fragte Aaron zweifelnd.

"Lass dich überraschen!"

Daraufhin verschwand der Spielmacher, und Aaron stand allein da. Noch während er sich fragte, was das Ganze jetzt sollte, wurde er, genauso wie zuvor ich, in das Bild der Insel hineingezogen. Auch fühlte er alle Gefühle, die er an diesem Ort fühlen würde. Er spürte die sanfte Meeresbrise und den weichen Sand unter den Füßen. Auch konnte er das Rauschen des Meeres ganz deutlich hören. Der Geruch des Salzwassers stieg ihm in die Nase. Es war wunderschön auf dieser Insel. Aaron konnte keinen Unterschied mehr zur Realität erkennen. Alles war so echt, dass er begann, die wirkliche Welt für einen Augenblick zu vergessen. Genau in diesem Moment hörte er Geräusche aus dem Wald kommen. Er traute seinen Augen nicht, als er genau hinsah. Es kamen mindestens zwanzig fast nackte Frauen auf ihn zu – eine hübscher als die andere. Es war ganz offensichtlich: Sie wollten ihn. Zuerst bekam er doch ein bisschen Angst bei so vielen Frauen. Doch als sie ihn begrüßten, fühlte er sich gleich wohl. Sie waren alle sehr lieb zu ihm. Sie wollten, dass er mit ihnen in ihr Dorf kommen sollte. Aaron hatte nichts dagegen. Er konnte sich zuweilen noch daran erinnern, dass dies nur ein Computerspiel war. Aber diese Momente wurden immer seltener.

Als er im Dorf angekommen war, hatte er die Wirklichkeit bereits ganz vergessen. In diesem Dorf gab es noch mehr Frauen. Genauer gesagt gab es hier nur Frauen. Er war der einzige Mann. Das Alter der Frauen lag zwischen zwanzig und dreißig. Es war unverkennbar, dass diese Frauen lange auf einen Mann gewartet hatten. Alle berührten ihn zärtlich. Aaron hatte das Gefühl, dass alle diese Frauen mit ihm intim sein wollten. Sie ließen kaum einen Zweifel daran.

Aaron wurde erst einmal zum Dorfplatz gebracht. Dort war ein Festmahl angerichtet. Es wurde getanzt und gesungen. Die Tänzerinnen, die für Unterhaltung sorgten, tanzten sehr aufreizend. Aaron erschrak fast ein wenig über deren Hemmungslosigkeit. Doch er konnte nicht sagen, dass ihm dies nicht gefiel. Es machte ihn unsagbar an, wie die Frauen sich hier benahmen. Er spürte, wie in ihm

Lust und Erregung aufstieg. Die Frauen schienen dafür eine Antenne zu haben, denn sie wurden noch zärtlicher und intimer mit ihm. Es dauerte nicht lange, da küsste Aaron eine der Frauen. Dann küsste er noch eine zweite. Schließlich lag er mit einer großen Menge von Frauen auf dem Boden und fühlte sich wie im siebten Himmel. Die Berührung der vielen Hände und der halb bekleideten Frauenkörper brachte Aaron total in Ekstase.

Nach einer Weile waren alle nackt. Es war eine riesige Gruppensexparty, und Aaron war der Mittelpunkt des Geschehens. Alle wollten wenigstens einmal kurz mit ihm schlafen. In dieser Weise vergingen einige Stunden. Danach hatte Aaron wirklich genug. Doch die Frauen wollten noch nicht aufhören. Sie waren noch lange nicht alle befriedigt. Sie hielten Aaron fest. Sie wünschten sich so sehr, dass er weiterhin bei ihnen bleiben würde. Aaron versicherte, dass er wiederkommen würde. Schließlich ließen sie ihn gehen. Er ging zurück zum Strand, ohne eigentlich richtig zu wissen, was er dort wollte. Er hatte immer noch keine Erinnerung an sein wirkliches Leben. Für ihn war dies die einzige Realität, die er kannte.

Als er am Strand angekommen war, sah er den Spielmacher. Sofort fiel ihm ein, dass dies alles nur ein Spiel war. Der Spielmacher sah ihn an und meinte, dass er die Aufgabe des Spiels perfekt erledigt hätte. Aaron war ein bisschen peinlich berührt, als der Spielmacher das sagte. Er kehrte in die Wirklichkeit zurück und ging an Deck. Er glaubte, dass es schon längst dunkel sein müsste, doch das war es nicht.

"Entschuldigt, dass ich so lange gespielt habe. Das Spiel dauerte ein bisschen länger."

Aaron schämte sich etwas, als er dies sagte.

"Wieso länger, du hast doch höchstens eine halbe Stunde gespielt", erwiderte ich verständnislos.

Aaron verstand die Welt nicht mehr. Aber es stimmte. Die Uhr log nicht. Es war wirklich nur eine halbe Stunde.

"Und wie war es denn?", wollte ich wissen.

"Och, es war ganz in Ordnung", sagte Aaron ausweichend.

"Wie, nur in Ordnung? Mein Spiel war total aufregend."

Als ich das sagte, wurde Aaron ein bisschen eifersüchtig.

"Ob sie wohl das gleiche Spiel gespielt hat wie ich?", dachte er. "Was hast du denn in deinem Spiel gemacht?", wollte er jetzt von mir wissen.

"Ich habe gelernt, wie man Gegenstände durch die Luft fliegen lassen kann. Das war toll. Und du? Was hast du für eine Aufgabe gehabt?", hakte ich nach.

"Och, ich musste erst mal meine Lust befreien. Darin bestand meine Aufgabe", erwiderte Aaron sachlich.

"Und wie ging das?", wollte ich genau wissen.

"Ich habe mit der Energie der Lust gearbeitet und sie verstärkt", sagte Aaron sachlich.

"Das hört sich eher langweilig an", meinte ich.

"Ja, es war schon ein bisschen langatmig ..."

Danach übergab Sanchez das Steuer an mich und ging in die Kabine. Er war gespannt, was auf ihn zukommen würde. Ihm war bewusst, dass sein PC sich sehr viel weiterentwickelt hatte seit seinem letzten Spiel. Er bereitete sich auf eine Überraschung vor. Er setzte sich auf den Stuhl vor dem Bildschirm und klickte "Mysterio" an. Auch er befand sich sogleich im Landeanflug auf Mysterio. Er landete am Strand und traf den Spielmacher.

"Was ist deine größte Leidenschaft, Sanchez?"

"Die Zauberei. Ich liebe es, anderen Menschen eine Realität vorzugaukeln, die es nicht gibt", antwortete Sanchez. "Ich wollte immer schon Zauberer werden, seit ich denken kann. Doch mein Vater hat dies immer unterbunden. Er wollte, dass ich einen vernünftigen Beruf lernte. Und so bin ich Techniker geworden."

"Würdest du es schön finden, wenn du anderen Menschen jede beliebige Realität suggerieren könntest?", fragte ihn der Spielmacher.

"Du meinst doch nicht etwa mentale Hypnose?", schwärmte Sanchez. "Davon habe ich als Kind immer geträumt. Das wäre meine größte Sehnsucht."

"Dann packen wir's an!"

"Meinst du das jetzt wirklich?"

"Natürlich. Ich meine immer, was ich sage. Wenn du andere Menschen beeinflussen willst, musst du zuvor gelernt haben, die Welt, die du übertragen willst, selbst als real wahrzunehmen. Wenn es für dich selbst nicht real ist, wirst du diesen Eindruck auch nicht auf andere übertragen können", erklärte der Spielmacher.

"Ich soll selbst glauben, was ich anderen suggerieren will?", fragte Sanchez skeptisch. "Vorausgesetzt, ich würde das schaffen, wie könnte ich dann Wirklichkeit und Fiktion auseinander halten? Ich würde mich ja um den ganzen Spaß bringen, wenn ich selbst nicht merken würde, dass die Leute, die ich hypnotisiert habe, die von mir suggerierte Realität erleben."

"Du sollst nicht glauben, dass dies die einzige Realität ist, die du suggerierst. Du sollst erkennen, dass die Fiktion genauso ihre Gültigkeit hat wie die Wirklichkeit, die du Realität nennst."

"Ich verstehe nicht so ganz, was du mir klar machen willst", erwiderte Sanchez.

"Ich möchte dir verständlich machen, dass es viele Wirklichkeiten gibt, und die sind alle real. Die Realität deiner Gedanken beispielsweise ist eine vollkommen gültige und reale Welt. Du nimmst sie bisher nur nicht als solche wahr."

"Das ist interessant. Aber wie soll ich diese Realitäten wahrnehmen?", fragte Sanchez ratlos.

"Beginnen wir mit der Realität der Gedanken. Folge mir in diese Realität!"

Als der Spielmacher das sagte, verschwanden die Bilder und Geräusche um Sanchez herum. Er hatte plötzlich das Gefühl, keinen Körper mehr zu haben. Er hörte nur noch die Stimme des Spielmachers.

"In der Realität der Gedenken gibt es nur Informationen. Doch diese Informationen sind absolut real. Du kannst deine Wahrnehmung auf diese Informationen einstellen, indem du dich auf dein Wissen konzentrierst. Es ist ein Wissen, das einfach ganz plötzlich da ist. Alles, was Menschen jemals gedacht haben, ist in der Realität der Gedanken zu finden. Nichts geht hier verloren, nicht einmal der kleinste Gedanke. Stelle dir jetzt einmal selbst eine Frage und achte auf das Wissen, das plötzlich da ist. Es wird eine Art Geistesblitz sein."

Sanchez war ein großer Bewunderer von Einstein. Zeit seines Lebens hatte er sich gewünscht, einmal wie Einstein zu denken. Kaum, dass er diesen Gedanken gefasst hatte, wurde sein Geist überflutet von dem Wissen Einsteins. Seine Gedanken waren also tatsächlich in dieser Realität gespeichert. Sanchez erlebte nach, wie Einstein in einer Meditation erlebte, wie es wäre, auf einer Lichtwelle reiten zu können – so wie man mit einem Surfbrett auf der Brandung reiten konnte. Es waren unglaubliche Gedanken, die dieser Mann gedacht hatte. Er erlebte, wie er sich auf dieser Welle genauso schnell wie das Licht bewegte.

Sanchez genoss diese Gedanken wie im Rausch. Er hatte die Relativitätstheorie zwar einigermaßen verstanden, doch sie aus Einsteins Perspektive zu erleben, war etwas ganz anderes. Der Spielmacher musste ihn daran erinnern, dass er immer noch im Spiel war. Draußen wartete eine Realität auf ihn, die auch ihre Qualitäten hatte. Er brauchte tatsächlich ein wenig Überredungskunst, um Sanchez aus der Realität der Gedanken wieder in die materielle Wirklichkeit zu bringen.

Sanchez war tief beeindruckt von dieser Reise. Für ihn war bereits nach diesem ersten Trip in andere Welten klar, dass es wirklich noch andere, genauso gültige Wirklichkeitssysteme gab.

Als Sanchez wieder an Deck kam, war er immer noch total euphorisch.

"Habt ihr auch erlebt, dass ihr richtig in die Welt von Mysterio hineingezogen wurdet?", fragte er.

"Das haben wir," meinte ich. "Bei mir war es sogar so intensiv, dass ich vergaß, dass es nicht die wirkliche Welt war."

"So etwas hätte ich nicht für möglich gehalten", erklärte Sanchez. "Ich hätte nicht gedacht, dass der PC sich in der kurzen Zeit, die ich jetzt nicht gespielt habe, so weit entwickeln kann. Seit ich spiele, hat sich der PC zwar immer weiterentwickelt, doch nie zuvor in dieser Geschwindigkeit. Ich habe den Eindruck, dass das Spiel mit jedem Menschen, der hinzukommt, immer mehr an Fähigkeiten gewinnt. Vielleicht wachsen seine Fähigkeiten auch in dem Maße wie die Fähigkeiten der Mysterio-Spieler wachsen. Das könnte ich mir auch vorstellen."

"Hast du eine Ahnung, Sanchez, wie der PC uns seine virtuelle Welt so intensiv erleben lassen kann?", fragte ich.

"Ich kann mir das nur so erklären, dass er es geschafft haben muss, unsere gesamten Wahrnehmungszentren im Gehirn zu beeinflussen. Das sind die Stellen auf unserer Hirnrinde, die für die Verarbeitung der Informationen unserer Sinnessysteme verantwortlich sind."

"Und außerdem muss er unsere Gedanken lesen können, denn er hat mir in der virtuellen Welt geantwortet. Ich bin sicher, dass ich diese Fragen nicht über die Tastatur eingegeben habe", versicherte ich.

"Da bin ich mir noch nicht so ganz sicher", meinte Aaron dazu. "Es könnte sein, dass wir das unbewusst gemacht haben, ohne es zu merken. Genauso könnten wir dann auch die Antworten gelesen haben. Die gelesenen Informationen wurden dann von unseren beeinflussten Wahrnehmungszentren als gehörte Botschaft interpretiert."

"Es ist doch egal, wie das Spiel das gemacht hat", meinte ich. "Auf jeden Fall war es echt geil."

Aaron erschrak fast, als er diese Formulierung von mir hörte. Er hatte immer noch ein schlechtes Gewissen. Er fühlte sich, als ob er einen Seitensprung begangen hätte. Doch als er auf Mysterio war, konnte er sich an mich gar nicht erinnern. Es war, als ob die reale Welt nicht existierte. Er hatte sich also nicht wirklich einen Seitensprung vorzuwerfen. Und doch quälten ihn Schuldgefühle.

Sanchez und ich waren jedoch voller Lebensfreude. Wir erzählten uns gegenseitig von unseren Heldentaten und spekulierten darüber, ob wir die Fähigkeiten, die wir in der virtuellen Welt erlebt hatten, auch irgendwann allein nutzen könnten.

Mit ein paar Flaschen Wein wollten wir die gelungene Flucht und die tollen Erlebnisse beim Spiel feiern. Durch den Wein wurde auch Aaron etwas fröhlicher.

Ich trank an diesem Abend etwas mehr als ich vertragen konnte. Ich war richtig betrunken. Es war zweifelhaft, ob ich am nächsten Tag noch etwas von diesem Abend wissen würde.

Spät in der Nacht gingen Aaron und ich in unsere Kabine. Sanchez übernahm die erste Wache am Steuer. In vier Stunden würde er von Aaron abgelöst werden.

Ich muss gestehen, dass ich bereits an Deck etwas anzüglich wurde. Als ich dann endlich mit Aaron allein war, konnte mich nichts mehr aufhalten. Ich schnappte mir Aaron in meinem Alkoholrausch und warf ihn gegen die Wand. Ich begann, sein Hemd aufzuknöpfen. Aaron war das in diesem Moment eigentlich gar nicht so recht. Er hatte noch immer genug von seinem Ausflug auf die Lustinsel Mysterio. Außerdem spürte er immer noch das schlechte Gewissen, mich betrogen zu haben.

Doch seine Zurückhaltung nutzte ihm nichts. Ich ließ nicht von ihm ab.

"Wir haben eine ganze Woche aufzuholen!", sagte ich und zerrte den schon halb ausgezogenen Aaron in unsere Kabine.

Ich warf ihn aufs Bett und benahm mich sehr schamlos. Ich merkte, dass dies Aaron sehr erregte. Noch nie war er mit einer Frau zusammen gewesen, die so große Lust auf ihn hatte. Das Ganze schmeichelte ihm. Seine Zurückhaltung verschwand immer mehr. Ich bemühte mich in meinem Rausch, ihm seine Hose auszuziehen. Ich zog an den Hosenbeinen und fiel rückwärts gegen die Wand, als die Hose von Aarons Beinen rutschte. Ich taumelte etwas und setzte mich wieder in Bewegung, um Aaron anzufallen. Dabei stolperte ich und fiel quer über ihn.

Aaron lachte über meinen Rausch, bis er schließlich merkte, dass ich nicht mehr aufstand. Ich war auf der Stelle eingeschlafen. Aaron legte mich behutsam ins Bett und deckte mich zu. Er sah mich an und fand, dass ich sogar im Vollrausch, während ich schlief, sehr schön aussah. Er legte sich neben mich und schlief bald ein.

Sanchez weckte ihn ein paar Stunden später, um das Ruder zu übernehmen. Aaron war extrem müde. Zu gerne hätte er noch ein paar Tage geschlafen, doch Sanchez musste genauso müde sein. Aaron stand also auf und ging an Deck.

Die Nacht auf See erschien ihm unheimlich. Das Meer war sehr dunkel. Es machte auf Aaron einen bedrohlichen Eindruck. Das Ganze wurde noch dadurch verstärkt, dass er ganz allein an Deck war. Wenn er versuchte zu erkennen, was vor dem Schiff war, sah er nur Schwarz. Es machte ihm ein wenig Angst, nicht zu sehen, wo das Schiff hinfuhr. Sicherlich, ein anderes Schiff wäre beleuchtet, sodass er nicht mit ihm zusammenstoßen würde. Doch dieses Wissen verdrängte seine Angst nicht.

Aaron versuchte, sich abzulenken. Er dachte an mich und daran, wie ich ihm die Kleider vom Leib gerissen hatte. Er fühlte sich unsagbar begehrt durch meine Lust. Und offenbar war meine Lust mindestens genauso stark wie seine.

In diesem Moment wurde Aaron etwas klar. Die Situation mit mir vorhin war ein Ereignis, das er selbst erschaffen hatte. In dieser Situation wiederholte sich das, was er auf Mysterio mit den vielen Frauen erlebt hatte. Er hatte dort das Gefühl, unendlich begehrt zu sein, und auch, dass die Frauen mehr Lust hatten als er selbst. Wie hatte der Spielmacher gesagt?

"Wir werden deinen Glaubenssatz verändern, dass Frauen weniger Lust haben als Männer."

Offenbar war durch das Erleben des letzten Spiels, dieser Glaubenssatz bereits geändert worden. Aaron hatte überhaupt nicht mehr das Gefühl, dass Frauen weniger Lust hatten als Männer – im Gegenteil. Und genau das erlebte er jetzt. Die Widerspiegelung seiner Gefühle hatte also nicht lange auf sich warten lassen. Was es allerdings zu bedeuten hatte, dass ich dann doch eingeschlafen war, verstand er zunächst noch nicht. Aber das war auch nicht so wichtig. Was ihm am meisten glücklich machte, war, dass ich genauso viel oder sogar mehr Lust auf Sex hatte als er. Damit brauchte er seine Lust nicht mehr zu unterdrücken. In Aaron stieg Freude auf. Ganz spontan spürte er Lust, Mysterio zu spielen.

Während Aaron in der Nacht Wache hielt, überfiel ihn noch öfter diese Lust. Er freute sich auf den nächsten Tag, an dem er bestimmt sein nächstes Spiel machen könnte.

Als seine Wache beendet war, wurde es schon wieder langsam hell. Er ging hinunter in unsere Kabine und schaute nach, ob ich in der Lage wäre, die nächste Wache zu übernehmen. Er war hundemüde. Doch ich schlief ganz tief und fest. Man konnte, ohne mich aufzuwecken, erkennen, dass ich völlig fertig war – nicht in der Lage, das Steuer auch nur für einen Augenblick zu halten. Aaron ging an Deck und übernahm wieder das Steuer. Es dauerte nicht lange, da kam Sanchez aus seiner Kabine.

"Ich habe mir gedacht, dass wir Rachel nicht ans Ruder stellen können, so wie sie gestern zugeschlagen hat. Leg dich ruhig noch mal hin! Ich übernehme das Steuer."

Aaron war sehr froh über dieses Angebot. Er ging hinunter in seine Kabine und zog seine Kleider aus. Als er sich ins Bett legte, wurde ich wach. Ich versuchte mich erotisch zu räkeln, um meinem Aaron etwas einzuheizen, und schaute ihm tief in die Augen.

"War ich sehr betrunken gestern Nacht?", fragte ich scheinheilig.

"Wenn du das nicht mehr weißt, dann warst du sehr betrunken", erwiderte Aaron.

"Habe ich irgendwelche peinlichen Dinge getan?", fragte ich nicht ganz ernst gemeint.

"Nicht direkt."

"Was heißt nicht direkt?", fragte ich erschrocken.

"Du warst recht lustig gestern Nacht", meinte Aaron.

Er sagte dies mit einem süffisanten Unterton, den ich nicht überhören konnte.

"Wie lustig?", wollte ich jetzt wissen.

"Ziemlich lustig."

"Was genau habe ich getan?"

"Willst du die Wahrheit hören?", fragte Aaron grinsend.

"Oh, Gott. Ich hab's geahnt. Sag's! Was habe ich getan!"

"Nichts Schlimmes. Du warst nur ein bisschen scharf auf mich."

"Ich war was?", fragte ich künstlich empört.

"Na ja – ein bisschen scharf halt. Du weißt doch, was das heißt."

"Habe ich dich angefallen? So etwa?"

Als ich das sagte, stürzte ich mich auf ihn und rollte mit ihm übers Bett. Doch Aaron war total fertig. Er wollte jetzt nur noch schlafen. Für ein ausschweifendes Liebesspiel fehlte ihm jetzt einfach die Kraft. Er konnte momentan keine Lust empfinden. Letzte Nacht, als ich eingeschlafen war, da hätte er große Lust gehabt.

Plötzlich wurde ihm klar, warum ich gestern eingeschlafen war. Er hatte auf Mysterio so viel Sex gehabt, dass er keine Kraft mehr hatte und nur noch seine Ruhe wollte. Genauso ging es ihm jetzt. Die Situation, die sich abspielte, hatte er also genauso durch sein Spiel erschaffen wie meine Lüsternheit letzte Nacht. Aaron wurde bewusst, wie groß seine Macht tatsächlich war, seine Realität zu gestalten. Er dachte daran, dass er im Spiel den Frauen auch hatte klar machen müssen, dass er nicht mehr konnte. Er beschloss, mir das Gleiche zu sagen.

"Rachel, es tut mir Leid, aber ich bin völlig fertig. Ich würde ja gerne mit dir herumtollen, aber ich kann nicht mehr."

"Och, das ist aber schade. Na gut, dann lasse ich dich jetzt in Ruhe. Aber wenn du ausgeschlafen hast, dann hilft dir kein Betteln und Flehen mehr. Dann bist du dran."

"Ich liebe dich, Rachel!"

"Ich dich auch. Schlaf gut. Ich gehe so lange nach oben."

Als ich nach oben kam, hatte Sanchez sich gerade Frühstück gemacht. Er fragte mich, ob ich auch etwas essen wollte. Als ich den fettigen Kram sah, den Sanchez zum Frühstück aß, hob es mir den

Magen. Da war etwas in mir, das solch ein Essen an diesem Morgen unbedingt vermeiden wollte. Ich hing an der Reling und ließ mir den Wein von letzter Nacht noch einmal durch den Kopf gehen. Zu meinem Kater kam leider auch noch ein bisschen Seekrankheit hinzu.

"Du solltest etwas Wein trinken", sagte Sanchez und lachte.

Ich musste mich durch den Gedanken an Wein sofort wieder übergeben. Danach ging es mir viel besser.

"Na, ist gar nicht mehr so schlimm, wenn alles raus ist, oder?", meinte Sanchez ironisch.

"Du Scheusal! Musstest du das mit dem Wein sagen?", sagte ich angewidert.

"Müssen nicht, aber ich hatte Lust dazu. Wir sind doch dabei, unsere Lust auszuleben, nicht wahr?"

"Ich werde dir Lust geben!", sagte ich zu Sanchez und sprang ihm an die Gurgel. Ich griff sein Ohr und drehte es um. Diesen Griff machte ich unheimlich gerne.

"Au, lass los!"

Sanchez versuchte, sich zu befreien. Doch ich kannte durch meinen Kampfsport so viele Kniffe, dass ich ihn immer wieder austrickste, bis Sanchez schließlich nur noch aufgeben und lachen konnte.

"Na, wie ist das? Ich hatte jetzt auch einfach ganz große Lust dazu, das zu tun!", meinte ich sadistisch.

"Ich glaube, wir sollten uns das mit der Lust noch mal überlegen", meinte Sanchez scherzhaft.

Ich konnte immer noch nicht mit ansehen, wie Sanchez sein Essen in sich hineinschlang. Ich beschloss, nach unten zu gehen und Mysterio zu spielen.

Ich klickte das Wort "Mysterio" an und befand mich augenblicklich im Landeanflug auf Mysterio.

"Was ist dein Begehr, holde Maid?", fragte Ella.

Ich war verwirrt. Das war das erste Mal, dass Ella etwas humorvoll sagte. Bisher war sie immer sehr sachlich gewesen. Am Anfang des Spiels war sie sogar so gefühlsneutral gewesen wie ein Computerprogramm. Sie schien sich langsam zu einem menschenähnlichen Wesen zu entwickeln.

"War das witzig?", fragte Ella. "Ich bin dabei, den menschlichen Humor zu lernen", erklärte sie. "Noch nie habe ich so viel Schwierigkeiten gehabt, etwas zu lernen, wie dabei."

"Tja, Humor ist eine ernste Sache", meinte ich ironisch.

"Wollen wir mit deinem nächsten Spiel beginnen?", fragte Ella.

"Ja, liebend gerne."

"Zuvor möchte ich dir noch etwas erklären, was für die Entwicklung deines Glücksgefühls von entscheidender Bedeutung ist. Ich gehe davon aus, dass du dein vollkommenes Glück nicht nur in der Welt von Mysterio erleben willst, sondern auch in deiner Welt."

"Logisch!", stimmte ich zu.

"Nun, ich kann deine Gefühle nur für die Dauer unseres Spiels beeinflussen. Nur wenn du in den Bildschirm schaust, kann ich in dir deine Glücksgefühle aktivieren. Du musst also lernen, diese Gefühle selbstständig in dir hervorzurufen."

"Das wird nicht so einfach sein", meinte ich unsicher.

"Du hast es schon ein paar Mal gemacht. Als du zu spielen begannst, war es mir noch nicht möglich, auf deine Gefühle Einfluss zu nehmen. Du hast dein Glück trotzdem für lange Zeit gespürt. Erinnerst du dich daran?"

"Und das warst nicht du?", zweifelte ich.

"Nein! Ich habe dir bloß Fragen gestellt, die deine Wahrnehmung auf diese Gefühle gelenkt haben. Und wie ich dir bereits bei deinem letzten Spiel sagte, waren auch die vier Bedingungen, die du bei dem ersten Spiel erfüllen musstest, dazu da, diese Gefühle wahrzunehmen. Dadurch hast du deine Wahrnehmung sehr intensiv auf deine Glücksgefühle gerichtet. Wenn du dich richtig erinnerst, dann dauerten diese Gefühle viel länger an als durch die subliminalen Botschaften."

"Ich hatte aber auch das Gefühl, vom Spiel abhängig zu sein", wandte ich ein.

"Das kam, weil du unbewusst glaubtest, das Spiel habe deine Glücksgefühle verursacht. Dein Unbewusstes wusste nicht, wie du die Gefühle, die du willst, in dir auslösen kannst."

"Wieso wusste es das nicht?", fragte ich ungläubig.

"Weil du es bewusst auch nicht wusstest. Dein Unbewusstes weiß nur, was du weißt", versicherte Ella.

"Und wie löse ich Gefühle in mir aus?", wollte ich jetzt wissen.

"Indem du deine Wahrnehmung darauf richtest – dich innerlich darauf konzentrierst. Es gibt nur diesen einen Weg. Wenn du ein bestimmtes Gefühl bekommst, dann hast du aus irgendeinem Grund deine Wahrnehmung darauf konzentriert."

"Ich denke, ich sollte das ab jetzt doch ein bisschen bewusster tun", entschied ich.

"Dann lass es uns angehen! Komm mit mir in die Welt der Gefühle!", schlug Ella vor.

Ich fühlte mich wieder in den Computer hineingezogen. Einen Augenblick später befand ich mich an einem seltsamen Ort. Genauer gesagt war es kein richtiger Ort. Es war eher ein Nichts. Nichts war zu sehen und nichts zu hören. Auch roch es nach nichts. Das Einzige, was da war, war Energie. Ich konnte nicht erkennen, was für eine Energie das war. Ich spürte nur, dass sich vor mir etwas Eigenartiges tat. Es schien sich eine ganz bestimmte Energie anzusammeln. Sie wurde immer stärker und kam näher. Schließlich umhüllte sie mich. In diesem Augenblick spürte ich ein wunderschönes Gefühl in meinem Körper. Ich fühlte mich gleichzeitig ruhig und lebendig. Es war eine Energie, die mir vertraut war. Irgendwie beinhaltete diese Energie vollkommenes Glück. Natürlich, es war die Energie meines Wunschgefühls. Ich fühlte weiter in diese Energie hinein. Mein gesamter Körper schien die ganze Zeit immerzu laut "Schön!" aus sich herauszuschreien. Während ich mich auf diese Energie konzentrierte, wurde sie immer stärker. Ich merkte, dass ich selbst für das Verstärken dieser Energie verantwortlich war. Meine Konzentration auf die Energie brachte diese Verstärkung mit sich. Ich ließ mich völlig in die Energie hineinfallen. Ich glaubte, darin zu zerfließen. Es war unglaublich schön. Nach einer Weile verschwand dieser seltsame Ort, und ich war wieder am Strand von Mysterio. Ella wartete schon auf mich.

"Ich denke, du hast dich jetzt ausreichend mit dieser Energie vertraut gemacht", erklärte sie.

"Das war toll, Ella! Ich würde das gerne noch mal machen."

"Dazu brauchst du mich nicht", erwiderte Ella. "Du hast diese Energie in dir. Du kannst deine Wahrnehmung darauf richten, genauso wie eben."

"Es geht jetzt aber nicht mehr so gut wie eben", wandte ich ein.

"Das liegt daran, dass deine Wahrnehmung sehr leicht von dieser Energie weggezogen wird. Wir werden zu einem späteren Zeitpunkt die Gründe dafür besprechen."

"Also kann ich es doch nicht allein!", meinte ich frustriert.

"Es ist leichter, als zu denkst. Entspanne dich zunächst vollkommen. Lass deine Gedanken los, die deinen Geist bevölkern, indem du dir sagst, dass sie für dich jetzt in diesem Moment nicht wichtig sind. Du lässt sie dann einfach an dir vorüberziehen. Tu dies an einem ruhigen Ort, an dem du sicher bist, nicht gestört zu werden. Wenn du auf diese Weise alle störenden Einflüsse ausgeschaltet hast, beginne, die Energie deines Glücksgefühls in dir wahrzunehmen. Auf diese Weise wird die Energie ganz schnell so stark, wie du sie eben erlebt hast."

"Das hört sich eigentlich nicht sonderlich schwer an", meinte ich.

"Ist es auch nicht", versicherte Ella.

"Nur, was erreiche ich denn dadurch?"

"Das Glück wird dadurch zu einem tragenden Element deines Lebens. Du weißt, dass deine Gefühle deine Wahrnehmung beeinflussen und damit deine gesamte Realität gestalten. Denn alles, was du erlebst, erschaffst du nur durch deine Wahrnehmung."

"Damit habe ich immer noch so meine Probleme. Ich kann mir einfach nicht vorstellen, wie das alles funktionieren soll. Ich meine die Gestaltung meiner Realität."

"Mach einfach diese Übung, und es wird dir sehr bald auffallen, dass sehr viele Ereignisse, die sich in deinem Leben ereignen, sehr schön sind. Denn deine Wahrnehmung wird durch deine Glücksgefühle auf das Schöne gerichtet. Das heißt, dass du dadurch Ereignisse erlebst, die in dir automatisch Glücksgefühle auslösen. Damit beispielsweise Euphorie in dir ausgelöst wird, müssen die Ereignisse wirklich gigantisch sein. Sie müssen mehr als nur schön sein, sonst würden sie in dir nur Freude auslösen. Spätestens, wenn dies häufig geschieht, wirst du erkennen, dass es so große Zufälle einfach nicht geben kann. Mach diese Übung mehrmals täglich. Zwischen den Übungen solltest du dich damit beschäftigen, dein Wunschgefühl spielerisch auszuleben. Die Verbindung von Meditation und Spiel bringt dein Glück sehr schnell in alle Bereiche deines Lebens ein. Du wirst sehr glücklich sein durch diese Energie."

"Ich freue mich darauf", meinte ich zufrieden.

"Du wirst mit mir im Spiel von nun an eine andere Marschrichtung gehen. Wir werden hauptsächlich spielen, um dein Glücksgefühl zu verstärken. Gelegentlich ist es gut, durch die virtuelle Welt von

Mysterio deine Vernunft- und Glaubensblockaden zu umgehen. Du wirst dadurch Ideen bekommen, die aus deinem Glück hervorgehen und nicht durch deine Vernunft blockiert sind. Das Schöne dabei ist, dass du, während du diesen Ideen nachgehst, permanent dein Glücksgefühl erlebst. Die Idee ist stark mit deinem Glücksgefühl verbunden. Sie ist ja aus ihm hervorgegangen. Während du also diese Ideen verwirklichst, spürst du automatisch dein Glück. Das ist der Grund, warum wir blockierte Fähigkeiten in dir immer mehr aktivieren werden."

"Ich danke dir für dieses Spiel heute und möchte mich verabschieden. Also, halt die Ohren steif!"

Es dauerte eine Weile, bis ich eine Antwort auf diese Aussage bekam.

"Halten wir einfach beide die Ohren steif!", meinte Ella.

"Okay, dann bis zum nächsten Mal."

Ich beendete das Spiel und spürte wieder den Stuhl, auf dem ich saß. Das Spiel hatte mich dieses Mal etwas ermüdet. Ich ging hoch an Deck und legte mich in die Morgensonne. Als ich mich etwas erholt hatte, löste ich Sanchez am Steuer ab. Er hatte noch einigen Schlaf nachzuholen und ging gleich nach unten, um sich noch einmal hinzulegen.

Als Aaron wach wurde, fühlte er sich noch nicht fit genug, mir wieder zu begegnen. Er traute der Sache noch nicht so ganz. Solch eine Reaktion war ihm früher völlig fremd. Er hätte es sich früher nicht nehmen lassen, jede Gelegenheit auf Sex zu nutzen, ob er nun wirklich Lust hatte oder nicht. Er glaubte, nie genug bekommen zu können. Aus diesem Grund meinte er, nicht wählerisch sein zu dürfen, was den Zeitpunkt betraf. Er war also ständig bereit, egal, ob er müde war oder keine Lust hatte.

Aaron spürte, dass er statt der Lust auf Sex sehr große Lust hatte zu spielen. Er ging zum PC und klickte Mysterio an.

"Dann wollen wir mal zur Tat schreiten, Aaron", hörte er den Spielmacher sagen.

"Ich möchte gerne erfahren, ob ich auch solche Fähigkeiten in mir aktivieren kann wie Rachel."

"Das trifft sich gut, deshalb bin ich gerade mal auf einen Sprung vorbeigekommen", versuchte der Spielmacher zu scherzen.

Aaron glaubte noch zu träumen. War das wirklich die Antwort des Spielmachers? Was war denn mit dem passiert? Wie sollte er jetzt darauf reagieren? Aaron beschloss, gar nicht zu reagieren und diese seltsame Antwort einfach zu ignorieren.

"Das war wohl nicht besonders witzig?", fragte der Spielmacher.

"Doch, doch! Es war schon witzig. Ich war nur nicht darauf vorbereitet", antwortete Aaron ausweichend.

"Okay, lass uns beginnen!", schlug der Spielmacher vor. "Du hast eine besondere Wahrnehmungsfähigkeit. Du kannst alles wahrnehmen, was auf dieser Welt geschieht."

"Das ist interessant. Das hat schon einmal jemand zu mir gesagt. Es war ein Kahuna auf Hawaii", stellte Aaron verwundert fest.

"Er hatte Recht. Nur glaubst du momentan noch nicht an deine Fähigkeit, alles wahrnehmen zu können. Deshalb möchte ich dich bitten, mit mir zu kommen."

Aaron fand sich in einer völlig anderen Welt wieder.

"Dies ist Bezugssystem 2", erklärte der Spielmacher. "Normalerweise nehmt ihr Menschen nur Bezugssystem 1 wahr."

"Was ist Bezugssystem 2?", fragte Aaron verwirrt.

"Es ist die Ebene, auf der Bezugssystem 1, das heißt deine normale Raum-Zeit-Welt, geschaffen wird. Hier gibt es keine Materie und deshalb auch keine Zeit. Hier findest du alles, was sich auf dieser Welt jemals ereignet hat. Denn alles ist hier ursprünglich geplant worden.

"Wie hast du das gemacht, dass ich dieses Bezugssystem 2 wahrnehmen kann?", wollte Aaron wissen.

"Ich habe die Wahrnehmungsblockade deines Gehirns deaktiviert. Dadurch nimmst du dieses Wirklichkeitssystem automatisch wahr. Denn Bezugssystem 2 ist immer in dir. Du hast dich nur davon abgegrenzt", erklärte der Spielmacher.

"Okay, dann überlege ich jetzt einmal, was ich wissen möchte."

Aaron wusste schon, was ihn brennend interessierte.

"Wer sind unsere Verfolger?", fragte er.

"Konzentriere dich auf diese Frage!"

Aaron tat, was der Spielmacher ihn geheißen hatte. Plötzlich wurde er von einer Unzahl von Bildern überflutet.

"Du musst dich in diesem System sehr genau konzentrieren", unterbrach ihn der Spielmacher. "Du ziehst diese Bilder durch das Gefühl der Neugier an dich. Es gibt hier nur Bilder. Wenn du deine Frage zu allgemein stellst, richtet sich deine Wahrnehmung auf alles, was damit zusammenhängt, und du wirst überschwemmt von Bildern. Versuche, dich auf einige wenige Menschen zu konzentrieren"

"Okay, wer waren die beiden Männer, die Rachel gesucht haben?", war Aarons nächste Frage.

Als er sie zu Ende gedacht hatte, erschienen wieder Bilder vor ihm. Es waren immer noch zu viele. In Augenblicken schien er diese Männer als Erwachsene zu sehen und dann wieder als Kinder. Ihm wurde klar, dass er seine Frage noch präziser stellen musste. Ihn interessierte nicht die Kindheit dieser Männer. Er wollte wissen, was sie jetzt taten. Plötzlich wurden die Bilder konkreter. Er sah allerdings die Bilder wie bei einer Doppelbelichtung. Er sah immer beide Männer gleichzeitig.

"Okay", dachte er sich, "dann eben einer nach dem anderen."

Er sah einen der Männer, wie er am Steuer eines Wagens saß. Es war ein fieser Kerl. Aaron sah, dass dieser Mann große Schwierigkeiten beim Schlucken hatte. Sein ganzer Hals war geschwollen. Ob das wirklich einer der Männer war, die Rachel verfolgt hatten? In diesem Moment sah er, wie dieser Mann Rachel am Arm fest hielt. Er war es also tatsächlich!

Aaron hatte Mühe, den Bildern so schnell zu folgen wie sie sich veränderten. Sobald er sich für eine Information interessierte, lief sie schon vor ihm ab. Er musste sich bemühen, seine Neugierde gezielt zu lenken, sonst würde er gar nichts verstehen. Das Ganze war für ihn sehr anstrengend. Sobald seine Konzentration nachließ, wurde er wieder von der Bilderflut überrollt. Nach ein paar Minuten konnte er die Bilder nicht mehr kontrollieren. Er beschloss, Bezugssystem 2 zu verlassen. Gleich darauf saß er wieder auf dem Stuhl vor dem PC. Der Spielmacher war auf dem Bildschirm noch zu sehen und gab Aaron einige Erklärungen.

"Du konntest am Schluss deine Neugierde nicht mehr kontrollieren. Du wolltest unbedingt wissen, ob dieser Mann tatsächlich derjenige war, der Rachel verfolgt hat. Befriedige deine Neugier, indem du Rachel den Mann beschreibst. Sie wird dir bestätigen, dass er es war. Wir sehen uns dann beim nächsten Spiel."

"Okay, bis dann."

"Ich halte mit dir die Ohren steif!", meinte der Spielmacher abschließend.

Aaron schüttelte den Kopf und lachte über die letzte Aussage. Er stand auf und ging nach oben zu mir.

Ich stand unterdessen am Steuer und genoss es, das große Schiff steuern zu dürfen. Ich fühlte mich wie ein kleines Mädchen, das auf Papas Schoß das Lenkrad für einen Moment halten darf.

"Guten Morgen, Rachel. Na, bist du wieder einigermaßen nüchtern?", sprach Aaron mich an.

"Bitte, reden wir von etwas anderem. Mein Magen will an den letzten Abend nicht erinnert werden", antwortete ich.

"Ich wollte dich auch eigentlich etwas ganz anderes fragen", meinte Aaron.

"Schieß los!"

"Kannst du dich noch genau daran erinnern, wie die beiden Männer aussahen, die dich entführen wollten?"

"Und ob! Diese Visagen vergesse ich nicht, solange ich lebe", erklärte ich eindringlich.

"Hatte einer von beiden einen geschwollenen Hals und starke Schluckbeschwerden?", wollte Aaron wissen.

"He, woher weißt du das?", wunderte ich mich. "Er hatte zwar am Anfang noch keinen, aber nachher bestimmt."

"Was heißt das?", fragte Aaron verwirrt.

"Ich habe ihm diese Schwellung verpasst, als ich die beiden Männer zusammengeschlagen habe."

"Du hast was?", fragte Aaron in einem Tonfall, der vermuten ließ, dass er kein Wort glaubte.

"Ich musste fliehen, das habe ich dir doch erzählt. Dazu musste ich sie halt zusammenschlagen", sagte ich fast mit einem schlechten Gewissen.

"Willst du mir erzählen, dass du diese beiden brutalen Männer allein fertig gemacht hast?"

"Ich habe eine jahrelange Ausbildung hinter mir, um das zu können. Ich musste bei meinem Job als Kellnerin etwas tun, um mich gegen die Trucker zu wehren, wenn sie zu aufdringlich wurden. Da habe ich mit Wing Tsun begonnen. Das ist eine chinesische Kampfkunst, die sich hervorragend für Frauen eignet. Jede Frau, die meinen Ausbildungsstand erreicht hat, hätte die beiden fertig machen können. Was noch hinzukam, war, dass die beiden Männer nicht mit einem Angriff meinerseits gerechnet hatten. Ich hatte also einige Trümpfe auf meiner Seite."

"Ich fasse es nicht. Ich bin mit Frau Rambo verheiratet", meinte Aaron verwundert. "Wieso hast du denn bisher nichts davon gesagt?"

"Es erschien mir nicht so wichtig. Wir hatten andere Probleme", meinte ich kurz.

"Dann könnten es tatsächlich die beiden Männer gewesen sein, die ich gesehen habe", kam Aaron zum eigentlichen Thema wieder zurück.

"Wo hast du sie gesehen?", wollte ich wissen.

"Das ist etwas schwierig zu erklären."

"Versuch es!", forderte ich ihn auf.

"Also, ich war auf Bezugssystem 2 und ..."

"Moment mal, was soll Bezugssystem 2 sein?", unterbrach ich ihn.

"So genau weiß ich das selber nicht", meinte Aaron ratlos. "Ich weiß nur, dass es dort nur Bilder gibt. Man kann dort alle Informationen abrufen, die man will."

"Du hast Mysterio gespielt und in diesem Spiel die beiden Männer gesehen. Stimmt's?", hakte ich nach.

"Ja, richtig."

"Das war doch gar nicht so schwierig", meinte ich scherzhaft übertrieben schulmeisterlich. "Und jetzt bist du neugierig, ob es wirklich die Männer waren, die mich entführen wollten."

"Du bist ganz schön schlau, Rachel. Wenn ich das gewusst hätte, hätte ich mir vielleicht doch noch mal überlegt, ob ich dich heiraten soll."

"Sei vorsichtig, sonst verklopp' ich dich!", scherzte ich.

"Oh nein, Rambo, tu mir nichts! Ich will auch ganz lieb sein."

"Na gut, dann küss mich jetzt! Aber zünftig!"

Aaron umarmte mich und küsste mich leidenschaftlich.

"Was meinst du Aaron? Können wir uns darauf verlassen, dass Sanchez noch ein Stündchen schläft?", fragte ich nicht ohne Hintergedanken.

"Ich denke, schon. Warum?"

Ich antwortete nicht mit Worten. Ich begann einfach, mich auszuziehen. Aaron half mir sofort dabei. Danach war er dran. Wir liebten uns unter Gottes freiem Himmel. Wir beide merkten, dass Mysterio offenbar schon einen erheblichen Einfluss auf die Stärke unserer Lust ausgeübt hatte. Wir waren völlig ekstatisch. Erst nach über einer Stunde leidenschaftlichem Sex wurden wir wieder etwas ruhiger.

"Ach, das war gut!", seufzte ich. "Das war auch bitter nötig."

"Ich find' das total gigantisch, dass du so viel Lust hast", schwärmte Aaron. "Ich fühle mich mit dir wie im siebten Himmel. Ich habe das Gefühl, dass ich dich immer noch stärker liebe, je öfter wir Sex haben."

"Mir geht es genauso", stimmte ich zu. "Vor allem fühle ich mich dir dadurch unheimlich verbunden. Ich wusste nicht, dass Sex so schön sein kann."

"Das liegt bestimmt an der Verstärkung unserer Lust. Wenn wir nicht so viel Lust hätten, wäre es auch nicht so schön, denke ich."

"Damit hast du sicherlich Recht. Ich glaube, das gilt ganz allgemein. Wenn ich zu etwas richtig Lust habe, dann wird es auch schön", stellte ich fest.

"Andererseits habe ich nur richtig Lust auf etwas, was ich auch wirklich schön finde", meinte Aaron.

"Aaron, sollen wir noch einmal über die beiden Männer reden?"

"Prinzipiell möchte ich nur gerne wissen, ob ich die beiden wirklich gesehen habe im Spiel vorhin. Besonders den einen mit der Schwellung am Hals."

"Der müsste ganz schön Schwierigkeiten beim Schlucken gehabt haben", meinte ich.

"Das hatte er", meinte Aaron fasziniert. "Er verzerrte jedes Mal sein Gesicht vor Schmerz."

Aaron und ich unterhielten uns noch eine ganze Weile über den Mann, den er gesehen hatte. Es bestand kein Zweifel. Er hatte tatsächlich den richtigen Mann gesehen. Es war also keine Illusion. Dieses Bezugssystem 2 existierte also tatsächlich. Aaron war begeistert. Von nun an würde er alles ergründen, was auf dieser Welt vor sich ging. Nichts konnte ihm noch verborgen bleiben.

"Rachel, ich würde gerne noch einmal spielen. Bist du damit einverstanden?"

"Logisch, wieso nicht?", gab ich zurück.

"Okay, dann bis später."

Aaron ging wieder in die Kabine und setzte sich vor den PC. Nachdem er Mysterio angeklickt hatte, ging der Landeanflug wieder los. Am Strand angekommen, sah er den Spielmacher auf sich zukommen.

"Na, Aaron? Hast du die Ohren immer schön steif gehalten?", fragte dieser.

"Die Ohren nicht", dachte Aaron. Er schrieb allerdings etwas ganz anderes.

"So lange ich konnte!", war Aarons Antwort. "Ich möchte gerne wieder auf Bezugssystem 2."

"Vergiss dein Glücksgefühl nicht", ermahnte ihn der Spielmacher. "Bei allem, was wir hier tun, geht es um die Verstärkung deines Glücksgefühls."

"Momentan interessiert mich eigentlich viel mehr, wer hinter uns her ist und warum", erwiderte Aaron.

"Wenn du deine Wahrnehmung zu viel auf Gefahren konzentrierst, könnten sehr negative Ereignisse in dein Leben treten", meinte der Spielmacher.

"Das hört sich wie eine Drohung an!"

"Das ist die Wahrheit. Ich gestalte die Ereignisse in deinem Leben nicht. Das tust du selbst, wie du weißt. Du wirst erleben, was du wahrnimmst. Du hast innere Wahrnehmungssysteme, die du bewusst kaum bemerkst. Du spürst nur ab und zu am Gefühl, was du unbewusst wahrnimmst.

Wenn du deine Wahrnehmung auf die Gefahr richtest, wirst du auch Gefahr erleben. Das allein wäre völlig unbedeutend. Denn du würdest nur etwas erleben, was dir erneut das Gefühl der Gefahr gibt. Das heißt, es geschieht noch nichts wirklich Schlimmes. Es geschieht nur etwas, was dir das Gefühl gibt, es könnte etwas sehr Negatives geschehen. Bedingt durch dieses Gefühl kann es jedoch sein, dass du es für immer realistischer hältst, dass das geschieht, wovor du Angst hast. Auf diese Weise würdest du deine innere Wahrnehmung dann auf das richten, was du nicht erleben willst. Du erlebst aber immer, worauf sich deine Wahrnehmung innerlich ausrichtet und damit würde das passieren, was du vermeiden willst.

Momentan besteht noch die Gefahr, dass du deine Ängste nicht einfach zulassen kannst. Du würdest noch etwas tun wollen, um zu vermeiden, dass das geschieht, wovor du Angst hast. Dabei würdest du deine Angst sehr ernst nehmen. Du würdest sie als sehr real wahrnehmen und dir damit möglicherweise große Probleme erschaffen."

"Was kann ich tun, um das zu vermeiden?", wollte Aaron wissen.

"Du solltest dir darüber bewusst sein, dass dir auf dieser Welt nichts geschehen kann. Alles, was du erlebst, wird ausnahmslos von dir selbst geschaffen. Aus diesem Grund brauchst du keine Angst zu haben, dass etwas geschieht, bei dem du machtlos bist."

"Ich denke, das kann ich beherzigen", meinte Aaron.

"Es würde helfen, wenn du dich so oft es geht auf dein Glücksgefühl konzentrieren könntest", meinte der Spielmacher, "vor allem während der Zeit, in der du auf Bezugssystem 2 bist. Bedingt durch dieses Gefühl fühlst du dich nicht so schnell machtlos."

"Okay, das werde ich tun", versprach Aaron.

"Let's go!", schrieb der Spielmacher.

Aaron konzentrierte sich auf die Körpergefühle seines Glücksgefühls, wie er es im ersten Spiel gelernt hatte. Es dauerte nur wenige Minuten, bis er sein Gefühl deutlich spüren konnte. Plötzlich hatte er das Gefühl, in den PC hineingesaugt zu werden. Nach wenigen Sekunden war er wieder auf Bezugssystem 2.

Aaron wusste schon, was er sich anschauen wollte. Er wollte wissen, für wen die beiden Männer arbeiteten. Sogleich wurde er wieder von einer Bilderflut übermannt. Er sah vor lauter Bäumen den Wald nicht mehr. Er präzisierte also seine Neugier.

"Wer hat den beiden den Auftrag gegeben, Rachel zu entführen?"

Aaron sah einen Mann, der an einem Schreibtisch saß. Sofort wuchs in ihm die Neugier, wer dieser Mann sein könnte. Schon liefen wieder unglaublich viele Bilder vor ihm ab, die diesen Mann wieder in den verschiedensten Zeiten seines Lebens zeigten.

"Nein", dachte Aaron. "Ich will nur wissen, was dieser Mann für einen Beruf hat."

Die Bilder veränderten sich wieder. Der Mann leitete eine Art Büro. Er telefonierte viel und hatte viele Akten auf seinem Tisch. Was hatte das zu bedeuten? Sofort fing der Bilderwirrwarr wieder an.

"Mann, das ist ja zum Aus-der-Haut-Wachsen!", meinte Aaron in Gedanken. "Ich will wissen, wieso der Mann den beiden Verfolgern von Rachel den Auftrag dazu erteilt hat."

Aaron sah, wie dieser Mann an seinem Schreibtisch angerufen wurde und offensichtlich von einer höheren Stelle eine Anweisung bekam.

"Aha", dachte Aaron. "Das ist also auch nur ein Befehlsempfänger. Aber was genau tut er?"

Und wieder kamen die gleichen Bilder wie zuvor. Er sah den Mann wieder telefonieren und Akten bearbeiten.

"So komme ich nicht weiter. Wie heißt die Firma oder Behörde, für die der Mann arbeitet?"

In großen Buchstaben erschienen vor Aaron die Buchstaben: CIA!

Aaron erschrak so sehr, dass er Bezugssystem 2 augenblicklich verließ. Der CIA war hinter ihnen her. Er verstand die Welt nicht mehr. Was wollte der CIA von ihnen?

Aaron beendete augenblicklich sein Spiel und ging an Deck. Das musste er unbedingt Sanchez und mir erzählen. Sanchez war noch nicht an Deck. Aaron ging zu seiner Kabine und weckte ihn. Er konnte nicht anders. Er musste es Sanchez jetzt sagen. Als dieser etwas widerwillig an Deck kam, erzählte Aaron, was er erfahren hatte.

"Ich weiß jetzt, wer uns verfolgt. Seitdem verstehe ich aber noch weniger als zuvor. Jetzt haltet euch fest! Der CIA ist hinter uns her!"

Betretenes Schweigen breitete sich für eine Minute aus.

"Bist du sicher, Aaron?", wollte Sanchez wissen.

"Hundertprozentig. Ich habe es mit eigenen Augen gesehen. Ich erkläre dir ein anderes Mal, wie ich an diese Information gekommen bin. Auf jeden Fall bin ich ganz sicher. Wir werden vom CIA gejagt."

"Das heißt, wir wären auf den Bahamas wirklich nicht sicher gewesen", meinte ich dazu.

"Aber was will der CIA von uns?", fragte Aaron.

"Das ist mir ein Rätsel", meinte Sanchez. "Wir werden uns darauf einstellen müssen, überall auf der ganzen Welt gesucht zu werden. Wir müssen sehr vorsichtig sein, bei allem, was wir tun. Wir dürfen auf keinen Fall auffallen.

"Das werden wir nicht bis in alle Ewigkeit aushalten können", meinte ich besorgt.

Nach diesem Gespräch waren wir alle drei sehr verängstigt. Bisher hatten wir unsere Flucht als erfolgreich eingestuft. Doch jetzt, wo wir wussten, wer unsere Verfolger waren, kam eine gewisse Hoffnungslosigkeit auf. Der CIA würde nicht aufhören, nach uns zu suchen, bis er uns gefunden hätte.

Bis zu diesem Zeitpunkt hatten wir sehr viel Freude auf dem Schiff gehabt. Nun war die Lust zu spielen oder unsere Fähigkeiten auszubilden mit einem Wisch vom Tisch gefegt. Mit betretener Miene kamen wir am späten Nachmittag in Barbados an. Sanchez war sicher, dass sein Haus vom CIA noch nicht entdeckt worden sein konnte. Dennoch wollte er erst noch einmal nachschauen, ob die Luft wirklich rein war. Das Haus war leer – kein Anzeichen zu erkennen, dass irgendjemand hier herumgeschnüffelt hatte. Er ging wieder zum Hafen und holte uns.

"Wir sollten aufhören, uns so verrückt zu machen!", meinte ich eindringlich. "Wenn wir so weitermachen, dann können wir uns auch gleich erschießen lassen. Wir sollten unser Leben genießen, solange es noch geht."

"Du hast Recht, Rachel", stimmte Aaron zu. "Wenn es so sein soll, dass sie uns kriegen, dann kriegen sie uns halt. Wir haben nichts mehr zu verlieren. Wenn wir uns verkriechen wie die Ratten, dann haben wir uns selbst das Leben genommen."

Wir gingen an Land und nahmen den PC mit zum Haus von Sanchez.

"Wir sollten versuchen, herauszubekommen, was der CIA von uns will", meinte Aaron, als wir am Haus von Sanchez angekommen waren.

"Mach du das, Aaron. Ich spüre, dass das nicht mein Ding ist", meinte ich. Sanchez schloss sich meiner Meinung an.

Aaron setzte sich an den PC und begann sein Spiel.

"Frage mich bitte, was es Neues gibt!", sagte der Spielmacher, als Aaron ihn am Strand von Mysterio traf.

"Also, was gibt es Neues?"

"Es gibt nichts Neues. Das Alte ist noch gut genug! War das witzig?", fragte der Spielmacher sofort nach.

"Es wäre witzig gewesen, wenn du nicht zuvor gesagt hättest, ich soll dich fragen, was es Neues gibt."

"Warum war es dadurch nicht mehr witzig?", verstand der Spielmacher nicht.

"Das kann ich dir nicht sagen. Es war halt dann einfach nicht mehr witzig. Die Luft war schon irgendwie raus aus dem Gag."

"Okay, ich werde es selbst herausfinden. Du willst sicherlich wieder auf Bezugssystem 2, stimmt's?"

"Ja, das will ich", stimmte Aaron zu.

"Ich möchte dich noch einmal ermahnen, daran zu denken, dass du die Realität gestaltest und nichts geschieht, was du nicht selbst geschaffen hast – und dass du, wenn möglich, nur mit deinem Glücksgefühl auf Bezugssystem 2 suchen solltest!"

"Okay, ich denke daran", versprach Aaron.

Sogleich veränderte sich Aarons Wahrnehmung. Innerhalb von wenigen Sekunden war er wieder auf Bezugssystem 2.

"Was will der CIA von uns?", fragte er direkt.

Sofort fing der Bilderwirrwarr wieder an.

"Stopp!", rief Aaron innerlich. "Präziser: Was will er von mir?"

Mein Bild tauchte vor ihm auf. Sie waren also nicht wirklich hinter ihm her, sondern hinter mir. Sie mussten herausbekommen haben, dass wir geheiratet hatten.

"Was will der CIA von Rachel?"

Aaron sah nur unverständliche Symbole und Zeichen. Er verstand nicht, was das zu bedeuten hatte. Er versuchte es mit einer Vermutung.

"Geht es um den Mysterio-PC, den Rachel umgewandelt hat?"

Sofort erschien vor Aaron das Bild des PCs. Hieß das jetzt "Ja" oder nur, dass er den PC sah, an den er dachte?

"Wo ist der PC jetzt?"

Es erschien vor Aaron ein riesiges Gebäude, das von Soldaten gesichert war. Das Gebäude stand in einem militärischen Stützpunkt.

"Was ist das für ein Gebäude?"

" Area 51" erschien vor Aarons Augen.

Aaron konnte damit nichts anfangen. Er spürte statt dessen, dass er sehr müde wurde. Es strengte ihn maßlos an, so konzentriert seine Neugier zu kontrollieren. Er beschloss, eine Pause zu machen. Er beendete sein Spiel und ging zu Sanchez und mir.

"Sagt einem von euch der Ausdruck Area 51 etwas?"

"Area 51! Bei Gott! Weißt du denn nicht, was das ist?", sagte Sanchez, der plötzlich hellwach geworden war. "Was ist mit Area 51? Hast du darüber etwas gesehen?"

"Sanchez, was ist das für ein Gebäude?", wollte Aaron wissen.

"Niemand weiß das mit hundertprozentiger Sicherheit. Aber es gibt Gerüchte. Nach diesen Gerüchten hält der CIA dort außerirdische Technologien versteckt. Ganze Flugobjekte sollen dort sein. Ich habe sogar schon einmal davon gehört, dass dort mit einem Außerirdischen, der mit seinem Flugobjekt abgestürzt war, zusammengearbeitet wurde, um neue Technologien zu entwickeln. Was hast du über Area 51 erfahren?"

"Nur, dass es etwas damit zu tun hat, dass man hinter uns her ist", antwortete Aaron.

"Area 51?"

Sanchez konnte es nicht fassen.

"Es muss etwas mit dem PC zu tun haben, den sie aus dem Rechenzentrum von Rachels Universität haben", meinte er.

"Das heißt, wir haben es hier wirklich mit einer außerirdischen Technologie zu tun, sonst wäre der PC nicht in Area 51. Das heißt auch, dass Mysterio nicht von dieser Welt ist. Und auch der Spielmacher muss ein Außerirdischer sein."

"Bleibt die Frage offen, was der Spielmacher im Sinn hat? Was tut er hier? Und was hat er mit uns vor?", wollte Sanchez wissen.

"Mich interessiert viel mehr, was unsere Verfolger von uns wollen", meinte ich.

"Sie wollen dich, Rachel. So viel habe ich bereits herausbekommen", beantwortete Aaron meine Frage.

"Aber was wollen sie von mir?"

"Wahrscheinlich glauben sie, dass du etwas über die Technologie weißt. Vielleicht glauben sie sogar, dass du selbst eine Außerirdische bist", spekulierte Aaron.

"Dann werden sie nicht eher Ruhe geben, bis sie mich gefunden haben!", meinte ich hoffnungslos.

Sanchez und Aaron bemühten sich, mich zu beruhigen. Ich fasste mich nach ein paar Minuten wieder.

"Ich kann nur hoffen, dass uns Ella in irgendeiner Weise hilft. Wie, ist mir egal. Sie ist schuld daran, dass wir in der Scheiße sitzen", erklärte ich sauer.

"Wer ist Ella?", wollten Aaron und Sanchez wissen.

"Der Spielmacher. Ich habe ihm oder ihr den Namen Ella gegeben. Los, wir fragen sie jetzt, was sie von uns will! Sie ist uns wenigstens eine Antwort schuldig", sagte ich vorwurfsvoll.

Wir setzten uns alle drei vor den Bildschirm und landeten kurze Zeit später auf Mysterio. Ella kam uns entgegen und begrüßte uns.

"Hallo, ihr drei. Ich möchte euch gerne einen Witz erzählen."

"Bevor du mit deinem Witz beginnst, möchten wir ein paar Antworten von dir haben. Was hast du mit uns vor?", fragte ich ziemlich ungehalten.

"Ich möchte euch helfen, euer Glücksgefühl zu leben und dadurch zu erkennen, wer ihr wirklich seid", war Ellas Antwort.

"Warum tust du das?", fragte ich zweifelnd.

"Das kann ich euch nicht sagen – jetzt noch nicht. Wenn ich es täte, hättet ihr das Gefühl, etwas erreichen zu müssen. Dadurch würdet ihr euer Glücksgefühl verhindern."

"Ist von unserem Tun die ganze Menschheit betroffen oder nur wir?", wollte Sanchez wissen.

"Es geht um die gesamte Menschheit. Mehr kann ich euch dazu nicht sagen. Wollt ihr trotzdem weiterspielen?", wollte Ella wissen.

Wir sahen uns fragend an. Anstatt die offenen Fragen beantwortet zu bekommen, kamen nur noch mehr hinzu.

Aaron wollte auf jeden Fall weiterspielen. Er glaubte, durch seine Wahrnehmung auf Bezugssystem 2 Sicherheit vor den Verfolgern schaffen zu können. Wir wandten uns also wieder zum Spielmacher und sagten ihm, dass wir weiterspielen würden.

"Ihr könnt spielen, wann immer ihr wollt!", war dessen Antwort.

Aaron und ich wollten jetzt nicht direkt weiterspielen. Wir wollten lieber die Insel erkunden. Sanchez gab uns seinen Autoschlüssel, und wir beide zogen los.

Sanchez setzte sich erneut an den PC und landete auf Mysterio.

"Hallo, Sanchez. Hast du große Lust zu spielen?"

"Ja, das habe ich", bestätigte Sanchez. "Hallo, Ella."

"Wie ich sehe, hast du dich mit dem Namen Ella an Rachel angeschlossen. Nun gut. Du hast im letzten Spiel erfahren, dass die Welt der Gedanken eine reale, gültige Welt ist. Jetzt wirst du lernen, wie du andere Menschen auf die Welt deiner Gedanken aufmerksam machen kannst."

"Was genau meinst du damit?", hakte Sanchez verständnislos nach.

"Du kannst deine Gedanken nicht einfach auf jemand anderen übertragen", erklärte Ella. "Du musst deine Gedanken in die Gedankenwelt des anderen einschleusen."

"Wie mache ich das?"

"Du machst dich zunächst mit den Gedanken des anderen vertraut. Dann denkst du deine Suggestionen in der gleichen Weise, in der der andere denkt. Damit veränderst du seine Gedankenwelt, und das hat ganz gravierende Auswirkungen auf die Welt, die er durch seine Sinnesorgane wahrnimmt."

"Heißt das, ich beeinflusse seine Gedanken, und damit sieht und hört dieser Mensch in der wirklichen Welt, was ich in seiner Gedankenwelt verändert habe?", fragte Sanchez.

"So in etwa. Du kannst die Menschen jedoch nur etwas tun lassen, was zu ihrem natürlichen Verhalten passt. Sie werden also nur Dinge tun, die für sie normal sind. Aber lass uns einfach beginnen!", schlug Ella vor. "Deine Fragen werden sich von selbst klären."

Nachdem Sanchez sein Einverständnis gegeben hatte, befand er sich wieder in der Welt der Gedanken. Der Spielmacher bat ihn, die Gedanken von mir anzusteuern. Sanchez richtete seine Wahrnehmung darauf. Er nahm ein heilloses Durcheinander wahr.

"Du musst dich darauf konzentrieren, die Gegenwart wahrzunehmen", riet Ella. "In der Welt der Gedanken gibt es keine Zeit. Wenn du nicht auf die Gegenwart zielst, nimmst du alle Zeiten gleichzeitig wahr."

Sanchez konzentrierte sich auf die Gegenwart und merkte, wie ich dachte, dass mir sehr warm war.

"Ist dir klar, dass Rachel diese Wärme auch fühlt?", fragte Ella. "Wenn du willst, dass sie nicht mehr so unter der Hitze leidet, dann geh in ihre Gedankenwelt. Kopiere ihre Art zu denken und denke immerzu, dass es nun beginnt, immer kühler zu werden. Wenn du das richtig machst, wird sie deine Gedanken nicht von ihren eigenen unterscheiden können. Sie wird in ihrer normalen Welt die Widerspiegelung der Gedankenwelt erleben, und damit wird sie spüren, dass es immer kühler wird."

Sanchez tat genau, was Ella ihm gesagt hatte. Er richtete seine Wahrnehmung ganz intensiv auf meine Gedankenwelt und dachte immerzu, dass es immer kühler wird.

Ich saß währenddessen mit Aaron im Auto. Wir fuhren an der Küstenstraße entlang. Uns beiden war fürchterlich warm. Der Wagen hatte keine Klimaanlage. Wir hatten zwar alle Fenster aufgelassen, doch der Fahrtwind brachte keine Kühlung. Es war eher, als ob einen ein Föhn anblies.

Plötzlich spürte ich, dass es merklich kühler geworden war. Das musste daran liegen, dass die Windrichtung sich geändert hatte und etwas kühlerer Wind über die Insel wehte, dachte ich. Nach einer Weile wurde es mir langsam zu kühl. Ich bat Aaron, die Fenster zu schließen.

"Willst du mich auf den Arm nehmen? Du willst doch nicht etwa bei dieser Affenhitze wirklich die Fenster schließen?", meinte Aaron verständnislos.

"Wieso Hitze? Mittlerweile weht ein ganz schön kühler Wind", erwiderte ich energisch.

Aaron überlegte, warum ich solch einen blöden Witz hartnäckig durchziehen wollte. Normalerweise waren meine Witze scharfsinniger.

"Also, was ist jetzt? Mir ist kalt. Machst du jetzt zu oder nicht?", hakte ich noch einmal nach.

"Du meinst das wirklich im Ernst, oder?", fragte Aaron mehr als verwundert.

"Natürlich meine ich es ernst. Was ist denn los mit dir?"

"Mit mir ist alles in Ordnung", betonte Aaron. "Aber bei dir scheint etwas nicht zu stimmen. Wir haben mindestens fünfunddreißig Grad im Schatten und du glaubst zu frieren."

"Es ist wegen des kalten Windes. Das musst du doch auch merken!", sagte ich verständnislos.

"Es gibt keinen kalten Wind. Ich fühle mich wie im Heißluftherd."

"Das kann doch nicht dein Ernst sein! Es ist mittlerweile saukalt hier", entgegnete ich hartnäckig.

"Dann schau mich doch mal an. Siehst du die Schweißperlen auf meiner Stirn?", fragte Aaron energisch und zeigte mir seine Stirn.

"Wie kann das sein? Wie kannst du bei dieser Kälte so schwitzen? Ich schwitze überhaupt nicht."

"Rachel, einer von uns beiden muss übergeschnappt sein."

Wir stritten noch lange darüber, ob es nun warm oder kalt sei. Aaron schloss die Fenster, da ich immer noch darauf bestand. Nach einer halben Stunde Fahrt stand er so im eigenen Saft, dass er nicht mehr weiterfahren konnte. Er hielt an, und stieg aus.

Unterdessen hatte Sanchez meine Gedankenwelt schon längst verlassen. Er konzentrierte sich jetzt auf Aarons Gedankenwelt. Er hörte den Klang von Aarons Gedanken. Er dachte darüber nach, was mit mir los sei.

"Sie muss verrückt geworden sein", dachte Aaron. "Sie kann doch bei dieser Hitze nicht tatsächlich frieren."

Sanchez ging noch einmal heraus aus Aarons Gedankenwelt. Er wollte überlegen, was er mit Aaron anstellen könnte. Er war sich zwar immer noch nicht sicher, dass er tatsächlich Aaron und mich beeinflusste, doch es war auf jeden Fall ein interessantes Spiel. Schließlich hatte Sanchez eine Idee. Er könnte Aarons Gedankenwelt so verändern, dass dieser glaubte, er selbst sei verrückt. Sanchez wusste zwar nicht, wie sich Aarons Wahrnehmung dadurch verändern würde, doch das würde er bald feststellen. Er konzentrierte sich wieder auf die Wahrnehmung von Aarons Gedankenwelt. Er dachte immer wieder:

"Nein, nicht Rachel ist verrückt. Ich bin der Verrückte. Rachel ist ganz normal. Ich bin neben der Spur."

Bei mir hatte die Wirkung von Sanchez Beeinflussung bereits wieder nachgelassen. Ich hatte das Gefühl, dass es jetzt endlich wieder wärmer geworden war. Aaron hingegen begann, sich sehr seltsam zu benehmen.

"Was kann passiert sein, dass ich bei dieser Kälte immer noch so schwitze?", fragte er mich.

"Es ist eigentlich gar nicht mehr so kalt. Es ist schon wieder viel wärmer geworden. Wahrscheinlich hat der Wind wieder gedreht, und jetzt kommt wieder warme Luft zu uns."

"Und warum tragen dann alle Leute diese dicken Mäntel?", fragte Aaron.

"Welche dicken Mäntel?", fragte ich verwundert. "Die Leute haben doch nur ganz leichte Kleidung an."

"Sicherlich hast du Recht. Ich glaube, ich bin völlig durcheinander. Ich sehe die Leute in dicken Pelzmänteln. Ich weiß, dass das nicht sein kann. Wir sind hier fast am Äquator. Hier kann es nicht kalt sein. Ich muss tatsächlich verrückt geworden sein."

"Es kann hier schon mal kalt sein", beruhigte ich ihn. "Ich habe es ja eben selbst gespürt. Aber die Leute hier haben wirklich keine Pelzmäntel an. Siehst du sie wirklich in Pelzmänteln?"

"Manchmal ja, und dann wieder nicht. Ich glaube, die letzten Tage waren einfach zu viel für mich. Ich muss einem Nervenzusammenbruch nahe sein", sagte Aaron ziemlich fertig.

Sanchez verließ die Gedankenwelt von Aaron und ging wieder zu Ella an den Strand von Mysterio.

"Glaubst du wirklich, dass sich die Wahrnehmung von Rachel und Aaron geändert hat durch meine Manipulation ihrer Gedankenwelt?"

"Ihre Wahrnehmung hat sich geändert", bestätigte Ella. "Du wirst es hören, wenn sie zurück sind."

"Okay, dann werde ich jetzt das Spiel beenden."

"Darf ich dir zuvor noch einen Witz erzählen?", fragte Ella.

"Du willst mir wirklich einen Witz erzählen?"

"Ja, natürlich", antwortete Ella.

"Na, dann schieß los!"

"Also, ein Mann kommt in den Blumenladen. Er sagt zu der Verkäuferin: 'Ich hätte gerne einen Strauß Gladiatoren!'

Die Verkäuferin antwortet:

'Guter Mann, Sie meinen bestimmt Gladiolen.'

'Ach ja, stimmt. Das andere sind ja diese komischen Heizkörper.'"

Sanchez lachte sich halb schief über diesen Witz. Er konnte sich gar nicht mehr einkriegen.

"War das witzig?", wollte Ella wissen.

"Ja, der war gut", meinte Sanchez immer noch lachend.

"Was war daran witzig?", hakte Ella nach.

"Ja, verstehst du denn deinen eigenen Witz nicht?", erwiderte Sanchez ungläubig.

"Ich verstehe den Sinn der Geschichte, aber nicht, was daran witzig ist", erklärte Ella.

"Ich kann dir leider nicht weiterhelfen. Ich finde den Witz wirklich lustig."

"Ich werde es noch herausbekommen. Ich danke dir für deine Hilfe."

"Es war mir eine Ehre. Wenn du wieder einen Witz erzählen möchtest, sag mir Bescheid."

"Das werde ich tun. Bis bald."

"Bis bald!"

Sanchez beendete das Spiel und setzte sich nach draußen auf seine Terrasse. Nach einer Weile kamen wir von unserem Ausflug zurück. Aaron war immer noch ganz durcheinander. Er wollte sich nur noch hinlegen und schlafen.

"Was ist los mit dir, Aaron? Du bist so nass um die Blase. Ähm, ich meinte, blass um die Nase."

"Ich glaube, ich brauche nur ein bisschen Ruhe", meinte dieser.

Sanchez fing an, schallend zu lachen.

"Es hat tatsächlich funktioniert!", schrie er laut heraus. "Und wie es funktioniert hat! Du bist nicht verrückt, Aaron. Und du auch nicht, Rachel. Auch wenn dir manchmal kalt wird bei fünfunddreißig Grad im Schatten."

Die beiden sahen sich nur fassungslos an.

"Hast du irgendetwas mit uns gemacht?", fragte ich aggressiv.

"So könnte man es ausdrücken", stammelte Sanchez und lachte sich dabei halb schief.

"Aaron!", sagte ich und machte mit dem Kopf ein Zeichen, Sanchez zu schnappen. Wir nahmen ihn an Händen und Füßen und trugen ihn zum Strand. Sanchez lachte immer noch schallend. Als wir beim Wasser angekommen waren, meinte ich:

"Nur ins Wasser wäre zu wenig Strafe. Komm, erst ins Wasser und danach noch in den Sand."

Sanchez konnte sich nicht wehren. Er lachte sich immer noch halb tot. Nass und voller Sand hörte er ganz allmählich auf zu lachen.

"Wenn ihr wollt, erzähle ich euch, wie ich das gemacht habe", meinte er, nachdem er sich beruhigt hatte.

"Später, jetzt wollen wir uns erst noch mal duschen nach dem Schrecken", meinte ich.

Am Abend saßen wir zusammen, und Sanchez erzählte uns die ganze Geschichte.

"Was hast du denn genau mit mir gemacht, Sanchez?", wollte Aaron wissen.

"Ich habe nur deine Gedanken etwas beeinflusst. Ich habe dich denken lassen, dass Rachel ganz normal sei und infolgedessen du verrückt sein musst."

"Und wie hast du das gemacht, dass ich die Leute alle im Pelzmantel gesehen habe?", wollte Aaron genau wissen.

"Du hast die Leute im Pelzmantel gesehen? Ehrlich? Damit habe ich nichts zu tun", erwiderte Sanchez.

"Heißt das, dass ich doch verrückt geworden bin?", meinte Aaron scherzhaft.

"Ich vermute, dass dein Unbewusstes mit den Pelzmänteln eine Möglichkeit gewählt hat, dir den Gedanken widerzuspiegeln, dass du verrückt seiest. Ansonsten könnte ich mir das nicht erklären. Aber der Gag ist gut: Pelzmäntel auf Barbados."

Wir saßen noch lange beisammen. Aaron und Sanchez leerten gemeinsam eine Flasche Wein. Ich hielt mich, was den Wein betraf, ganz bedeckt. Ich konnte den Geruch des Weines immer noch nicht ertragen.

Für den nächsten Tag hatten wir uns vorgenommen, weiter Mysterio zu spielen. Ich hatte im Sinn, es Sanchez auf irgendeine Weise heimzuzahlen. Langsam begann sich in mir ein richtiger Spieltrieb zu entwickeln. Es war mit Sicherheit keine Vernunftentscheidung, zu spielen. Es war reine Lust am Erlebnis und am Schabernack. Auch sonst war meine Lust ganz schön am Brodeln. Ich genoss diese Lust. Ich fand es schön, einfach Lust zu haben. Ich dachte bereits an die Nacht und an Aaron, der manchmal unglaublich erotisch sein konnte.

Am nächsten Morgen wollte ich gleich nach dem Frühstück spielen. Auch Aaron und Sanchez waren bereits neugierig, was sie mit Mysterio an diesem Tag erleben würden. Doch es sollte alles etwas anders kommen.

Ich saß am PC und sah Ella auf mich zukommen.

"Hallo, Rachel. Ich möchte dich bitten, Aaron und Sanchez zu uns zu holen."

War irgendetwas passiert seit gestern? Warum sollte ich die beiden holen? Ohne zu verstehen, um was es ging, holte ich sie her. Als wir alle drei zusammen vor dem PC saßen und unseren Landeanflug auf Mysterio beendet hatten, begann Ella, etwas zu erklären, was uns zunächst Probleme bereitete.

"Ihr müsst jetzt eure Fähigkeiten allein trainieren!", erklärte Ella.

"Du hilfst uns nicht mehr? Wieso?", fragte ich verständnislos.

"Ihr braucht meine Hilfe jetzt nicht. Ihr habt momentan das Gefühl, von mir abhängig zu sein. Doch das stimmt nicht", meinte Ella. "Ich habe euch nur geholfen, eure Wahrnehmung auf euer Glück zu konzentrieren. Da ihr jetzt erlebt habt, dass ihr über diese Fähigkeit verfügt, könnt ihr jetzt selbstständig trainieren. Je öfter ihr euer Glück wahrnehmt, desto stärker wird es werden. Wenn ihr jetzt nicht gleich zu Beginn dafür sorgt, dass ihr euch unabhängig fühlt, wird es euch später nicht mehr gelingen. Ich werde wieder mit euch spielen, sobald ihr gemerkt habt, dass ihr euer Glück allein aktivieren könnt. Dann werde ich euch helfen, eure derzeitigen Wahrnehmungsgrenzen zu durchbrechen."

"Was sind das für Grenzen?", wollte Aaron wissen.

"Es sind Grenzen, die euch von eurem Glauben gesetzt werden. Sollte das der Fall sein, kann ich euch eine virtuelle Welt erleben lassen, in der eure Vernunft ausgeschaltet ist und ihr an alle Fähigkeiten herankommt, auf die ihr Lust verspürt. Ich möchte euch jedoch noch eine Hilfe mit auf den Weg geben. Wenn ihr nach folgendem Schema vorgeht, wird das Ganze nicht so schwierig für euch. Ich habe dieses Schema bisher auch benutzt, um euch zu helfen, eure Wahrnehmung auf euer Glück auszurichten."

"Von welchem Schema redest du?", wollte ich wissen.

"Ich habe mit dir schon einmal darüber gesprochen. In den Momenten, wo ihr trainieren wollt, macht eure Gedanken frei von allem, was euch wichtig erscheint. Lasst euren Geist ganz ruhig werden. Entspannt dabei euren Körper. Wenn ihr innerlich ganz ruhig seid, richtet ihr eure Wahrnehmung auf euer Glücksgefühl. Konzentriert also eure Wahrnehmung auf dieses Gefühl und spürt es im ganzen Körper. Danach lasst ihr eure Gedanken wieder frei fließen. Sie werden durch das Glücksgefühl beeinflusst sein. Dadurch werden Ideen in euch aufsteigen, die ihr total schön findet. Es entsteht dadurch die Energie der Lust. Ihr werdet aller Voraussicht nach Lust auf die Anwendung eurer Fähigkeiten bekommen. Durch die Lust wird eure Vernunft ausgeschaltet. Das heißt, es werden alle Blockaden, die eure Fähigkeiten unterdrückt haben, behoben. Ihr werdet spielen wie Kinder und auf diese Weise ein unermessliches Potenzial an Fähigkeiten und Kräften in euch freilegen. Dies ist der wesentlichste Bestandteil des Schemas zur Aktivierung eures Glücks. Der zweite Bestandteil besteht in dem spielerischen Ausleben eures Glücksgefühls in Form von Anwendung eurer Fähigkeiten."

"Das erinnert mich an Superlearning", sagte Aaron. "Dabei programmiert man sein Unbewusstes in der Entspannung mit Vokabeln und Grammatik und wendet das unbewusst erworbene Wissen dann spielerisch an. Ich habe einmal an solch einem Spanischkurs teilgenommen. Ich war begeistert. Nie zuvor habe ich so schnell und mühelos gelernt."

"Das ist genau das Schema, das ich euch vorgeschlagen habe", bestätigte Ella.

"Okay, ich denke, das werden wir hinbekommen", meinte Aaron.

Wir verließen Mysterio und kamen in unsere normale Welt zurück. Wir hatten das Gefühl, dass ein schweres Stück Arbeit vor uns lag. Wir beschlossen, gleich mit dem Training zu beginnen. Wir legten uns in unsere Betten und begannen, uns zu entspannen.

Ich hatte zunächst Schwierigkeiten damit. Auch bekam ich meinen Geist nicht frei von störenden Gedanken. Nach zehn Minuten merkte ich, dass es mir besser gelang, wenn ich die Augen öffnete und einen festen Punkt mit meinem Blick fixierte. Ich schaute auf die Lampe, die über dem Bett hing. Nach einer Weile war mein Geist ganz ruhig. Ich war erstaunt, wie leicht es mir gelang, das Glück in mir wahrzunehmen. Ich genoss diese Energie. Nach einer Weile stieg in mir immer mehr die Lust auf, irgendetwas mit meinem Geist bewegen zu wollen. Ich konzentrierte mich auf die Lampe. Ich bemühte mich, die Lampe als einen Bestandteil meines Körpers anzusehen.

Als ich dies fühlen konnte, hob ich den Arm und machte mit meiner Hand eine kreisende Bewegung. In diesem Augenblick drehte sich die Lampe. Ich erschrak so darüber, dass es tatsächlich funktioniert hatte, dass ich wieder absolut wach war. Mein Herz klopfte wie verrückt. Ich war voller Freude und Begeisterung, dass ich tatsächlich Gegenstände in der wirklichen Welt bewegen konnte. Nach diesem Gefühlsausbruch schaffte ich es allerdings nicht mehr, mich erneut zu beruhigen. Ich stand auf und ging auf die Terrasse.

Aaron und Sanchez waren zu diesem Zeitpunkt noch bei ihrer Übung. Sanchez hatte etwas Schwierigkeiten, sein Glücksgefühl wahrzunehmen. Seine Gedanken schweiften immer ab. Auch seine Gefühle schienen ihr eigenes Leben zu haben. Aber immer wieder brachte er seine Aufmerksamkeit auf die Energie seines Glücksgefühls zurück. Seine Bemühungen zahlten sich schließlich aus. Sein Glücksgefühl wurde allmählich stärker. Je stärker es wurde, desto leichter fiel es ihm, seine Wahrnehmung darauf zu richten. Er nahm sich vor, sein Glücksgefühl nie wieder so sehr aus den Augen zu verlieren. Er erkannte, dass er es sich nur dadurch so schwer gemacht hatte am Anfang, weil er sein Interesse zu sehr auf andere Dinge gerichtet hatte. Er spürte, dass seine Wahrnehmung seinen Interessen folgte. Weiterhin wurde ihm klar, dass seine Wahrnehmung einem gewissen Gewohnheitseffekt unterlag. Beschäftigte er sich eine Weile bewusst mit einem bestimmten Thema, übernahm sein Unbewusstes das Interesse bezüglich dieses Themas. Damit saugte sich seine Wahrnehmung regelrecht daran fest. Wenn er an etwas anderes dachte, ging seine Wahrnehmung sofort wieder zu seiner Gewohnheit zurück, sobald er für einen Moment losließ.

Er musste also richtig trainieren, um seinen Glückszustand wieder mehr in den Fokus seiner Wahrnehmung zu bringen. Wenn er das für die nächsten Tage weiterhin tun würde, würde auch diese Wahrnehmungsrichtung zu einer Gewohnheit werden. Danach wäre es genauso schwer, von seinem Glück wieder loszulassen, wie von den Dingen, mit denen er jetzt zu kämpfen hatte. Sanchez erkannte, dass diese Erfahrung für die Umsetzung immens wichtig war.

Jetzt, nachdem er wieder in seinem Glücksgefühl war, stieg in ihm die Lust auf, sich wieder auf die Welt der Gedanken zu konzentrieren. Er versuchte, einen Unterschied zwischen seinen eigenen Gedanken und denen anderer Menschen zu finden. Er erkannte, dass die Gedanken anderer Menschen aus einer anderen Richtung zu kommen schienen. Sanchez benutzte die Entspannung, um zu üben, die Richtung, aus der die Gedanken kamen, wahrzunehmen.

Aaron tat sich bei der Übung etwas leichter. Im Handumdrehen war er wieder in seinem Glücksgefühl. Es fiel ihm so leicht, dass er dem Glücksgefühl leider keine allzu große Bedeutung mehr zumaß. Er ging auf Bezugsebene 2 und begann, danach zu forschen, wer dafür verantwortlich war, dass der CIA sie suchte. Er sah, wie der CIA-Chef einen Anruf bekam. So weit war er bisher schon einmal gekommen. Doch nun erkannte er, woher dieser Anruf kam: direkt aus dem Weißen Haus! Es war jemand in allerhöchster Position. Aaron interessierte sich zwar etwas für Politik, aber von diesem Mann hatte er noch nie etwas gesehen. Er wollte wissen, warum dieser Mann den Chef des CIA angerufen hatte. Wieso wollte er mich finden? Die Bilder vor Aaron veränderten sich wieder. Er sah erneut die militärische Anlage, in der mein Mysterio-PC stand: Area 51. Was hatte dieser Mann mit dem CIA zu tun? Aaron sah eine unglaubliche Bilderflut. Er erkannte, dass der Mann ein ganz hohes Tier beim Militär sein musste. Wenn er das Militärgelände betrat, salutierten alle Soldaten vor ihm. Er musste General sein oder so etwas. Okay, jetzt wusste Aaron, was der Mann mit Area 51 zu tun hatte. Warum aber nahm der CIA Befehle des Generals entgegen?

Mit dem, was dann kam, hatte Aaron nicht gerechnet. Er sah ein geheimes Treffen von zwölf Männern. Der General und der CIA-Chef waren auch dabei. Aaron verstand zunächst nicht, was da passierte. Er wollte wissen, ob dies eine offizielle Einrichtung der Regierung war. Alle Bilder verschwanden vor Aarons Augen. Das konnte nur bedeuten, dass dies ein Treffen einer geheimen Organisation sein musste, die nichts mit offiziellen Stellen zu tun hatte. Doch zu welchem Zweck? Wieder wurde Aaron überflutet von Bildern. Er konnte ab diesem Zeitpunkt seine Neugierde nicht mehr richtig steuern. Er merkte, dass er eine Pause machen musste. Er beendete die Übung und kam zu Sanchez und mir auf die Terrasse.

"Na, wie war deine Übung?", fragte ich ihn.

"Sehr interessant. Ich weiß nur noch nicht, was ich davon halten soll", erwiderte Aaron.

"Kannst du dich etwas genauer ausdrücken?"

Aaron erzählte von seinen Wahrnehmungen. Sanchez wurde immer neugieriger, als es um die geheime Organisation ging.

"Ich habe mir schon fast gedacht, dass so etwas hinter der ganzen Sache steckt", meinte Sanchez. "Ich vermute, dass die Agenten des CIA, die euch verfolgt haben, eine falsche Information von ihrem Chef bekommen haben. Sie glauben wahrscheinlich, dass du eine feindliche Agentin bist."

"Nachdem Rachel die beiden Männer zusammengeschlagen hat, denken die das bestimmt", erwiderte Aaron.

"Du hast zwei Agenten des CIA zusammengeschlagen?", fragte Sanchez ungläubig.

"Fang du nicht auch noch damit an. Ich bin nicht Frau Rambo, wie Aaron mich taufen wollte", wehrte ich mich. "Sie haben bei mir Reflexe ausgelöst, auf die ich trainiert war."

"Welche Reflexe?", wollte Sanchez wissen.

"Ich habe eine Kampfkunst gelernt, um mich vor Vergewaltigung schützen zu können. Dabei wurde immer wieder ein Fall geübt. Es hielt mir jemand den Mund zu, falls ich schreien würde. Das hielt man in den Selbstverteidigungskursen, die ich belegt hatte, für realistisch. Als einer der beiden Männer das tat, ging plötzlich alles ganz schnell. Ehe ich richtig nachdenken konnte, hatte ich zugeschlagen. Danach war ich so in Angst, dass ich den zweiten Mann angegriffen und ihn bei diesem Überraschungsangriff ausgeknockt habe."

"Na ja, wenn ich das so höre, dann kann ich ja froh sein, dass ich noch alle Knochen beisammen habe", schlussfolgerte Sanchez. "Wir haben hier eine kleine Kampfmaschine in unserer Mitte."

"Wenn du jetzt auch Frau Rambo zu mir sagst, gibt's was auf die Mütze", meinte ich barsch.

"Das würde ich niemals wagen – jetzt, wo ich weiß, wie gefährlich du bist", entgegnete Sanchez.

"Ich werd dir gleich 'gefährlich' geben. Pass bloß auf!"

"Aaron, glaubst du, du kannst herausfinden, was den beiden Agenten über euch gesagt wurde?", fragte Sanchez.

"Ich denke schon. Ich werde es auf jeden Fall versuchen", versprach Aaron.

"Bei mir gibt es, was die Übung betrifft, nicht viel zu sagen. Ich muss noch ein wenig üben", meinte Sanchez. "Das Einzige, was ich erfahren habe, war die Erkenntnis, dass die Ausrichtung unserer Wahrnehmung einen gewissen Gewohnheitseffekt hat. Ich habe erlebt, dass es mir sehr schwer fiel, in mein Glücksgefühl zu kommen, weil ich mich in der letzten Zeit zu wenig damit beschäftigt hatte. Ich musste regelrecht trainieren, um wieder reinzukommen. Dauernd schoben sich andere Dinge in den Vordergrund, die eigentlich gar nicht so wichtig waren. Es waren Dinge, mit denen ich mich in den letzten Tagen sehr viel beschäftigt hatte. Offenbar habe ich mein Unbewusstes dadurch darauf trainiert, meine Wahrnehmung auf diese Dinge zu richten. Mir ist klar geworden, dass ich diesen Gewohnheitseffekt nicht unterschätzen darf, wenn ich das Glück in mein Leben ziehen will."

"Jetzt wird mir einiges klar", sagte ich nachdenklich. "In der Zeit, als ich von Mysterio die Finger lassen wollte, hatte ich das Gefühl, von dem Spiel abhängig zu sein, weil ich immer noch unentwegt daran denken musste. Ich habe mir in dieser Zeit offensichtlich antrainiert, ständig an Mysterio zu denken. Deshalb musste ich ständig an das Spiel denken. Mein Unbewusstes hatte dies bereits als Gewohnheit übernommen. Es hat einige Tage gedauert, bis ich das ständige Denken an Mysterio wieder los war. Es war also gar keine Abhängigkeit, sondern einfach nur der Gewohnheitseffekt."

"Ich denke, es ist wichtig, dass wir diesem Effekt bei unserer Umsetzung wirklich genügend Beachtung schenken", meinte Sanchez. "Sehr leicht trainiert man sich sonst eine Wahrnehmungsrichtung ein, die man eigentlich lieber nicht zum realitätsgestaltenden Faktor machen möchte."

"Meine Übung war ansonsten sehr interessant", sagte ich. "Besonders, was nach der Übung hier auf der Terrasse passiert ist, war nicht schlecht. Passt mal auf!", sagte ich und konzentrierte mich auf den Tisch, der zwischen uns stand.

Nach ein paar Sekunden hob ich meine Arme über den Tisch. Plötzlich zog ich die Arme ruckartig hoch. Der Tisch wurde mehrere Meter in die Luft geschleudert und knallte neben uns dreien wieder auf den Boden. Aaron und Sanchez waren sprachlos. Von Psychokinese hatten sie schon oft etwas gehört. Aber es mit eigenen Augen zu sehen, war doch etwas anderes. Die beiden waren sichtlich beeindruckt.

"Allzu oft kannst du das aber nicht mehr machen, sonst müssen wir bald vom Boden essen", meinte Sanchez scherzend.

"Leider kann ich das noch nicht sanfter. Momentan kann ich nur Dinge wegschleudern. Ich kann den Bewegungsimpuls noch nicht richtig steuern. Aber ich bin schon zufrieden, dass es überhaupt geht."

Nach diesem ersten Versuch waren wir sehr gespannt, wie sich unsere Fähigkeiten weiterentwickeln würden. Sanchez und ich hatten noch einiges zu lernen, bevor wir weiter Mysterio spielen konnten. Bei Aaron sah das etwas anders aus. Er hatte keine Probleme, seine Wahrnehmung auf sein Glücksgefühl zu konzentrieren und auf Bezugssystem 2 herumzuforschen. Aaron war der Meinung, dass er reif sei, weiterzuspielen. Er ging zum PC und begann seinen Landeanflug auf Mysterio.

"Hallo, Aaron. Wie ich sehe, willst du etwas Neues erleben", begrüßte ihn Ella.

"Richtig. Es ist zwar ganz interessant auf Bezugsebene 2, aber auch ganz schön anstrengend. Ich wollte dich fragen, ob es eine andere Methode gibt, wie ich an Informationen herankomme."

"Nun, zunächst möchte ich betonen, dass du, während du Informationen abrufst, permanent dein Glücksgefühl aufrecht halten solltest. Ich habe dich schon einmal gewarnt, dass es sonst sehr negative Ereignisse in deinem Leben geben könnte. Sobald du anfängst zu glauben, ihr könntet in Gefahr sein, wird dir diese Gefahr auch widergespiegelt. Wenn du dich im Strudel der Angst verfängst, gibt es sehr unangenehme Situationen in deinem Leben. Sei also vorsichtig."

"Das werde ich tun. Ich habe verstanden, dass mein Unbewusstes ein Gewohnheitstier ist. Ich werde die Gewohnheit nicht loslassen, mein Glücksgefühl regelmäßig wahrzunehmen. Doch jetzt möchte ich mehr über die Geheimnisse dieser Welt wissen. Ich möchte wissen, was noch vor der Öffentlichkeit geheim gehalten wird."

"Geh einmal in dich und prüfe nach, ob du dies wirklich aus deinem Glücksgefühl heraus tust, oder ob du einen Sinn damit verfolgen willst!", forderte Ella Aaron auf.

"Wenn du mich so direkt fragst, dann wollte ich mehr über die Organisation herausfinden, damit wir uns eventuell vor ihr schützen können", antwortete Aaron.

"Deine Motivation baut darauf auf, dich schützen zu müssen. Du bist überzeugt, das tun zu müssen. Diese Wahrnehmungsrichtung schafft Realität. Wenn du glaubst, du musst dich schützen, nimmst du die Welt als gefährlich wahr. Du erschaffst damit Ereignisse, die dir bestätigen, dass du dich schützen musst. Das sind in aller Regel sehr negative Ereignisse. Je mehr du über eure Verfolger herausfindest, desto stärker könnte das Gefühl werden, dich schützen zu müssen. Damit würde sich deine Wahrnehmung immer mehr an der Gefahr festsaugen. Die Situationen, die du damit anziehst, würden immer dramatischer werden und dir gleichzeitig bestätigen, wie groß die Gefahr tatsächlich ist. Du könntest sehr leicht in einen Strudel hineingezogen werden, in dem du sicherlich nicht sein willst.

Ich betone noch einmal: Deine Wahrnehmung wird die Ereignisse in deinem Leben bestimmen, nicht deine Taten!"

"Was schlägst du vor?", wollte Aaron wissen.

"Ich schlage vor, dass du deine Wahrnehmung sehr intensiv auf dein Glücksgefühl richtest und nachschaust, was für eine Idee dann in dir aufsteigt. Diese Idee entstammt dann wirklich nur deiner Lust. Dadurch können keine negativen Ereignisse ausgelöst werden."

"Okay, das werde ich tun", versprach Aaron.

Er brauchte nur wenige Minuten, um sein Glücksgefühl fast ekstatisch zu fühlen. Als er es so richtig genoss, stieg in ihm der Gedanke auf, dass er gerne einmal wüsste, ob die Menschen schon einmal Kontakt mit Außerirdischen hatten. Er sagte dies Ella.

"Zu diesem Zweck würde ich vorschlagen, dass du zuerst einmal auf Bezugssystem 2 gehst und herausfindest, was genau du erfahren möchtest."

Aaron richtete seine Wahrnehmung auf Bezugssystem 2 ein und lenkte seine Neugier auf seine Frage. Sofort wurde er wieder überrollt von Bildern. Offensichtlich gab es sehr viele Kontakte zu Außerirdischen. Er präzisierte seine Frage.

"Was war der letzte intensive Kontakt mit Außerirdischen?"

Bilder tauchten vor ihm auf. Er konnte sehen, wie Mönche mit einem menschenähnlichen Wesen redeten. Aaron spürte, dass es nicht die Gegenwart war. Es konnte jedoch noch nicht allzu lange her sein – drei Monate oder vier höchstens. Er begann sich dafür zu interessieren, wo dieses Gespräch stattgefunden hatte. Er war fasziniert, als er erkannte, dass es in einem einsamen Bergkloster war. Aaron verließ Bezugssystem 2 und nahm wieder den Strand von Mysterio wahr.

"Ich habe immer geglaubt, dass die Kirche einige Geheimnisse vor der Öffentlichkeit verbirgt. Ich hätte jedoch nicht gedacht, dass sie schon einmal mit Außerirdischen zu tun hatte. Ich würde gerne mehr über diese Kontakte erfahren."

"Dann würde ich vorschlagen, dass du dorthin gehst", meinte Ella.

"Sehr witzig. Die lassen mich auch ganz bestimmt in das Kloster rein, um ihre Geheimnisse zu offenbaren."

"War das witzig?", fragte Ella verwirrt.

"Es war nicht witzig. Ich wollte damit nur sagen, dass ich dort nicht hineinkomme", erklärte Aaron.

"Du kommst dort nicht mit deinem physischen Körper hinein. Doch ohne diesen kann dich nichts aufhalten", bemerkte Ella.

"Was meinst du damit?", fragte Aaron neugierig.

"Du kannst aus deinem Körper austreten und überall hingehen."

"Du meinst Astralreisen. Davon habe ich schon einmal gehört."

"Du musst jedoch immer sehr genau beachten, in welcher Zeit du dich bewegst", erklärte Ella. "Die meisten Menschen, die Astralreisen unternehmen, schaffen es nicht, in dieser Zeit und in dieser Realität zu bleiben."

"Wie soll ich das verstehen – in dieser Realität?", hakte Aaron nach.

"Es gibt unzählige wahrscheinliche Realitäten. Es gibt jedoch nur eine, die dann tatsächlich in deinem Leben stattfindet beziehungsweise stattfand. Wenn du diese wahrscheinlichen Realitäten nicht von der deinen unterscheiden kannst, erlebst du das gleiche Durcheinander wie in deinen Träumen."

"Wie kann ich es anstellen, in dieser einen Realität zu bleiben?", wollte Aaron wissen.

"Du kannst lernen zu spüren, in welcher Realität du dich befindest. Wenn du das Gefühl einer Realität sehr genau kennst, kannst du deine Wahrnehmung auf dieses Gefühl konzentrieren und damit deine Wahrnehmung in dieser Welt halten. Du musst dabei nur darauf achten, dass das Gefühl sich nicht verändert. Tut es das, befindest du dich sofort in einer wahrscheinlichen Realität. In dem Fall musst du dir das Gefühl der normalen Realität wieder genau vorstellen. Damit kommst du wieder zurück."

"Wie soll ich denn das machen? Ich kenne das Gefühl dieser Realität doch gar nicht", wandte Aaron ein.

"Da irrst du dich. Du kennst es sehr genau", widersprach ihm Ella. "Es ist das Gefühl, das du hast, wenn du etwas als realistisch ansiehst. Im Gegensatz dazu siehst du eine wahrscheinliche Welt nur als etwas an, was möglich wäre."

"So genau habe ich diese Gefühle nie differenziert. Da müsstest du mir ein wenig unter die Arme greifen, wenn ich das erkennen soll."

"Warum soll ich dir unter die Arme greifen?", fragte Ella verständnislos.

"Das sagt man nur so. Es bedeutet, dass du mir helfen sollst."

"Es ist sehr verwirrend, dass die Menschen immer etwas ganz anderes sagen als sie meinen", erkannte Ella.

"Wem sagst du das!"

"Dir habe ich das gesagt", sagte Ella erneut verwundert.

"Oh, entschuldige. Das war wieder so ein Satz, den man sagt und dabei etwas anderes meint."

"Wollen wir gemeinsam dein Realitätsgefühl herausfinden, damit du deiner Wissenslust nachgehen kannst?"

"Wir wollen!", bestätigte Aaron.

"Dann denke bitte an etwas, was du gestern getan hast – etwas ganz Normales", bat Ella.

"Ich bin gestern mit Rachel Auto gefahren", meinte Aaron.

"Erinnere dich genau an diese Situation!"

Als Ella das sagte, spürte Aaron, dass er plötzlich wieder im Auto neben mir saß. Ella musste seine Erinnerungen so aktiviert haben, dass Aaron alles noch einmal erlebte. Trotzdem wusste er, dass es eine Erinnerung war. Er hörte Ella aus der Ferne.

"Spürst du, dass dies wirklich gestern geschehen ist?"

"Klar spüre ich das", bestätigte Aaron.

"Dann stell dir jetzt vor, du wärst gestern mit Sanchez im Wagen unterwegs gewesen."

"Das war ich aber nicht", wandte Aaron ein.

"Deshalb sollst du dir das ja auch bloß vorstellen."

Aaron tat, was Ella wollte. Auch bei dieser Vorstellung beeinflusste sie wieder Aarons Wahrnehmung. Aaron sah, wie Sanchez neben ihm saß und er sich mit ihm unterhielt. Von weitem hörte er wieder Ella.

"Kannst du spüren, ob dieses Ereignis wirklich stattgefunden hat?"

"Es hat so nicht stattgefunden", meinte Aaron.

"Achte genau auf das Gefühl, dass es so nicht stattgefunden hat, sondern nur eine Möglichkeit gewesen wäre, wie es auch hätte laufen können. Und jetzt vergleiche es mit dem Gefühl, das du hast, wenn du dich an die Situation mit Rachel gestern erinnerst."

"Ich kann den Unterschied ganz deutlich spüren."

"Dann komm wieder zurück an den Strand von Mysterio", schlug Ella vor.

"Das war gar nicht so schwer", bemerkte Aaron. "Und wenn ich dieses Gefühl meiner Wirklichkeit aufrecht halte, bleibe ich auf jeden Fall in der richtigen Welt?"

"In der Welt, die du persönlich als materielle Welt erlebst", begann Ella zu erklären. "Die anderen Welten sind genauso richtig. Jeder erlebt eine andere Welt. Die Welten überschneiden sich allerdings. Aber sie sind zwischen zwei Menschen niemals gleich.

Doch es gibt noch etwas zu beachten. Du kannst dich bei deinen Reisen durch die Zeit hindurch bewegen. Wenn du dies nicht bewusst tust, wirst du ständig zwischen den Zeiten wechseln."

"Lass mich raten!", sagte Aaron. "Es gibt ein Gefühl für die Zeit, das ich konstant halten muss, damit ich die Ereignisse in der Zeit, die ich erleben will, wahrnehmen kann."

"So ist es. Du lernst schnell. Dieses Gefühl kennst du auch schon. Durch dieses Gefühl bist du in der Lage zu erkennen, wann sich etwas in deinem Leben abgespielt hat. Du sortierst damit deine Erinnerungen. Um dieses Gefühl kennen zu lernen, brauchst du nur eine Erinnerung an die nahe und eine für die ferne Vergangenheit. Vergleiche diese Erinnerungen untereinander und mit der Gegenwart. Wenn du das Gefühl unterscheiden kannst, machen wir weiter."

Nach ein paar Minuten gab Aaron an, die Gefühle der Zeit auseinander halten zu können.

"Gut, dann geht es jetzt darum, deinen Körper zu verlassen", entschied Ella.

"Das hört sich irgendwie gefährlich an. Das erinnert mich so an den Tod", meinte Aaron.

"Es ist nicht gefährlich", versuchte ihn Ella zu beruhigen. "Im Gegensatz zum Tod gehst du nicht ganz aus deinem physischen Körper heraus. Ein Teil deiner Energie bleibt immer im Körper, solange du lebst. Auch kannst du nicht beliebig lange aus deinem Körper draußen bleiben. Wenn du müde wirst, dich aufregst oder Angst bekommst, saugt es dich sofort wieder in deinen Körper hinein."

"Okay, was muss ich tun, um rauszukommen?", wollte Aaron wissen.

"Nimm deinen Energiekörper wahr!"

"Wie soll ich denn das machen?"

"Spüre deinen Geist! Fühle, dass dein Geist etwas anderes ist als dein Körper. Wo fühlst du deinen Geist?", fragte Ella.

"Ich bin nicht sicher, aber ich glaube, er ist in meinem Kopf. Nein, warte. Er ist etwas über meinem Kopf."

"Das ist richtig. Du befindest dich momentan gar nicht richtig in deinem physischen Körper. Das ist bei vielen Menschen so", erklärte Ella. "Sie gehen aus ihrem Körper heraus, weil sie etwas erlebt haben, womit sie nicht fertig werden konnten. Solange sie draußen sind, spüren sie die unangenehmen Gefühle nicht so stark. Aber sie verlassen ihren Körper nicht ganz. Sie sind nur ein Stückchen draußen und gehen immer wieder kurz hinein."

"Und das tue ich auch?", fragte Aaron zweifelnd.

"Ja, im Moment bist du draußen. Du kannst momentan nur nicht glauben, dass du einfach weggehen kannst von deinem Körper. Aus diesem Grund werde ich diese Glaubensblockade jetzt ausschalten."

Aaron wartete darauf, dass irgendetwas Seltsames passieren sollte. Aber es tat sich nichts. Nach einer Weile fragte er:

"Wie sieht es aus? Ich dachte, du wolltest meine Glaubensblockade ausschalten."

"Das ist schon längst geschehen", erwiderte Ella.

"Und wieso bin ich dann immer noch hier?", wollte Aaron wissen.

"Weil du nicht weggegangen bist."

"Die Antwort hätte ich mir auch geben können. Was muss ich tun, um wegzugehen?"

"Stell dir vor, wo du hinwillst. Du kennst die Situation, die du auf Bezugssystem 2 gesehen hast. Das genügt", meinte Ella.

"Das ist alles?"

"Das ist alles!"

Aaron tat, was Ella ihm gesagt hatte. Er spürte, dass sie ihm half, seinen Körper zu verlassen. Aaron konzentrierte sich auf seine Neugier in Bezug auf die Situation im Kloster. Plötzlich verschwand die Umgebung von Mysterio.

Aaron befand sich in einem abgelegenen Kloster. Als er sich umdrehte, erkannte er, dass er sich im gleichen Raum wie das außerirdische Wesen befand. Es war fantastisch. Er konnte sich in diesem Raum frei bewegen. Alles war genauso, als ob er tatsächlich dort wäre. Er konnte alles genau sehen und hören, wurde aber selbst von anderen nicht bemerkt. Doch mehr als seine neu erworbene Fähigkeit interessierte ihn der Außerirdische. Er lag in seinem Bett und schien irgendwie krank zu sein. Aaron war fasziniert und gleichzeitig voller Furcht gegenüber diesem Außerirdischen. So weit er sehen konnte, hatte er einen humanoiden Körper. Er traute sich nicht, noch näher an ihn heranzugehen. Er hatte das Gefühl, dass dieses Wesen ihn sonst bemerken würde. Aaron musste sich erst einmal daran gewöhnen, dass er hier sein konnte und trotzdem nicht gesehen wurde. Er schaute sich das Wesen genau an, als die Tür aufging und zwei Mönche hereinkamen.

"Nun, wie geht es dir heute?", fragte einer der beiden.

Der Außerirdische verstand offensichtlich die Sprache der beiden, denn er drehte seinen Kopf zu ihnen und nickte.

"Ich werde nicht mehr sehr lange hier sein", sagte er. "Meine Zeit ist gekommen. Ich bitte euch noch einmal inständig, meinen letzten Wunsch zu erfüllen."

"Es tut uns wirklich schrecklich Leid. Aber man hat es uns strikt verboten. Wir dürfen das Ritual nicht mit dir durchführen", sagte der Mönch betrübt.

"Ihr müsst! Die Existenz der ganzen Menschheit steht auf dem Spiel! Glaubt mir doch! Ich sage die Wahrheit!", flehte das Wesen.

"Wir glauben dir ja, doch wir können dir diesen Wunsch nicht erfüllen", erwiderte der Mönch. "Wir würden es ja heimlich tun, doch wir wissen nicht wie. Du wirst hier sehr streng bewacht."

Der Außerirdische drehte traurig seinen Kopf in die andere Richtung und sagte nichts mehr. Auch die Mönche sahen sehr verzweifelt aus.

Was war hier los? Von welchem Ritual redeten die drei? Und wieso stand die Existenz der Menschheit auf dem Spiel? Aaron erkannte, dass er weiter zurück in die Vergangenheit gehen musste, um herauszubekommen, was hier gespielt wurde. Er wusste jedoch nicht, wie er das anstellen sollte. Er stellte sich den Strand von Mysterio vor und war innerhalb weniger Sekunden wieder dort. Ella wartete bereits auf ihn.

"Wie komme ich in die Zeit, wo der Außerirdischen von der Gefahr für die Menschheit erzählte?", wollte Aaron wissen.

"Gehe auf Bezugssystem 2 und richte deine Neugier darauf!"

Aaron sah, wie das Wesen von den Mönchen das erste Mal verarztet wurde. Es wurde in den Raum gebracht, in dem er es beim ersten Mal gesehen hatte. Aaron erkannte, dass dieses Ereignis nur ein paar Tage zuvor stattgefunden hatte. Er machte sich wieder bereit, seinen Körper zu verlassen und genau in diese Zeit und an diesen Ort zu gehen, den er jetzt auf Bezugssystem 2 sah.

Als Aaron das Wesen betrachtete, spürte er sehr viel Mitleid und gleichzeitig Zuneigung. Er glaubte, fühlen zu können, dass dieses Wesen durch und durch gut war.

Bei ihm waren zwei Mönche, die sich seiner Verletzungen annahmen, so gut sie konnten.

"Du wirst schon wieder gesund! Wir tun alles, was wir können. Wir werden für dich beten", sagte einer der Mönche.

"Es ist lieb von euch, dass ihr mir helfen wollt, doch für mich kommt jede Hilfe zu spät. Ich werde nur noch ein paar Tage zu leben haben. Ich möchte, dass ihr hier bleibt. Ich habe euch sehr viel zu sagen. Es wird sehr wichtig für euren Planeten sein, was ich euch zu sagen habe", erklärte das Wesen.

"Du wirst bestimmt wieder gesund. Mach dir keine Sorgen!", versuchte ihn der Mönch zu beruhigen.

"Ich mache mir keine Sorgen um mich selbst. Ich mache mir Sorgen um euch. Ihr Menschen seid in großer Gefahr."

"Was für eine Gefahr?", wollten die Mönche wissen.

"Ihr werdet vernichtet, wenn ihr so weitermacht wie bisher", erklärte das Wesen.

"Wer wird uns vernichten? Wir haben doch niemandem etwas getan."

"Lasst mich euch die ganze Geschichte von Anfang an erzählen. Wir kamen vor vielen tausend Jahren auf eurem Planeten an."

"Heißt das, dass du viele tausend Jahre alt bist?", fragte der Mönch zweifelnd.

"Ja und nein. Ich werde euch einiges erklären müssen, damit ihr das verstehen könnt. Wir mussten unseren Planeten damals verlassen, weil er uns nicht mehr alle ernähren konnte. Unser Heimatplanet war hoffnungslos übervölkert. Aus diesem Grund blieb uns keine andere Wahl. Ein großer Teil der Bevölkerung flog mit riesigen Mutterschiffen los, um neue Lebensräume zu finden. Als wir zur Erde kamen, glaubten wir, den perfekten Planeten gefunden zu haben. Wir waren jedoch rein körperlich nicht in der Lage, die neue Welt allein aufzubauen. Deshalb kamen wir auf die Idee, eine Gruppe von Primaten gentechnisch zu manipulieren, um ihre Intelligenz zu steigern. Wir dachten, dass wir mit den Wesen friedlich zusammenleben könnten. Sie hätten für uns schwere Arbeiten verrichten können. Dafür würden sie mit uns im Wohlstand leben. Doch es kam alles ganz anders.

Ich gehörte damals zu den Wissenschaftlern, die das Experiment durchführen sollten. Wir versuchten als Erstes, das Gehirn der Primaten zu vergrößern, was auch ganz gut gelang. Die Wesen, die wir schufen, waren allerdings nicht in der Lage, ihr gesamtes Gehirn zu nutzen. Sie nutzten nur etwa zehn Prozent. Wir dachten, dass es nur eine Frage der Zeit sei, bis sie sich auch die anderen neunzig Prozent eröffnen würden."

"Lass mich raten!", sagte einer der Mönche. "Die Wesen, die ihr geschaffen habt, waren die Menschen!"

"So ist es", bestätigte das Wesen. "Doch wir hatten bei unserem Experiment eines nicht bedacht: Die Evolution der Erde war bis zu diesem Zeitpunkt völlig anders verlaufen als auf unserem Planeten. Hier auf der Erde war alles auf Fressen und Gefressenwerden ausgerichtet. In fast allen Lebewesen der Erde war die Angst ein fester Bestandteil ihres Lebens – so auch bei den Primaten. Aus Angst entwickelten die Menschen einen irrsinnig starken Trieb nach Macht. Denn Macht bedeutete Sicherheit.

Wir versuchten, das Gen für diese Machtbesessenheit zu finden. Doch es gelang nicht. Die Menschen waren so aggressiv und gewalttätig, dass wir mit ihnen nicht zusammenleben konnten. Wir hatten keine andere Wahl. Wir mussten weiterziehen und den Planeten den Menschen überlassen. Nach einer Weile wurde uns klar, dass wir mit unserer Tat eine gewisse Verantwortung übernommen hatten. Wir hatten eine aggressive und machtbesessene Rasse geschaffen. Wir durften nicht zulassen, dass diese Rasse irgendwann interstellaren Raumflug betreiben und andere Welten bedrohen würde. Wir beschlossen, die Menschheit zu beobachten. Wir schickten Raumschiffe zurück zur Erde, die durch alle Zeiten hindurch die Erde beobachten sollten."

"Dann werden die Menschen eurer Rasse viele tausend Jahre alt?", hakte einer der Mönche nach.

"Nein, wir werden nicht viel älter als ihr", widersprach das Wesen.

"Du sagtest doch eben, dass du selbst zu den Wissenschaftlern gehört hast, die die Menschheit einst geschaffen haben. Das ist doch mindestens fünfzigtausend Jahre her."

"Es war noch früher. Der Grund dafür, dass ich immer noch lebe, liegt in der interstellaren Raumfahrt begründet. Wir reisen automatisch auch durch die Zeit, wenn wir zu einem anderen Planeten fliegen."

"Ihr habt eine Zeitmaschine?", fragte der Mönch fasziniert.

"Nein, es wäre schön, wenn wir die hätten. Leider sind für uns interstellare Raumflüge immer Flüge ohne Wiederkehr."

"Das verstehe ich nicht", meinte der Mönch.

"Zeit ist keine absolute Größe. Sie verändert sich, je nachdem wie schnell man sich bewegt. Wir fliegen mit unseren Raumschiffen annähernd mit Lichtgeschwindigkeit. Dabei vergeht die Zeit für uns in normaler Geschwindigkeit. Nur außerhalb unseres Schiffes vergeht so viel Zeit, wie das Licht brauchen würde, um die Strecke zurückzulegen, die wir geflogen sind.

"Du sagtest doch eben, dass ihr mit Lichtgeschwindigkeit fliegt."

"Annähernd mit Lichtgeschwindigkeit. Die Lichtgeschwindigkeit ist nicht wirklich erreichbar", erklärte das Wesen.

"Ich verstehe nicht, was du uns eben sagen wolltest. Was hast du gemeint mit der Zeit innerhalb des Schiffes und außerhalb?"

"Du kannst es dir vereinfacht so vorstellen, dass für uns während eines Raumflugs vier Jahre vergehen. Für die Welt außerhalb des Schiffes sind jedoch eventuell viele tausend Jahre vergangen, je nachdem wie weit wir geflogen sind. Je weiter wir in diesen vier Jahren fliegen, desto mehr Zeit ist außerhalb vergangen. Verstehst du?"

"Nicht so ganz. Heißt das, dass du durch den Raumflug eine gewisse Zeitspanne übersprungen hast und nun wieder hier bist?"

"So kannst du es sehen. Als wir euren Planeten verließen, beschleunigten wir wieder auf Lichtgeschwindigkeit. Diese Beschleunigung dauerte etwa zwei Jahre. Wir beschleunigen immer so, dass wir dadurch in unserem Schiff automatisch unsere normale Schwerkraft haben. Danach müssen wir wieder zwei Jahre bremsen. Jeder interstellare Raumflug dauert auf diese Weise immer etwa vier Jahre, ganz gleich wohin wir wollen. Es ist mit annähernd Lichtgeschwindigkeit nur eine Frage von Tagen, ob wir gigantische Distanzen überbrücken oder nur zur nächsten Galaxis fliegen. Für die Zeit außerhalb des Raumschiffes ist es jedoch von entscheidender Bedeutung, wie weit wir fliegen.

Wir haben beschlossen, in den verschiedensten Zeitepochen auf der Erde nach dem Rechten zu sehen. Zu diesem Zweck sind eine Reihe von Raumschiffen gestartet, die alle unterschiedlich weite Wege zu Erde hinter sich gebracht haben. Dadurch kamen alle in den unterschiedlichsten Zeiten hier an. Ich selbst kam nach eurer Zeitrechnung 1944 hier an. Euer Zweiter Weltkrieg war voll im Gange. Wir sahen sofort, dass die Welt in großer Gefahr war – insbesondere, da die Deutschen kurz davor standen, die Atombombe zu entwickeln. Wir versuchten, das Ungleichgewicht der Mächte wieder ins

Lot zu bringen. Wir ließen Raumschiffe gezielt abstürzen. In diesen Raumschiffen waren Technologien, die den Wissenschaftlern in den USA ermöglichten, die Bombe als Erste zu entwickeln. Damit nahm der Krieg eine entscheidende Wende. Seitdem sorgen wir dafür, dass das Gleichgewicht der Kräfte nie aus dem Lot kommt."

"Was hättet ihr getan, wenn euch das nicht gelungen wäre?", wollte der Mönch wissen.

"Wir hätten zugeschaut, wie die Menschen sich gegenseitig auslöschen."

Betretenes Schweigen breitete sich aus. Schließlich brach einer der Mönche das Schweigen.

"Was hättet ihr gemacht, wenn die Menschheit bereits die Möglichkeiten entwickelt hätten, interstellaren Raumflug zu betreiben?"

"Das kommt darauf an, wie machtbesessen eure Rasse bis dahin gewesen wäre", meinte das Wesen.

"Was hättet ihr getan, wenn die Menschheit noch genauso machtbesessen gewesen wäre wie sie heute ist?"

"Wir hätten eure Technologien vernichtet und euch damit die Möglichkeit genommen, andere Welten zu bedrohen. Doch wir sind leider nicht mehr die Einzigen, die die Erde beobachten. Es sind sehr viele verschiedene Rassen hier, die alle mit großer Besorgnis das Treiben der Menschheit beobachten. Einige von ihnen sind kaum noch davon abzuhalten, die Menschheit auszulöschen. Sie haben Angst, dass ihr immer mächtiger werdet und sie es irgendwann nicht mehr schaffen werden. Bis jetzt konnten wir sie immer wieder beruhigen. Doch nun, da keiner von uns mehr für euch sprechen kann, seid ihr in großer Gefahr. Beim nächsten größeren Machtmissbrauch auf eurer Erde werden sie euch wahrscheinlich vernichten."

Aaron rutschte das Herz in die Hose. Ihm wurde bewusst, wie groß die Gefahr dieser Vernichtung tatsächlich war. Ein flaues Gefühl breitete sich in ihm aus. Plötzlich spürte er, wie er von seinem physischen Körper zurückgesaugt wurde. Er versuchte, sich dagegen zu wehren, denn er wollte unbedingt hören, was der Außerirdische noch zu sagen hatte. Doch es war zwecklos. Er war schon wieder in seinem Körper und sah Ella vor sich.

"Ich habe dir vorhin gesagt: Wenn du Angst bekommst, wirst du sofort wieder in deinen Körper zurückgeholt", erklärte Ella.

"Ausgerechnet jetzt!", fluchte Aaron. "Ich will wissen, was er noch gesagt hat."

"Ich ermahne dich noch einmal: Deine Wahrnehmung ist darauf gerichtet, dich schützen zu müssen. Du weißt, dass du dadurch Realität gestaltest! Es ist nicht ratsam, auf dieser Grundlage weiterzuforschen."

"Du hast Recht. Aber, was soll ich tun? Ich kann meine Neugier jetzt nicht mehr unterdrücken, nachdem ich schon so viel weiß", meinte Aaron.

"Mach dir bewusst, dass du deine Realität gestaltest – und dass du mit der Wahrnehmungsrichtung, die du durch den Glauben, dich schützen zu müssen, annimmst, gefährliche Situationen erschaffst."

"Ich glaube, es ist besser, wenn ich den anderen beiden nichts von der ganzen Geschichte erzähle", meinte Aaron.

"In Bezug auf die Gestaltung ihrer Realität wäre das wirklich besser", gab Ella ihm Recht.

"Kann ich denn irgendwie weiterverfolgen, was der Außerirdische noch gesagt hat?", wollte Aaron wissen.

"Du solltest ab sofort darauf achten, dass du dein Glücksgefühl gut trainierst. Es sollte dir bewusst sein, dass du deine Realität vollständig selbst gestaltest. Wenn du weiterhin dem Glauben verfällst, dich schützen zu müssen, werden unweigerlich sehr negative Ereignisse in dein Leben treten."

"Ich habe den Eindruck, dass du mir Angst machen willst", entgegnete Aaron.

"Ich will dir begreiflich machen, wie wichtig es momentan für dich ist, deine Wahrnehmung ins Glück zu richten. Du hast durch das Gefühl, dich schützen zu müssen, bereits Ereignisse in dein Leben gerufen, die du mit Sicherheit so nicht willst. Du kannst noch einmal mit einem blauen Auge davon kommen, wenn du ab sofort auf dein Glücksgefühl achtest. Wenn du durch das, was ich dir gesagt habe, Angst bekommst, so fällt diese Angst wirklich nicht mehr ins Gewicht."

"Ich denke, ich habe verstanden. Ich werde versuchen, meine Sorgen loszulassen und mich auf's Glück konzentrieren. Ich verspreche es."

"Versprich es dir selbst!", entgegnete Ella.

"Okay, Ella. Ich verspreche es mir selbst."

Sanchez und ich saßen immer noch auf der Terrasse, als Aaron nach draußen kam. Er bemühte sich, möglichst entspannt und locker zu wirken. Er wollte nicht, dass wir etwas davon merkten, dass er sich große Sorgen machte.

"Na, wie war dein Spiel?, fragte ich. "Hast du etwas Neues erfahren?"

"Ich bin nur ein bisschen auf Bezugssystem 2 herumgesurft. Sonst gab es nichts Neues."

"Wir wollen uns gerne ein bisschen unter die Leute mischen. Kommst du mit?", wollte ich wissen.

"Klar! Wohin wollt ihr?"

"Einfach in den nächsten Ort."

Wir setzten uns in Sanchez' Wagen und fuhren los. Unterwegs sahen wir einen kleinen Jungen auf seinem Fahrrad. Plötzlich stürzte dieser Junge direkt vor uns. Sanchez konnte den Wagen gerade noch rechtzeitig zum Stehen bringen. Wir stiegen schnell aus und rannten zu dem Jungen. Er zitterte am ganzen Körper und war nicht mehr ansprechbar.

"Mein Gott!", sagte Sanchez. "Irgendetwas stimmt mit seinem Gehirn nicht. Er hat eine ganz seltsame Gedankenstruktur."

"Er hat einen Gehirntumor!", erklärte ich. "Ich kann ihn fühlen. Er ist fast so groß wie ein Tennisball. Der Kleine ist am Sterben. Das werde ich nicht zulassen."

Ich legte meine Hände auf den Kopf des Jungen, schloss die Augen und konzentrierte mich. Ich spürte diesen Gehirntumor ganz genau. Ich stellte mir das Gefühl vor, als ob dieser Tumor zu meinem eigenen Körper gehören würde. Plötzlich schoss der Gedanke durch meinen Kopf, dass ich diesen Tumor auflösen könnte. Alles ging sehr schnell. Ohne dass ich lange überlegte, spürte ich, wie der Tumor sich in reine Energie umwandelte und nach und nach immer kleiner wurde. Schließlich war er vollständig verschwunden. Doch das Gehirn des Jungen hatte bereits erheblichen Schaden erlitten. Es war durch den Tumor regelrecht zerquetscht worden. Es war ein Wunder, dass dieser Junge überhaupt noch hatte Fahrrad fahren können.

Ich handelte rein intuitiv. Ich spürte, dass die Energiestrukturen des Gehirns noch vollkommen normal waren. Nur der physische Bereich war zerstört. Ich konzentrierte mich auf die Energiestrukturen und spürte, wie ich diese Strukturen wieder zu wirklicher Materie verdichten konnte. Nach wenigen Minuten war das Gehirn des Jungen wieder vollständig hergestellt. Er öffnete die Augen und schaute mich verwundert an. Ohne ein Wort zu sagen, sprang er auf und schwang sich auf sein Fahrrad. Er fuhr wie ein Wirbelwind davon.

"Rachel, woher kannst du das auf einmal?", wollte Aaron wissen.

"Ich weiß es nicht. Es ging alles wie von selbst."

"Kannst du dich erinnern, dass der Kahuna dir sagte, du würdest Einfluss auf die Materie haben und heilen können?", erinnerte mich Aaron. "Er sagte, du wüsstest nur noch nicht, dass du das kannst."

"Wenn ich das wirklich kann, dann will ich viele Menschen heilen", meinte ich.

"Glaubst du nicht, dass das vielleicht momentan gefährlich sein könnte?", wandte Aaron ein.

"Wieso gefährlich?"

"Wegen unserer Verfolger, denke ich. Wenn wir zu viel Aufsehen erregen, werden sie uns vielleicht finden", meinte Aaron.

"Wir können uns aber auch nicht die ganze Zeit verkriechen. Wenn ich schon die Fähigkeit habe, Menschen zu heilen, dann muss ich das auch tun", sagte ich entschlossen. "Wie soll ich mit meinem Gewissen ausmachen, dass Leute sterben, weil ich ihnen nicht geholfen habe?"

"Ich verstehe dich, Rachel. Hoffen wir einfach, dass es gut geht", antwortete Aaron.

"Mach dir nicht so viele Gedanken über unsere Verfolger. So schnell werden sie uns hier nicht finden – auch nicht, wenn ich ein paar Leute heile. So spektakulär sind Geistheilungen heutzutage nicht mehr."

Nach diesem Vorfall fuhren wir in den nächsten Ort und gingen zuerst einmal etwas essen. Wir saßen im Schatten eines großen, alten Laubbaumes. Noch während wir aßen, kamen plötzlich eine ganze Menge Leute auf uns zu. Wir erschraken erst einmal. Was wollten all diese Leute von uns? Schließlich sahen wir den Jungen, den ich geheilt hatte, unter der Menschenmenge. Eine Frau dieser Gruppe kniete sich hin, als sie bei uns angekommen war. Daraufhin knieten alle nieder.

"Wir danken euch, dass ihr endlich gekommen seid!", sagte die Frau untertänig.

Wir sahen uns alle drei gegenseitig verständnislos an. Was meinte die Frau mit "endlich gekommen"?

"Leute, steht doch auf!", forderte ich die Meute auf. "Ihr braucht doch nicht vor uns niederzuknien."

Die Leute reagierten nicht. Ich stand auf und hob die Leute hoch.

"Kommt! Was soll denn das?", sagte ich dabei. "Wir sind doch keine Götter."

"Ihr seid die drei, von denen die Prophezeiung spricht", erwiderte die Frau.

"Welche Prophezeiung?", fragte ich verwundert.

"Vor vierhundert Jahren hat ein Seher vorausgesagt, dass drei Fremde auf die Insel kommen würden", erklärte die einheimische Frau. "Eine junge Frau, ein jüngerer und ein älterer Mann. Der Seher sah voraus, dass diese drei den unausweichlichen Tod eines jungen Menschen abwenden würden. Diese drei seid ihr. Er sagte auch, dass ihr das Übel aus der Welt schaffen werdet."

"Wir sind nicht diese drei, von denen der Seher sprach. Wir sind ganz normale Touristen", meinte ich zweifelnd.

"Ihr seid die drei der Prophezeiung, auch wenn ihr das jetzt noch nicht wisst. Ich bitte euch um eure Hilfe."

"Was sollen wir für dich tun?", wollte ich wissen.

"Meine Tochter ist als kleines Kind gestürzt und seitdem blind. Mach, dass sie wieder sehen kann!", bat die Frau.

"Ich weiß nicht, ob ich das kann", erwiderte ich zweifelnd.

"Du bist die Frau aus der Prophezeiung. Du wirst es können."

Die Frau holte ihre kleine Tochter hinter den Menschen hervor. Ich sah sie an. Daraufhin legte ich meine Hände auf ihre Augen. Ich spürte, dass die Augen völlig in Ordnung waren. Stattdessen war ein Bereich des Gehirns durch den Unfall beschädigt worden. Doch dieser Unfall war schon so lange her, dass die Energiestrukturen dieses Bereichs auch nicht mehr in Ordnung waren. Ich konnte somit die Materie des Gehirnbereichs nicht wieder in seine gesunde Form bringen. Vielleicht konnte ein anderer Bereich des Gehirns die Funktion des Sehzentrums übernehmen? Mir war jedoch noch nicht klar, wie ich einen anderen Bereich des Gehirns dazu bringen konnte, diese Funktion zu übernehmen.

Plötzlich kam mir eine Idee. Wenn ich die Struktur meines eigenen Sehzentrums kopieren könnte und diese dann auf die gesunden

Bereiche des Gehirns übertragen würde, dann könnte es vielleicht funktionieren.

Ich tat es. Ich lokalisierte einen Bereich im Gehirn des Mädchens, der offenbar nicht genutzt wurde, und übertrug die Energiestruktur meines eigenen Sehzentrums auf diesen Bereich. Danach passte ich die Materie dieser Struktur an. Als ich fertig war, sackte das Kind ohnmächtig zusammen. Mir fuhr ein Schrecken in die Glieder. Hatte ich das Kind jetzt getötet?

"Es geht ihm gut", sagte Sanchez. "Seine Gedanken sind gut. Es traut sich unbewusst nur nicht, seine Augen aufzumachen. Es hat Angst davor, doch nichts zu sehen."

Seine Mutter, die das Mädchen mittlerweile im Arm hatte, redete sanft auf ihre Tochter ein.

"Komm! Öffne die Augen! Du kannst wieder sehen. Es ist alles gut. Mach die Augen auf! Ich liebe dich. Komm, öffne deine Augen! Ich möchte sie sehen."

Schließlich kam das Mädchen wieder zu sich. Es öffnete die Augen und schaute seine Mutter klar an. Diese begann augenblicklich vor Glück zu weinen. Die Leute um sie herum knieten sich sofort wieder auf den Boden und begannen zu beten.

In mir stieg eine unbeschreibliche Freude auf. Ich spürte mein Glück stärker als ich es jemals zuvor gespürt hatte. Auch ich begann vor Glück leise zu weinen.

Eine Frau aus der Gruppe stand auf und kam ehrfürchtig zu mir.

"Kannst du meinem Mann helfen?", fragte sie. "Er ist schwer krank. Ich weiß nicht, was er hat, doch ich glaube, er wird bald sterben, wenn du ihm nicht helfen kannst."

"Wo ist dein Mann?", wollte ich wissen.

"Bei mir zu Hause. Es ist nicht weit von hier."

"Komm, wir gehen gleich hin."

Die ganze Meute setzte sich in Bewegung zu dem Haus der Frau, ich mit der Frau vorneweg.

Als wir bei ihrem Mann angekommen waren, erblickte ich einen sehr abgemagerten, kranken Mann. Ich hatte zuerst Bedenken, dass die Krankheit dieses Mannes ansteckend sein könnte, doch dann schlug ich alle Bedenken in den Wind. Ich wollte ihm helfen, egal was mit mir danach sein würde. Ich legte diesem Mann die Hand auf die Stirn und fühlte in ihn hinein. Ich spürte, dass er kaum noch Kraft hatte zu leben. Sein Körper war total vergiftet. Seine Nieren funktionierten nicht mehr richtig. Noch ein paar Tage, und sie würden ihre Funktion völlig einstellen.

Ich erkannte, dass die Energiestruktur seiner Nieren nicht in Ordnung war. Offenbar wurde die physische Fehlfunktion seiner Nieren durch die kranke Energiestruktur erst hervorgebracht. Als ich dies fühlte, geschah etwas Seltsames. Ich wusste plötzlich, wie die Energiestruktur seiner Nieren hätte sein müssen. Ich veränderte die krankhafte Struktur so lange, bis sie wieder gesund war. Danach passte ich den physischen Körper der neuen Energiestruktur an. Abschließend entmaterialisierte ich noch die Giftstoffe aus dem Körper des Mannes. Der Mann konnte nicht direkt aufstehen, doch er fühlte sich sehr gut.

"Dein Mann wird wieder gesund", sagte ich zu der Frau, die uns hergeführt hatte.

Diese war unsagbar dankbar. Mittlerweile waren unzählige Leute zusammengekommen. Alle wollten sie die drei aus der Prophezeiung wenigstens einmal berühren.

Aaron war bei der ganzen Angelegenheit etwas mulmig zu Mute. Wenn wir uns so feiern ließen, konnte es nur eine Frage der Zeit sein, bis unsere Verfolger uns ausfindig gemacht hätten. Doch ich war von meinem Heilerinnentrip nicht mehr abzubringen.

Als wir am Abend in unserem Haus saßen, hörten wir von draußen Stimmen. Wir gingen auf die Terrasse und sahen, dass sich Hunderte von Menschen vor unserem Haus versammelt hatten – und es wurden immer mehr. Sanchez und ich strahlten vor Freude. Nur Aaron machte sich Sorgen über diesen Menschenauflauf. Wir gingen hinaus zu den Menschen.

"Warum seid ihr gekommen?", fragte ich.

"Wir wollten euch sehen und in eurer Nähe sein", antwortete jemand aus der Gruppe.

"Wir sind keine Heiligen! Glaubt uns das doch!", bat ich.

"Wir sagen ja nicht, dass ihr Heilige seid. Aber ihr seid die drei aus der Prophezeiung. Daran gibt es keinen Zweifel."

"Was bedeutet das denn für euch, dass wir die drei aus der Prophezeiung sein sollen?", wollte ich wissen.

"Ihr bringt die Liebe auf diese Welt. Es bedeutet das Ende allen Übels", erklärte ein Mann aus der Menge.

"Aber wir können die Liebe nicht auf diese Welt bringen", zweifelte ich. "Wir sind froh, wenn wir die Liebe für uns selbst aufbringen können."

"Wir wissen nicht, wie ihr es tun werdet, und offenbar wisst ihr es selbst nicht, aber ihr werdet es tun", war die überzeugte Antwort.

"Rachel", sagte Sanchez. "Ich kann versuchen, ob ich diesen Menschen die Liebe bringen kann."

"Du meinst, du willst die Liebe mental in ihnen aktivieren?", fragte ich fasziniert.

"Ich denke, dass es funktionieren könnte. Es wäre auf jeden Fall einen Versuch wert", meinte Sanchez.

Er setzte sich in die Menschenmenge und bat um Ruhe.

"Bitte setzt euch! Ich werde versuchen, die Liebe in euch zu wecken. Seid ganz ruhig und beginnt zu meditieren."

Die Menge verstummte. Sanchez schloss die Augen und versuchte, die Gedankenwelt all dieser Menschen wahrzunehmen. Es waren so wahnsinnig viele Menschen. Er hatte das Gefühl, Tausend Stimmen in seinem Kopf durcheinander zu hören. Alle fühlten sie etwas anderes. So konnte das nicht funktionieren. Er musste dafür sorgen, dass all diese Menschen an das Gleiche dachten.

"Hört mir einen Augenblick zu! Ihr müsst an die Liebe denken. Stellt euch vor, die Liebe sei eine wunderschöne Energie in eurem Herzen. Legt alle eure Hand aufs Herz und spürt, wie es schlägt. Es schlägt voller Liebe. Konzentriert euch nur auf die Liebe in euren Herzen, sonst nichts. Schließt die Augen und fühlt die Energie in euren Herzen."

Sanchez ging wieder in die Welt der Gedanken. Er spürte, dass seine Chancen jetzt viel besser geworden waren. Er versuchte, sich mit allen Menschen um ihn herum zu verbinden. Dann dachte er nur noch einen einzigen Gedanken und übertrug diesen in die Gedankenwelt der Menschen, mit denen er sich verbunden fühlte.

"Mein Herz ist erfüllt von Freude und Liebe."

Diesen Gedanken wiederholte Sanchez immer wieder. Er spürte, wie die Energie der Menschengruppe, mit denen er sich verbunden hatte, immer liebevoller wurde. Die Energie der Liebe und der Freude schien immer stärker zu werden. Mittlerweile hörte man schon einige Menschen leise weinen. Doch man konnte deutlich erkennen, dass es kein normales Weinen war. Die Menschen waren so voller Liebe, dass sie vor Glück weinten. Nach einer Viertelstunde musste Sanchez selbst anfangen zu weinen. Er konnte seine Suggestion nicht mehr aufrecht halten. Aber das war auch nicht mehr notwendig. Die Menschen um ihn herum spürten so viel Liebe, dass dies nicht mehr zu steigern war. Sie alle hatten ihre Wahrnehmung hundertprozentig auf Liebe eingestellt.

Nach ein paar Minuten ergriff Sanchez wieder das Wort.

"Die Liebe, die ihr fühlt, ist eure eigene. Ihr könnt sie immer fühlen. Es ist gar nicht schwer. Nehmt euch täglich zwei, drei Mal eine Viertelstunde und richtet eure Aufmerksamkeit ganz auf die Liebe in eurem Herzen. Wenn ihr das jeden Tag tut, werdet ihr ein Leben in Liebe erleben. Es ist nicht schwer. Jeder kann dies tun. Wenn ihr es gemeinsam tut, wird es noch viel leichter und stärker sein."

Sanchez verabschiedete sich von den vielen Menschen und ging ins Haus zurück. Aaron und ich kamen hinter ihm her.

"Das war wunderschön, Sanchez", meinte ich beeindruckt. "Nie zuvor habe ich die Liebe so stark wahrgenommen, wie eben mit den vielen Menschen. Noch nicht einmal mit Mysterio."

"Mir ging es genauso", meinte Sanchez. "Nie hätte ich gedacht, dass ich einmal so viele Menschen zur Liebe führen würde. Doch es ging alles wie von selbst. Ich brauchte keinen Moment nachzudenken. Alles war vollkommen klar.

Sanchez und ich waren an diesem Abend voller Freude über den Tag, der hinter uns lag. Aaron hingegen sah die ganze Angelegenheit mit gemischten Gefühlen. Er wollte jedoch nicht, dass wir etwas davon merken sollten. In Aaron tobte ein heftiger Kampf. Er hatte mit dem Kahuna erlebt, dass seine Realität durch seine Wahrnehmung erschaffen wurde. Doch konnte er sich dessen wirklich hundertprozentig sicher sein? Einen gewissen Restzweifel spürte er immer noch. Vielleicht war ja doch alles Zufall, was er glaubte erschaffen zu haben. Die Gefahr, in der wir drei momentan schwebten, war sehr real. Wenn das alles Unsinn wäre mit der Realitätsgestaltung, würden wir mit Sicherheit von der Organisation, die uns verfolgte, gefasst. Aaron wollte und konnte dieses Risiko nicht eingehen. Er beschloss, der Gefahr ins Auge zu sehen und so viel wie möglich herauszufinden. Er setzte sich spät am Abend an den PC und begann sein Spiel. Er traf Ella wie immer am Strand von Mysterio.

"Hallo, Aaron."

"Ella, ich habe Schwierigkeiten. Jetzt hat Rachel auch noch die Aufmerksamkeit der gesamten Insel auf uns gezogen. Es wird nicht mehr lange dauern, dann wissen sie, wo wir sind."

"Was heute geschehen ist, war zum Großteil durch dich verursacht", erwiderte Ella.

"Wieso denn das?", fragte Aaron verständnislos.

"Durch das Vermeidenwollen der Gefahr, an dem du festklebst, hast du dieses Ereignis ins Leben gerufen."

"Das verstehe ich nicht. Es hat sich doch alles um Rachel und Sanchez gedreht", wandte Aaron ein.

"Du hast beim letzten Spiel das Gefühl verstärkt, dich schützen zu müssen. Jetzt schau dir die Ereignisse, die heute geschehen sind, einmal genauer an. Was für Gefühle haben sie in dir hervorgerufen?"

"Wenn du mich so direkt fragst: dass ich uns schützen muss", gab Aaron Ella Recht.

"Wenn du genau hinschaust, erkennst du, dass die Ereignisse deine Gefühle ganz genau widerspiegeln. Du hast im Spiel die Gefahr verstärkt, und die Ereignisse heute haben das Gleiche getan. Es sieht für dich alles so aus, als ob die Gefahr größer geworden wäre. Verstehst du? Du hast bereits heute Mittag die Ereignisse erlebt, die du am Vormittag ins Leben gerufen hast."

"Da kann irgendetwas nicht stimmen", widersprach Aaron. "Rachel und Sanchez stecken doch in der gleichen Situation. Wieso haben die denn ihre Gefühle nicht realisiert?"

"Das haben sie", entgegnete Ella. "Für sie war der Tag die Widerspiegelung ihrer Freude und Liebe."

"Das würde ja bedeuten, dass die Gefahr sich nur auf mich beziehen würde. Rachel und Sanchez stecken aber genauso drin wie ich."

"Die Situation wird für die beiden nicht gefährlich, solange sie sich nicht auf die Wahrnehmung der Gefahr konzentrieren. Wenn sie bei ihren momentanen Gefühlen bleiben, wird alles gut verlaufen."

"Tut mir Leid, aber darauf kann ich mich nicht verlassen", meinte Aaron zweifelnd.

"Mir ist bewusst, dass du dies nicht so leicht annehmen kannst. Es ist immer schwer, wenn einem die Angst im Nacken sitzt. Doch bedenke, dass es nicht nur die Angst gibt, es könnte etwas passieren. Es besteht auch Grund für die Angst, mit deinem Dich-schützen-Müssen übelste Realität zu erschaffen."

"Warum sagst du mir das? Willst du mir noch mehr Angst machen?", fragte Aaron ungehalten.

"Ich sage dir das, damit du überhaupt eine Chance hast, von deiner Motivation loszukommen, Gefahren vermeiden zu wollen", erwiderte Ella.

"Wieso soll ich dadurch eine Chance haben?"

"Weil der Wille, dein Glück wahrzunehmen, deine Wahrnehmung nicht im Entferntesten so stark beeinflussen kann wie deine Ängste. Solange auch nur zu einem Prozent die Möglichkeit besteht, dass es eine große Gefahr gibt, richtet sich automatisch deine Wahrnehmung auf diese Gefahr. Wenn du jedoch deine Wahrnehmung nach deinem Willen gestalten willst, dann musst du dir hundertprozentig sicher sein, dass dadurch auch wirklich alles gut wird, also dadurch keine Gefahr entsteht. Verstehst du? Deine Ängste wirken sich hundert Mal stärker auf deine Wahrnehmungsausrichtung aus als deine Wünsche."

"Ich verstehe, was du gesagt hast, aber nicht, auf was du hinauswillst", meinte Aaron.

"Ich möchte dir begreiflich machen, dass es ein ungleiches Spiel ist, wenn du mit deinem Willen versuchst zu glauben, dass deine Wahrnehmung deine Realität gestaltet, und deine Angst sich darauf richtet, dass etwas passieren kann, was du nicht beeinflussen kannst. Deine Angst wird immer siegen."

"Und was soll ich jetzt tun?", fragte Aaron ratlos.

"Erkenne, dass eine große Gefahr darin liegt, dem Vermeiden einer Gefahr nachzuhängen", schlug Ella vor. "Wenn du das tust, wird deine Angst vor dieser Gefahr deinen Glauben an die Macht deiner Realitätsgestaltung verstärken. Richtest du deine Angst darauf, dass etwas passiert, auf das du keinen Einfluss hast, wird dein Glaube an den Zufall und an deine Machtlosigkeit gestärkt."

"Ich kann die Gefahr aber nicht einfach zur Seite legen", wandte Aaron ein.

"Warum nicht?"

"Weil sie nun mal da ist. Ich muss versuchen, die Gefahren so früh wie möglich zu erkennen, und retten, was zu retten ist", meinte Aaron.

"Deine Gedanken sind logisch", bestätigte Ella. "Sie sind es jedoch nur dann, wenn du davon ausgehst, dass du auf die Realität, die du erlebst, keinen Einfluss hast – außer durch dein Handeln. Du weißt jedoch ziemlich sicher, dass du deine Realität durch deine Wahrnehmungsrichtung erst erschaffst. Auch wenn du nicht hundertprozentig sicher bist, so darfst du diese Gefahr ebenfalls nicht ganz vergessen."

"Wieso zieht die Angst die Wahrnehmung denn so extrem an sich?", fragte Aaron genervt.

"Das sind sehr alte Instinkte, die in der Menschheit fest verwurzelt sind", erwiderte Ella.

"Was sind das für Instinkte?", wollte Aaron genau wissen.

"Stell dir vor, du bist ein Tier – ein Affe zum Beispiel! Du lebst in einem Urwald und hast Durst. In der Nähe ist ein Wasserloch. Du weißt jedoch, dass es dort viele Raubtiere gibt, die dich als willkommenes Mittagessen betrachten. Was würde passieren, wenn du sie nicht beachten würdest?"

"Ich würde wahrscheinlich sofort gefressen werden", erkannte Aaron.

"Und was musst du tun, damit du sie wahrnimmst?"

"Ich muss daran denken."

"Glaubst du, es könnte passieren, dass du vergisst, daran zu denken – vielleicht weil du auf der anderen Seite des Wasserlochs ein tolles Weibchen siehst?", fragte Ella.

"Das ist denkbar."

"Wie könntest du sicherstellen, dass du die Raubtiere wahrnimmst?"

"Ich verstehe", meinte Aaron. "Ich müsste die Gefahr, gefressen zu werden, als das Wichtigste überhaupt ansehen. Damit würde ich die Raubtiere immer im Auge behalten."

"Genau das ist der Punkt. In eurer Evolution haben diejenigen überlebt, die das Vermeiden einer Gefahr als extrem wichtig angesehen haben. Sie haben die Gefahren sofort erkannt und sind geflüchtet."

"Die Angst hat also unser Überleben gesichert und ist dadurch zu einem festen Bestandteil unseres Lebens geworden", schlussfolgerte Aaron.

"Auch beeinflusst die Angst euren Glauben", betonte Ella. "Ihr neigt sehr dazu, das zu glauben, wovor ihr Angst habt. Dies sorgt noch zusätzlich dafür, dass ihr überall Gefahren lauern seht. Damit wird eure Wahrnehmung noch stärker auf die Suche nach Gefahren gelenkt.

Aus diesem Grund halte ich es für gut, wenn du deine Angst vorrangig auf die Gefahr lenkst, dass du dir die Realität negativ gestalten könntest. Denn damit würden die Überzeugungen, die momentan bei dir miteinander im Clinch liegen, wenigstens einen fairen Kampf austragen. Wenn du die Angst auf der Seite der Gefahr, etwas könnte passieren, stehen lässt und auf der anderen Seite die Hoffnung platzierst, du könntest dir ja vielleicht alles wunderschön gestalten, kann ich dir versprechen dass Folgendes passieren wird: Du wirst deine Hoffnung immer stärker anzweifeln und gleichzeitig immer stärker glauben, dass deine Angst vor der Organisation wirklich berechtigt ist. Damit würdest du deinen Ängsten verfallen.

Mir ist bewusst, dass es nicht schön ist, jetzt auch noch Angst vor der eigenen Realitätsgestaltung zu bekommen, doch es ist langfristig die einzige Möglichkeit, den Glauben an deine Macht als Schöpfer aufzubauen – zumindest wenn es eine Angst gibt, die dir den Glauben an deine Schöpferkraft blockiert. Rachel und Sanchez sind der Angst vor der Organisation nicht so verfallen wie du. Sie können demnach einen völlig anderen und sehr viel angenehmeren Weg einschlagen, um sich von ihrer Schöpferkraft zu überzeugen. Sie bekommen jeden Tag immer mehr Bestätigungen für ihre Schöpferkraft. Das ist natürlich sehr viel einfacher als bei dir, so Leid es mir tut."

"Okay, ich werde es beherzigen", versprach Aaron.

"Mach dir immer bewusst, dass du es für wahrscheinlicher hältst, dass du mit der Erschaffung deiner Realität etwas zu tun hast als dass alles Zufall ist. Damit ist auch die Gefahr, mit der Vermeidung der Gefahr die Gefahr erst in dein Leben zu ziehen, größer als es jede andere Gefahr sein könnte. Melde dich wieder, wenn ich dir irgendwie helfen kann."

Aaron hatte zwar verstanden, was Ella ihm gesagt hatte, doch er konnte es nicht wirklich umsetzen. Er spürte kaum wirkliche Angst vor seiner Realitätsgestaltung. Stattdessen fühlte er die Angst vor der Organisation oder vor den Außerirdischen, die die Menschheit vernichten wollten, sehr stark. Beim nächsten größeren Machtmissbrauch auf dieser Erde würde die Menschheit vernichtet, hatte der Außerirdische gesagt. Aaron konnte sich aber auch erinnern, dass er von einem Ritual gesprochen hatte, durch das die Menschheit noch eine Chance hätte. Auf dieses Ritual war seine Neugier gerichtet. Diese Neugier beeinflusste seine Wahrnehmung. Mit der Neugier auf die Lösung für die Menschheit rückte natürlich auch die Gefahr für die Menschheit in den Fokus seiner Wahrnehmung. Aaron beherzigte nicht, was Sanchez über den Trainingseffekt unserer unbewussten Wahrnehmung erlebt hatte. Er hätte jetzt eigentlich seinen Verstand einschalten und etwas für seine positive Wahrnehmung tun sollen, doch er verfiel der Angst vor der Organisation. Diese Angst war jetzt schon sehr stark, und sie würde bald durch den Trainingseffekt noch stärker zu spüren sein.

Aaron beschloss, sich später irgendwann mit der Angst vor seiner Realitätsgestaltung zu befassen – gleich nachdem er herausgefunden hätte, was es mit dem Ritual des Außerirdischen auf sich hatte.

Er legte sich ins Bett und entspannte Körper und Geist. Er versuchte zunächst, sich ohne das Glücksgefühl auf Bezugssystem 2 zu begeben oder seinen Körper zu verlassen. Doch es geschah nichts. Er hatte also keine andere Wahl. Er musste versuchen, sein Glücksgefühl wahrzunehmen. Er hatte dieses Mal sehr große Schwierigkeiten, seine Gedanken auf sein Glück zu konzentrieren. Es dauerte sicherlich eine halbe Stunde, bis er es endlich geschafft hatte.

Jetzt war es plötzlich kein Problem mehr, seinen Körper zu verlassen und wieder in den Raum mit dem Außerirdischen zu gehen. Er ging genau in die Zeit hinein, in der er das Wesen das letzte Mal verlassen musste, weil er in seinen Körper zurückgesaugt wurde. Er hörte wieder, wie es sagte, dass die Menschheit in großer Gefahr schwebte.

"Wir sind leider nicht mehr die Einzigen, die die Erde beobachten. Es sind sehr viele verschiedene Rassen hier, die alle mit großer Besorgnis das Treiben der Menschheit beobachten. Einige von ihnen sind kaum noch davon abzuhalten, die Menschheit auszulöschen. Sie haben Angst, dass ihr immer mächtiger werdet und sie es irgendwann nicht mehr schaffen werden. Bis jetzt konnten wir sie immer wieder beruhigen. Doch nun, da keiner von uns mehr für euch sprechen kann, seid ihr in großer Gefahr. Beim nächsten größeren Machtmissbrauch auf eurer Erde werden sie euch wahrscheinlich vernichten."

"Warum geben sie uns nicht vorher wenigstens die Chance, uns zu ändern?", fragte einer der Mönche.

"Ihr hattet schon so viele Chancen, dass sie niemand mehr zählen kann. Seit Anbeginn der Menschheit haben wir versucht, die Machtbesessenheit der Menschen aus der Welt zu schaffen. Wir erkannten, dass eure Angst für eure Machtbesessenheit verantwortlich war. Die Evolution der Erde hatte diese Angst als Überlebensmerkmal hervorgehoben. Eure Angst half euch, Gefahren frühzeitig wahrzunehmen und darauf zu reagieren. Dadurch blieben die am Leben, welche die Suche nach Gefahren an oberste Stelle gesetzt hatten. Das Suche nach Gefahren wurde somit zu einer fundamentalen Säule eurer Rasse. Es ist eine feste Programmierung in eurer genetischen Struktur.

Als die Menschheit ihr Bewusstsein entwickelte, veränderte sich ihr Verhalten. Sie begannen nach Möglichkeiten zu suchen, um Gefahren im Vorhinein zu vermeiden. Die Vermeidung der Gefahr wurde genau wie die Suche nach der Gefahr zu einem wichtigen Bestandteil eurer genetischen Programmierung.

Wiederum war es der Evolutionsgeschichte auf eurem Planeten zu verdanken, dass die Abschreckung in Form der eigenen Stärke als die beste Möglichkeit empfunden wurde, diese Gefahren einzudämmen. Wenn ihr euch euer Militär anschaut, dann seht ihr, dass sich an euren Instinkten bis heute nichts geändert hat. Derjenige, der am meisten Angst verbreiten konnte, wurde am wenigsten angegriffen. Das Streben nach Macht begann. Wiederum setzten sich die Mächtigsten durch und überlebten. Auch pflanzten sich die Mächtigsten am häufigsten fort, was gleichermaßen ein Merkmal eurer Evolution war. Auf diese Weise wurde das Machtbewusstsein von euch Menschen mit jeder Generation weiter verstärkt.

Als wir das erkannten, wurde uns klar, dass es keinen Sinn hatte, nach einem Gen für eure Machtbesessenheit zu suchen. Eure gesamte Existenz war auf Gefahrenvermeidung und damit auf Machtstreben aufgebaut. Wir hatten auf euer Erde nur eine Möglichkeit, eure Machtbesessenheit zu beeinflussen: Wir mussten versuchen, eure Angst zu nutzen. Am Anfang dachten wir noch, wir könnten euch die Angst nehmen, doch alle Versuche in dieser Hinsicht scheiterten kläglich. Wir nahmen immer wieder Kontakt mit den Menschen auf und versuchten, sie mit Verhaltensregeln zu beeinflussen. Wir gaben ihnen Regeln, die automatisch dazu führen sollten, dass sie ihre Angst dazu nutzten, ihre Wahrnehmung auf die Liebe zu richten. Eure Bibel ist voll von diesen Besuchen. Mit der Zeit wurden die Aufzeichnungen jedoch so stark verfremdet, dass es nicht mehr so leicht zu erkennen ist."

"Was wurde denn beispielsweise in der Bibel verfremdet?", wollte einer der Mönche wissen.

"Die Zehn Gebote zum Beispiel. Ursprünglich waren es nur vier. Sie lauteten: Liebe dich selbst! Liebe andere wie dich selbst! Fühle dich eins mit der Schöpfung! Und als Letztes: Bring Liebe und Freude in die Welt!

Diese Gebote sollten ein Bewusstsein für die Liebe in euch schaffen. Wir sorgten dafür, dass die Menschen glauben mussten, diese Gebote seien ihnen direkt von Gott gegeben worden. Wir machten ihnen Angst vor einem allmächtigen Gott, der Zuwiderhandlungen bestraft.

Doch nach ein paar Jahrhunderten waren diese Gebote total verfremdet. Den verfremdeten vier Geboten fügte man noch einige Verbote hinzu. Auf diese Weise tauchten Gottes Worte plötzlich so auf, dass ihr daraus ableiten konntet, was richtig und was falsch war. Dies war niemals unsere Absicht. Wir wollten keine Werturteile in Richtig und Falsch. Wir wollten, dass die Menschheit sich auf die Liebe ausrichtet.

Wieder etwas später wurden die Zehn Gebote so von eurer Kirche ausgelegt, dass sie als pures Machtinstrument benutzt wurden. Man definierte dadurch die so genannten Todsünden und so weiter. Letztendlich wurden die Zehn Gebote benutzt, um Machtstrukturen aufzubauen."

"Willst du damit sagen, dass die Zehn Gebote schlecht sind?", fragte ein Mönch fast aggressiv.

"Nein, das wollte ich nicht", erklärte der Außerirdische. "Ich wollte damit nur ein Beispiel geben, wie sich die Menschen damals gewunden haben, um ihre Machtstrukturen zu erhalten. Die vier Gebote, die wir euch gegeben hatten, sollten die Angst auflösen, die das Machtbewusstsein hervorbrachte. Wenn ihr euch an diese vier Gebote gehalten hättet, wäre eine Machtausübung nicht möglich gewesen. Niemals hätte jemand zum Beispiel behaupten können, er wüsste besser als ein anderer, was richtig und was falsch ist. Niemand hätte einen anderen zu dessen Nachteil manipulieren können. Schaut euch die vier Gebote doch einmal genauer an. Liebe dich selbst! Allein dieses erste Gebot hätte das Machtbewusstsein in jedem einzelnen auslöschen müssen. Ein Mensch, der sich selbst liebt, fühlt keine Mangelgefühle. Er hat keine Angst vor dem Leben. Und ohne Mangelgefühl und Angst würde er keine Macht haben wollen. Er würde überhaupt nicht auf die Idee kommen, sich schützen zu müssen. Damit wäre es für ihn auch nicht wichtig, stark und mächtig zu sein. Könnt ihr das nachvollziehen?"

"Nicht so ganz. Wieso würde ein Mensch, der sich selbst liebt, keine Angst mehr haben?"

"Weil er nur Angst hat, nicht das zu bekommen, was er meint zu brauchen, um glücklich werden zu können. Oder er hat Angst, dass man ihm das wegnimmt, was ihn glücklich machen kann. Er hat Angst vor Schmerzen und Leid. Er versteht bei der ganzen Angelegenheit einfach nicht, was ihn tatsächlich glücklich macht."

"Und was wäre das?", wollte ein Mönch wissen.

"Die Liebe und die Freude, am Leben zu sein", antwortete das Wesen. "Und diese Liebe gibt er sich ganz allein. Dafür braucht er niemanden sonst. Somit wäre es auch unsinnig, Macht auf andere auszuüben."

"Wie soll er sich denn diese Liebe selbst geben?"

"Es ist nicht schwer. Ihr habt euch nur unzählige Abhängigkeiten geschaffen, um lieben zu können. Diese Abhängigkeiten sind jedoch bloße Illusionen."

"Welche Abhängigkeiten meinst du?", hakte der Mönch nach.

"Ihr glaubt beispielsweise, dass ihr euch nur lieben könnt, wenn ihr wertvoll seid. Doch was heißt das schon, wertvoll sein? Ihr glaubt, dass ihr euch nur dann lieben könnt, wenn ihr gute Menschen seid. Doch wer sagt euch, wann ihr gute Menschen seid? Hat Gott es euch gesagt? Oder der Papst?

Versteht ihr? Ihr jagt Werturteilen hinterher, die irgendein Mensch in irgendeiner Zeit in die Welt gesetzt hat. Jedes Werturteil, das es auf dieser Welt gibt, hat irgendwann einmal dazu gedient, Macht auszuüben oder zu verstärkten.

Ihr seid gläubige Menschen. Überlegt einmal selbst. Gott hat euch durch uns als Werkzeug erschaffen. In eurer Bibel steht, dass vor Gottes Angesicht alle Menschen gleich sind. Glaubt ihr, Gott hätte euch Wertmaßstäbe gegeben, um erkennen zu können, wann jemand besser ist als ein anderer? Könnt ihr tatsächlich glauben, Gott sei so widersprüchlich?"

"Wenn Gott davon redet, dass wir alle gleich sind, dann meint er damit nicht, dass alles, was wir tun, in Ordnung ist. Wir sind für ihn alle seine Kinder, und er liebt uns alle gleich. Doch es gibt das Böse auf dieser Welt, das er geschaffen hat, damit wir uns davon lossagen können. Die Welt ist eine Prüfung. Das dürfen wir nicht vergessen", meinte der Mönch.

"Was ist das Böse?", fragte das Wesen.

"Wenn wir jemanden Schaden zufügen, um uns selbst zu bereichern", antwortete der Mönch.

"Das heißt, wenn ihr Macht ausübt."

"So könnte man es auch ausdrücken."

"Jetzt kommen wir zum springenden Punkt. Ihr übt, wie ich bereits sagte, nur Macht auf andere aus, weil ihr euch nicht selbst liebt. Und ihr liebt euch nicht, weil ihr daran glaubt, nicht liebenswert zu sein. Ihr bringt somit das Böse selbst in die Welt. Nicht der Teufel ist das Böse. Das Böse ist das Werturteil über euch selbst. Ihr glaubt, gut zu tun, wenn ihr euch als unvollkommen anseht. Man hat euch gelehrt, bescheiden zu sein. Sich als vollkommen anzusehen, sei Hochmut, der wiederum dem Bösen zugeordnet wird. Versteht ihr? Ihr habt euch in eurem eigenen Netz verfangen. Ihr bringt das Böse hervor, weil ihr glaubt, böse zu sein, wenn ihr euch einfach so liebt, wie ihr jetzt im Moment seid. Eure heilige Pflicht als gottgläubige Wesen müsste es sein, euch selbst zu lieben und damit Gottes Schöpfung, die ihr ja seid, zu ehren. Alles andere ist im Angesicht eures Glaubens Sünde."

"Das sind starke Worte!", meinte der Mönch. "Wie sieht es aber mit euch selbst aus? Wie du uns sagtest, wolltet ihr uns vernichten, wenn wir uns nicht so verhalten, wie ihr es für richtig haltet."

"Das stimmt nicht ganz", korrigierte das Wesen. "Wir hatten niemals vor, euch zu vernichten. Ich sprach davon, dass es sehr viele andere Rassen gibt, welche Angst vor der Menschheit hegen und euch deshalb vernichten werden, wenn ihr euer Machtbewusstsein nicht aufgebt. Wir wollten euch lediglich so lange daran hindern, interstellaren Raumflug zu betreiben, bis ihr eure Machtbesessenheit aufgegeben hättet."

"Nur weil das mit den Zehn Geboten gescheitert ist, heißt das doch noch lange nicht, dass wir uns nicht ändern können!", sagte ein Mönch vorwurfsvoll.

"Die Zehn Gebote waren nur ein Beispiel von sehr vielen", erwiderte der Außerirdische. "Das letzte Mal, wo wir versuchten, auf eure Religionen Einfluss zu nehmen, lief es genauso. Ein Mann, den ihr Jesus Christus genannt habt, hatte den Auftrag, den Menschen die Liebe näher zu bringen. Auf dem, was dieser Mann tat, wurde eure gesamte Kirche aufgebaut. Doch gab es gleich zu Beginn zwei Richtungen, die ihr verfolgtet. Die eine ging von einem Mann namens Petrus aus. Er wollte die Botschaften Christi unverfälscht unter die Leute bringen. Doch ein anderer Mann namens Paulus glaubte, nur durch einen ausreichenden Einfluss auf die Welt wirklich etwas bewegen zu können. Er erschuf die immensen Machtstrukturen eurer Kirche. Euch ist sicherlich bewusst, dass eure Kirche diese Macht sehr missbraucht hat?"

"Wir sind alle nur Menschen. Niemand von uns ist vollkommen", entschuldigte einer der Mönche die Kirche.

"Das stimmt nicht. Ihr seid alle vollkommen. Ihr glaubt bloß an eure Unvollkommenheit. Aber lasst uns diese Diskussion beenden. Mir bleibt nicht mehr viel Zeit. Ich will einen letzten Versuch durchführen, eure Welt zu retten. Ich möchte, dass ihr dafür sorgt, dass die Staatsoberhäupter der gesamten Welt zu mir kommen. Sie werden kommen, wenn ihr ihnen klar macht, dass ich ein außerirdisches Wesen bin. Sagt ihnen, dass die Vernichtung der gesamten Menschheit bevorsteht, wenn sie nicht zu mir kommen."

"Wie sollen wir das machen? Wir sind einfache Mönche. Wir haben keinen Kontakt zu diesen Menschen", wandte ein Mönch ein.

"Benachrichtigt den Vatikan", schlug das Wesen vor. "Wenn die Staatsoberhäupter vom Vatikan zusammengerufen werden, wird niemand zögern. Niemand wird diesen Aufruf ignorieren."

"Wir werden es versuchen", versprachen die Mönche.

Aaron wollte unbedingt wissen, wie es weiterging. Er versetzte sich kurzerhand auf Bewusstseinsebene 2 und fragte sich, wann genau die Zusammenkunft der Staatsoberhäupter stattgefunden hatte. Doch es kamen keine Bilder. Er verstand das nicht. Hatte er etwas falsch gemacht? Er stellte sich andere Fragen. Sie wurden unmittelbar mit Bildern beantwortet. Das konnte nur eines bedeuten: Die

Staatsoberhäupter waren entweder nicht benachrichtigt worden oder trotzdem nicht gekommen. Aaron stellte sich die Frage, ob der Vatikan überhaupt benachrichtigt worden war. Daraufhin sah er, wie die Mönche zu ihrem Abt gingen und dieser mit den Sicherheitsbeauftragten des Vatikans redete. Einer dieser Männer griff sofort zum Telefon und rief im Vatikan an. Aaron wollte genauer wissen, was dort besprochen wurde. Er versetzte sich mit seinem Geistkörper genau dorthin.

"Das Wesen hat behauptet, die Menschheit würde vernichtet, wenn wir nicht alle Regierungschefs zusammenrufen würden", sagte der Sicherheitsbeauftragte am Telefon.

Daraufhin gab es von ihm nur zustimmende Laute. Als er das Telefonat beendet hatte, wendete er sich wieder an den Abt.

"Wir werden nicht tun, was das Wesen gefordert hat. Wir werden uns nicht zum Gespött der ganzen Welt machen", erklärte er.

Die Mönche konnten das nicht glauben, als der Abt sie informierte. Ihnen war klar, dass das Wesen es ernst meinte, als es von der Vernichtung der Menschheit sprach. Doch die Anweisung kam aus den höchsten Stellen des Vatikans. Es war nicht daran zu rütteln.

Aaron war entsetzt, als er dies alles miterlebte. Wie konnte der Vatikan so borniert sein? Aaron begann sich so darüber aufzuregen, dass er wieder in seinen Körper zurückgesaugt wurde. Schnell konzentrierte er sich wieder auf sein gutes Gefühl. Nach ein paar Minuten war er wieder bei dem Wesen.

Die Mönche hatten es wohl schon darüber informiert, dass der Vatikan seinen Wunsch abgelehnt hatte.

"Das kann doch nicht sein!", sagte es zu den Mönchen. "Ihr könnt doch diese Chance nicht einfach ungenutzt lassen. Ihr werdet es nicht schaffen, einen weltweiten Machtmissbrauch zu verhindern ohne den ausgleichenden Einfluss, den wir bis jetzt auf die Menschheit ausgeübt haben."

"Es tut uns schrecklich Leid, dass wir deinen Wunsch nicht erfüllen konnten", meinte ein Mönch.

"Es geht nicht um mich. Ich habe höchstens noch zwei Tage zu leben. Ich möchte nicht, dass man euch vernichtet. Dafür habe ich euch nicht geschaffen", meinte das Wesen verzweifelt.

"Das hört sich so an, als würdest du dich tatsächlich um uns sorgen", meinte ein Mönch.

"Ihr seid meine Kinder. Ich habe euch damals geschaffen. Ich fühle mich für euch verantwortlich."

"Liebst du uns?"

"Ja, ich liebe euch. Und ich bin bereit, alles zu versuchen, um euch zu helfen. Jetzt bleibt mir nur noch die Bitte, dass ihr mir die letzte Ehre erweist", sagte das Wesen.

"Was genau meinst du damit?"

"Ich meine ein Sterberitual, das in unserer Zivilisation üblich ist."

"Wir werden um Erlaubnis fragen müssen, ob wir dieses Ritual mit dir durchführen dürfen."

"Könnt ihr es nicht einfach tun, ohne jemanden zu fragen?", bat das Wesen.

"Solche Entscheidungen dürfen wir nicht treffen. Tut uns Leid."

Aaron wusste, dass der Vatikan auch diese Ritual verboten hatte. Er hatte es bei seinem ersten Kontakt bereits mitbekommen. Der Vatikan musste es für ein heidnisches Ritual gehalten haben, mit dem die Mönche ihren Glauben entehrt hätten.

Aaron konnte sich allerdings daran erinnern, dass das Wesen sagte, das Wohl der gesamten Menschheit würde von diesem Ritual abhängen. Es drängte darauf, dass die Mönche dieses Ritual heimlich durchführen sollten. Warum hatte es eben nichts davon gesagt?

Aaron beschloss, weiter in der Zeit vorwärts zu gehen, um zu erleben, wie es weiterging. Nachdem er sich den Zeitpunkt auf Bezugssystem 2 ausgesucht hatte, befand er sich wieder im Raum des Wesens. Es sah bereits sehr schwach aus. Es würde nicht mehr lange dauern, bis es sterben würde. Mittlerweile waren vier Mönche bei dem Wesen. Einer davon ging zu ihm und nahm seine Hand.

"Es tut uns sehr Leid. Wir dürfen dir die letzte Ehre nicht erweisen. Man hat es uns ausdrücklich verboten."

"Aber ihr müsst", sagte das Wesen verzweifelt. "Ich habe euch nicht die ganze Wahrheit gesagt. Durch dieses Ritual könnte ich als energetisches Wesen in eurer Welt bleiben. Ich hätte dadurch erheblich mehr Möglichkeiten, der Menschheit zu helfen, als ich sie jemals zuvor hatte."

"Es tut uns Leid, aber es geht nicht", lehnte die Mönche ab.

"Tut es heimlich!", flehte das Wesen. "Es ist die letzte Chance für euch. Wenn ihr es nicht tut, ist das mit Sicherheit das Ende der

Menschheit. Glaubt mir bitte! Ich spreche die Wahrheit. Das Ritual wird jedoch ein paar Nachteile für euch mit sich bringen."

"Es wäre uns gleichgültig, ob es für uns Nachteile hat. Aber wir können es nicht durchführen. Es tut uns Leid."

Daraufhin verließen die Mönche die Kammer des Außerirdischen. Dieser war sehr traurig. Egal, was er versuchte, um der Menschheit zu helfen, es wurde von ihnen nicht zugelassen. Er konnte sich einfach nicht damit abfinden, dass seine Kinder dem Untergang geweiht wären.

Aaron konnte das Leid dieses außerirdischen Wesens nicht mehr mit ansehen. Er spürte verrückterweise das Mitleid mit dem Wesen viel stärker als die Angst vor der eigenen Vernichtung. Aaron wollte jetzt nur noch wissen, ob die Mönche das Ritual letztendlich durchgeführt hatten oder nicht. Er stellte sich diese Frage auf Bezugssystem 2. Ihm fiel ein Stein vom Herzen, als er beobachten konnte, dass sie es taten. Schnell ging er mit seinen Geistkörper wieder dorthin. Er hatte nicht mehr viel Zeit. Aaron spürte, dass seine Kraft langsam verbraucht war. Er hoffte, dass es noch ausreichen würde, um zu sehen, was bei dem Ritual vorgegangen war.

Als Aaron mit seinem Geistkörper die Kammer des Außerirdischen betrat, waren vier Mönche zugegen. Der Außerirdische erklärte, was die Mönche bei dem Ritual zu tun hatten.

"Ihr müsst während der gesamten Zeit eure linke Hand auf meine Hände und Füße legen. Ihr dürft sie jedoch keinen Augenblick lösen – egal, was passiert", ermahnte das Wesen die Mönche.

"Wie erkennen wir, wann das Ritual beendet ist?", wollten diese wissen.

"Ihr werdet es merken. Ich möchte euch jedoch darauf hinweisen, dass dieses Ritual sehr große Auswirkungen auf euer Leben haben wird."

"Welche Auswirkungen?"

"Ihr werdet alt werden", sagte das Wesen direkt ohne Umschweife.

"Was meinst du mit 'alt werden'?"

"Ihr werdet alte Männer sein, wenn das Ritual beendet ist."

Die Mönche sahen sich betroffen an. Für einen Augenblick glaubte Aaron, aus ihren Gesichtern ablesen zu können, dass sie das Ritual unter diesen Bedingungen nicht durchführen wollten.

"Wir werden das Ritual mit dir durchführen. Wir sind Mönche geworden, um der Menschheit zu dienen. Wenn wir durch dieses Opfer dienen können, werden wir es tun."

"Ich habe gehofft, dass ihr das sagen würdet. Wenn ihr keine Einwände habt, dann lasst uns beginnen, bevor die Wache zurückkommt", schlug das Wesen vor.

Aaron verstand zwar nicht, wie sie die Wache losgeworden waren, doch das war auch nicht so wichtig. Er schaute weiterhin dem Ereignis gespannt zu.

"Bitte legt eure Hände so auf meine Hände und Füße, wie ich es euch vorhin gesagt habe. Und denkt daran: Ihr dürft die Hand auf keinen Fall wegnehmen!"

Die Mönche taten, was das Wesen sagte. Kurz darauf schloss das Wesen die Augen. Die Mönche sahen sich gegenseitig fragend an. Offenbar wollte jeder nachschauen, ob die anderen schon etwas spürten. Plötzlich zuckten die vier Mönche zusammen. Aaron erschrak fürchterlich, als dies geschah. Es sah für ihn so aus, als ob die Mönche einen elektrischen Schlag bekommen hätten. Dann zuckten sie gleich noch einmal. Das Wesen öffnete noch einmal seine Augen. Sie sahen sehr sonderbar aus – irgendwie leuchtend.

"Denkt daran! Auf keinen Fall die Hände wegnehmen, bevor das Ritual beendet ist. Es wäre euer sicherer Tod!"

"Das hätte der Außerirdische auch früher sagen können", dachte Aaron.

Die Mönche sahen sehr erschreckt aus. Offenbar war mittlerweile wirklich jedem klar geworden, dass dies kein Spiel war.

Das Wesen schloss wieder die Augen. Kurz darauf zuckten die Mönche noch einmal zusammen. Dann wieder. Ihre Gesichter begannen sich vor Schmerz zu verzerren. Das Zucken wurde immer stärker. Schließlich zappelten die Mönche, als würden sie an einer Stromleitung festhängen. Dann geschah etwas Seltsames. Das Wesen begann, an Händen und Füßen leicht zu leuchten. Es war nur der Schimmer eines Leuchtens. Doch es war ganz deutlich zu sehen. Die Mönche zitterten immer noch. Schließlich wurde das Leuchten stärker. Einer der Mönche begann vor Schmerz zu stöhnen. Man sah, dass er es kaum noch aushalten konnte.

In diesem Moment kam der Wächter in die Kammer. Er musste das Stöhnen gehört haben und schrie jetzt wie ein Verrückter.

"Lass sie sofort los! Hörst du nicht? Lass sie los!"

Der Wächter versuchte, einen der Mönche loszureißen, doch dieser hielt sich krampfhaft fest. Als der Wächter merkte, dass er es nicht schaffte, begann er, auf den Außerirdischen einzuschlagen.

"Hör auf damit!", schrie er immer wieder. "Lass sie los!"

Er prügelte auf das Wesen mit aller Kraft ein.

Aaron hatte Angst, dass dieser Wächter das Ritual zerstören würde. Doch es kam ganz anders. Das Leuchten des Wesens wurde so stark, dass der Wächter diese Energie irgendwie nicht ertragen konnte. Er schreckte voller Schmerz zurück. In diesem Moment gab es eine regelrechte Energieexplosion. Die Mönche fielen zu Boden.

Der Raum war während dieser Explosion so hell erleuchtet, dass Aaron völlig geblendet war. Als er wieder zu sehen begann, war das Wesen verschwunden. Die vier Mönche lagen am Boden. Sie waren alte Greise geworden.

Kurz darauf hörte man von draußen ein gigantisches Pfeifen. Aaron rannte hinaus. Er sah, wie das Raumschiff des Außerirdischen leuchtete. Kurz darauf begann es, sich einfach in Nichts aufzulösen. So etwas hätte Aaron niemals für möglich gehalten. Das Raumschiff war weg.

Aaron schoss in diesem Moment ein Gedanke durch den Kopf. War Ella das Wesen, das sich in reine Energie umgewandelt hatte, um der Menschheit zu helfen? Doch Aaron war nicht mehr in der Lage, dieser Frage nachzugehen. Er musste seine Astralreise beenden. Sein Körper verlangte seine Gegenwart. Er ließ sich zurücksaugen. Erst jetzt bemerkte er, wie erschöpft sein Körper war. Die Astralreisen mussten ihn offensichtlich sehr viel Kraft kosten. Aaron schlief fast augenblicklich ein.

Als er am nächsten Tag aufwachte, war es schon fast Mittag. Ich war bereits aufgestanden. Aaron ging ins Wohnzimmer, um mich zu suchen. Ich war jedoch nicht da. In diesem Moment bemerkte er die Stimmen, die von draußen kamen. Er sah aus dem Fenster. Sanchez und ich saßen wieder inmitten der Menschenmenge. Ich war dabei, Kranke zu heilen. Auch Sanchez schien irgendetwas dabei zu tun. Aaron konnte jedoch nicht erkennen, was das war.

Aaron kam nach draußen zu uns. Ich war total euphorisch. Als ich Aaron sah, stand ich auf und kam ihm entgegen.

"Na, bist du endlich aufgewacht, alter Langschläfer?", begrüßte ich Aaron.

"Warum hast du mich denn nicht geweckt?", fragte dieser. "Ich wollte eigentlich gar nicht so lange schlafen."

"Ich habe mehrmals versucht, dich zu wecken", erwiderte ich. "Du warst einfach nicht wach zu kriegen. So einen festen Schlaf habe ich noch nie gehabt. Man hätte dir ein Bein amputieren können, ohne dass du davon wach geworden wärst."

"Das muss an der Astralreise gelegen haben, die ich gestern Nacht noch unternommen habe", spekulierte Aaron.

"Und, war es schön? Was hast du denn erlebt?", wollte ich wissen.

"Das ist eine lange Geschichte. Ich glaube, ich weiß jetzt, wer Ella ist. Ich werde es euch erzählen, wenn ihr mehr Zeit habt. Wie ich sehe, wirst du hier bereits wieder sehnsüchtig erwartet", sagte Aaron und deutete auf die vielen Menschen.

"Das ist so toll, Aaron. Wir machen all diese Menschen wieder gesund. Ich kümmere mich um ihren Körper und Sanchez um ihre Psyche. Es ist total spannend."

Aaron sah sich um, während ich mit ihm redete. Es waren an diesem Morgen schon mindestens doppelt so viele Menschen wie gestern. Sanchez und ich freuten uns natürlich darüber. Doch für Aaron bedeutete dies schlicht und ergreifend eine Erhöhung der Gefahr. Er glaubte, förmlich riechen zu können, dass die Agenten der Organisation uns bald aufspüren würden. Er ging wieder ins Haus und legte sich zur Meditation ins Bett. Er wollte zwar das Risiko nicht eingehen, dass sein Gefühl, sich schützen zu müssen, Realität gestalten würde, andererseits konnte er aber auch nicht das Risiko ignorieren, dass das mit der Realitätsgestaltung vielleicht doch Unsinn war.

Aaron konzentrierte sich auf seinen Körper und begann, sich zu entspannen. Er beobachtete seine Atmung. Er hatte festgestellt, dass er dadurch am besten von allen negativen Gedanken loslassen konnte. Er spürte einfach nur, wie sein Körper völlig ohne sein bewusstes Zutun atmete. Es gab ihm ein gewisses Vertrauen, dass sein Körper dies ganz allein tat. Nach fünf Minuten begann er damit, sein Glücksgefühl wahrzunehmen. Er spürte es körperlich. Es war ein angenehmes Kribbeln in Bauch und Brust. Wenn er sich länger darauf konzentrierte, wurde es immer stärker und wanderte bis in den Kopf hinauf. Aaron genoss es sehr, zu spüren, wie die Energie seines Glücksgefühls sich in ihm ausbreitete. Nachdem sie seinen Kopf erreicht hatte, breitete sie sich gleichmäßig im ganzen Körper aus. Er spürte sie manchmal stärker im Kopf und dann wieder mehr in der Brust. Das Kribbeln schien ständig in Bewegung zu sein. Nach einer Viertelstunde beschloss Aaron, wieder auf Bezugssystem 2 zu gehen. Er wollte sein Glücksgefühl behalten, damit er nicht so leicht ins Gefühl des Sich-schützen-Müssens verfallen würde. Er wollte auf Bezugssystem 2 herausfinden, was ihre Verfolger machten. Die Frage, die ihm auf den Lippen brannte, war, ob die Organisation durch den Menschenauflauf bereits auf sie aufmerksam geworden war. Aaron schreckte auf. Er sprang hoch wie von der Tarantel gestochen und rannte nach draußen.

"Rachel, Sanchez! Kommt, wir müssen sofort verschwinden!", schrie er hysterisch. "Sie haben uns gefunden. Sie müssen gleich hier sein. Ich habe sie soeben im Hafen gesehen."

"Wen hast du im Hafen gesehen?", fragte ich ruhig.

"Die Agenten der Organisation. Los, kommt, wir müssen weg!"

"Warte mal, Aaron!", sagte Sanchez. "Wir brauchen nicht fluchtartig zu verschwinden. Beruhige dich! Wir werden sie an der Nase herumführen."

"Du willst doch wohl nicht deine Spielchen mit denen machen! Was ist, wenn es nicht funktioniert?", meinte Aaron aufgeregt.

"Warum sollte es nicht funktionieren?", erwiderte Sanchez selbstsicher. "Ich habe in den letzten beiden Tagen so viele Erfahrungen sammeln können, dass es reine Routine für mich ist. Sie werden herkommen und sehen, dass wir ganz andere sind. Wir werden für sie aussehen wie Einheimische."

"Bist du sicher, dass nichts schief gehen kann?", fragte Aaron besorgt.

"Es wird nichts schief gehen", versicherte Sanchez. "Doch wir müssen danach trotzdem verschwinden. Die mentale Hypnose wird nicht ewig anhalten. Sie werden Fragen stellen und erfahren, dass wir hier waren. Bis dahin haben wir allerdings in aller Ruhe unsere Sachen gepackt und sind verschwunden."

"Kannst du denn so viele Leute auf einmal hypnotisieren?", hakte Aaron weiterhin ungläubig nach.

"Wie viele sind es denn?", wollte Sanchez wissen.

"Es war ein ganzer Trupp. Ich glaube es waren sieben oder acht Männer."

"Wir müssen warten, bis ich sie sehe", erklärte Sanchez. "Ich kann nur Kontakt zu der Gedankenwelt von Menschen aufnehmen, wenn ich sie kenne oder wenigstens sehe."

"Dann werden sie uns doch auch sehen, wenn du so lange warten musst. Wie willst du denn das vermeiden?", fragte Aaron besorgt.

"Ich weiß es noch nicht. Aber es wird mir schon etwas einfallen", erwiderte Sanchez zuversichtlich.

"Ich kann vielleicht dabei helfen", meinte ich. "Meine Kräfte sind mittlerweile viel stärker geworden. Ich habe zwar immer noch nicht gelernt, Gegenstände mental langsam zu bewegen, doch ich kann jetzt sehr schwere Gegenstände ruckartig bewegen. Ich werde versuchen, ihren Wagen zu beeinflussen."

"Glaubst du wirklich, du kannst einen ganzen Wagen mental bewegen?", fragte Aaron ungläubig.

"Ich denke schon. Ich kann ihm zumindest einen tüchtigen Schubs geben, sodass die Leute, die drin sitzen, erst einmal einen Schreck bekommen. Diese Schrecksekunde muss dir ausreichen, Sanchez, um mit ihrer Gedankenwelt Kontakt aufzunehmen."

"Vielleicht können die vielen Leute hier auch etwas tun, um uns zu helfen. Sie könnten sich so hinstellen, dass man uns nicht direkt sieht", schlug Sanchez vor.

"Das ist eine gute Idee, Sanchez. Kommt, machen wir uns bereit, sie gebührend zu empfangen", sagte ich.

Aaron bat die Leute um ihre Hilfe. Sie waren sofort bereit, den dreien von der Prophezeiung zu helfen. Sie stellten sich so an die Straße, dass das Haus von Sanchez gar nicht mehr zu sehen war. Aaron, Sanchez und ich versteckten uns in der Menschenmenge. Nicht einmal fünf Minuten später kreuzten zwei schwarze Limousinen auf. Als sie näher kamen, konzentrierte ich mich intensiv auf den ersten Wagen. Ich hob meine Hände und machte eine abwehrende Bewegung. Im gleichen Augenblick blieb der erste Wagen auf der Stelle stehen. Der zweite brummte voll hinten drauf. Sanchez konnte die Männer aus dieser Entfernung deutlich sehen. Er begann, sich auf die Gedankenwelten dieser Menschen zu konzentrieren. Doch es waren zu viele verschiedene Gedanken. Es klappte nicht so schnell.

Sanchez brauchte noch mehr Zeit. Die Männer stiegen aus ihren Wagen aus.

"Schnell, Rachel, mach irgendetwas! Ich kann sie nicht so schnell beeinflussen", sagte Sanchez aufgeregt.

Ich konzentrierte mich wieder auf die Männer. Ich versuchte, mich in den Körper eines Mannes aus dem zweiten Wagen hineinzufühlen. Ich spürte seinen Arm, als ob es mein eigener wäre. Ich machte eine Faust und boxte in die Luft. Doch der Mann, dessen Arm ich bewegte, schlug keine Luftlöcher, sondern dem Fahrer des ersten Wagens genau auf die Nase. Dieser ließ sich das natürlich nicht gefallen und schlug zurück. Doch die Massenschlägerei, die ich erhofft hatte, blieb aus. Ein Mann aus der Gruppe, offenbar der Vorgesetzte der beiden Streithähne, beendete den Streit augenblicklich. Die acht Männer kamen auf die Menschengruppe zu. Sanchez musste jetzt handeln, sonst war es zu spät. Aaron wurde schon sehr nervös. Die Männer kamen immer näher. Sie hatten die Menschengruppe schon fast erreicht. Aaron brach in Panik aus. Er wollte schnell weglaufen, doch ich hielt ihn fest.

"Keine Panik, Aaron", versuchte ich ihn zu beruhigen. "Sanchez hat es bestimmt gleich. Jetzt bloß nicht auffallen. Bleib ganz ruhig. Er wird es schaffen."

Doch die Männer kamen immer näher. Sanchez konzentrierte sich, aber die Agenten reagierten nicht. Schließlich hatten sie die Menschengruppe erreicht. Sie griffen in ihre Jackentaschen. Aaron war sicher, dass sie nach ihren Waffen griffen.

"Guten Tag", sagte einer der Männer zu den Einheimischen. "Wir suchen das Haus von Sanchez Alvarez. Können Sie uns sagen, wo wir dieses Haus finden?"

Aaron verstand diese Reaktion nicht. Sie standen doch direkt vor dem Haus. Das konnte nur eines bedeuten: Sanchez musste es geschafft haben. Sanchez trat durch die Menge hervor.

"Sanchez Alvarez hat früher einmal hier gewohnt", erklärte er dem Agenten. "Er ist aber vor ein paar Monaten auf die andere Seite der Insel gezogen. Die genaue Adresse weiß ich leider nicht."

"Danke für Ihre Auskunft. Einen schönen Tag wünsche ich noch", erwiderte der Agent.

Aaron brach fast zusammen, als die Männer weg waren. Nie hätte er geglaubt, dass Sanchez diese Männer so an der Nase herumführen könnte.

Ich setzte der ganzen Angelegenheit noch die Krone auf. Ich konzentrierte mich wieder auf den Mann, dessen Arm ich zuvor schon einmal bewegt hatte, und tat es gerade noch einmal. Ich schlug den Fahrer des ersten Wagens mit dem Arm des Mannes einfach noch einmal. Aaron fiel fast die Kraft aus dem Gesicht, als er dies sah. Er hatte immer noch furchtbare Angst vor den Agenten. Er war erst wieder ruhiger, als sie in ihren Autos saßen und wegfuhren.

"Rachel! Musste das denn noch sein?", fragte Aaron ungehalten.

"Was hast du? Das war doch lustig!", erwiderte ich verständnislos.

"Und wenn sie dadurch zurückgekommen wären?", fragte Aaron vorwurfsvoll.

"Dann hätten wir das Gleiche noch einmal gemacht. Es kann doch nichts passieren, Aaron. Das Ganze war doch ein Heidenspaß. Mit unseren Kräften sind wir sicher. Die können uns nichts mehr anhaben."

"Das stimmt nicht ganz, Rachel", meldete sich Sanchez zu Wort. "Wir müssen auf jeden Fall weg von hier. In ein paar Stunden werden sie in ihrer Erinnerung sehen können, was sich tatsächlich ereignet hat. Sie werden wissen, dass wir sie mental beeinflusst haben. Ich werde es dann nicht noch einmal tun können. Wir sollten also schnell ins Haus gehen und packen. Wenn sie zurückkommen, müssen wir mit dem Boot bereits weit weg sein."

Wir liefen schnell ins Haus und packten unsere Sachen. Die Leute halfen uns, unseren Wagen zu beladen. Nach einer Viertelstunde war alles Wichtige im Wagen. Wir verabschiedeten uns von den vielen lieben Menschen und von Sanchez' Haus.

Am Hafen luden wir erst einmal den Wagen aus. Aaron fuhr ihn ein Stück weiter weg, damit man nicht sehen konnte, dass wir mit einer Jacht geflüchtet waren. Danach rannte er so schnell er konnte zurück zur Jacht. Sanchez hatte bereits den Motor angelassen und den Anker gelichtet. Jetzt, wo Aaron da war, machte er die Leinen los und legte ab. Als wir auf hoher See waren und das Land langsam außer Sichtweite war, begann sich Aaron langsam zu entspannen.

"Mann, das war ganz schön knapp mit den Agenten der Organisation", sagte er erleichtert.

"Es war echt spannend", meinte ich.

"Du nimmst wohl keine Gefahr mehr ernst, was?", meinte Aaron vorwurfsvoll.

"So gefährlich war das doch gar nicht. Wir haben sie doch toll an der Nase herumgeführt. Wenn ich daran denke, wie der eine dem Fahrer des ersten Wagens zwei Mal eine verpasst hat, ohne das zu wollen, dann könnte ich mich immer noch kringeln vor Lachen. So etwas könnte ich jeden Tag machen."

"Danke, da kann ich gerne drauf verzichten", meinte Aaron sauer.

"Komm, sei kein Spielverderber!"

"Du kannst das doch nicht wirklich alles als Spiel sehen!", meinte Aaron verständnislos.

"Und warum nicht?"

"Weil es wirklich gefährlich war."

"Es gibt viele Spiele, die ein bisschen gefährlich sind", meinte ich. "Das macht gerade den Reiz dieser Spiele aus."

"Ja, aber bei diesen Spielen geht es nicht um Leben und Tod", wandte Aaron ein.

"So dramatisch sehe ich das nicht", erklärte ich beschwichtigend. "Der CIA muss erst einmal Menschen auf uns hetzen, die sich durch unsere Kräfte nicht beeinflussen lassen. Ich glaube nicht, dass er die hat. Und so lange werden wir mit ihnen unsere Spielchen treiben."

"Ich wollte euch das zwar eigentlich nicht erzählen, aber es geht um mehr als nur um den CIA oder um die Organisation, die uns verfolgt", sagte Aaron besorgt.

"Um was denn sonst noch?", wollte ich wissen.

"Das Überleben der gesamten Menschheit ist gefährdet", erklärte Aaron kurz.

"Woher weißt du das?"

"Ich habe es auf Bewusstseinsebene 2 erfahren."

"Und wodurch ist die Menschheit in solch großer Gefahr?"

"Durch Außerirdische!"

Ich begann herzhaft zu lachen. Ich glaubte nicht so recht an Außerirdische. Und schon gar nicht daran, dass die Menschheit durch Außerirdische bedroht würde, wenn es sie vielleicht doch gäbe.

"Du brauchst gar nicht so zu lachen", meinte Aaron ernst. "Ich habe es selbst gesehen. Es ist kein Scherz. Die Menschheit wird vernichtet, wenn wir uns nicht alle ganz grundlegend ändern."

"Was sollen wir denn so Grundlegendes verändern?", fragte ich in einem Tonfall, der vermuten ließ, dass ich Aaron kein Wort glaubte.

"Es geht um die Machtbesessenheit der Menschen. Die außerirdischen Rassen, die die Erde seit Jahrtausenden beobachten, haben Angst vor der Gewaltherrschaft der Menschen. Sie haben Angst, dass die Menschen irgendwann ihre Heimatplaneten angreifen könnten."

"Das kannst du doch nicht wirklich alles glauben, Aaron!", meinte ich ungläubig.

"Es ist purer Ernst, Rachel. Du glaubst nicht an Außerirdische, doch du hast selbst schon oft mit einem geredet."

"Du meinst Mysterio? Du hältst Ella auch für einen Außerirdischen, genau wie Sanchez?", fragte ich weiterhin ungläubig.

"Ich bin fast hundertprozentig sicher, dass ich weiß, wer Ella wirklich ist", erklärte Aaron.

"Und wer ist sie?"

"Sie hat sich vor ein paar Monaten durch ein spezielles Sterberitual in ein energetisches Wesen verwandelt. Sie hat also keinen Körper mehr. Ich habe sie allerdings gesehen, als sie noch einen hatte."

"Komm, Aaron. Jetzt will ich die ganze Geschichte hören", meinte ich jetzt doch neugierig. "Sag uns alles, was du weißt."

Aaron berichtete Sanchez und mir, was er im Kloster erlebt hatte. Er erklärte auch, was das Wesen über die Machtbesessenheit der Menschheit gesagt hatte. Als er fertig war, sah er in zwei sehr nachdenkliche Gesichter.

"Das hört sich wirklich nicht so an, als wäre es nur deiner Fantasie entsprungen", meinte ich betroffen.

"Sehe ich das richtig, dass Ella über Mysterio versucht, die Machtbesessenheit der Menschheit zu verringern, damit die anderen außerirdischen Rassen keinen Grund haben, die Menschheit zu vernichten?", wollte sich Sanchez vergewissern.

"Ich glaube, dass es so ist", bestätigte Aaron. "Ich verstehe jedoch nicht, wie Ella das tatsächlich erreichen will. Ich verstehe auch nicht, wie Ella gedenkt, die Machenschaften der Organisation zu verhindern. Die üben mit Sicherheit auch Macht im großen Stil aus. Ich weiß zwar noch nicht genau, was diese Organisation im Einzelnen tut, doch es kann nichts Gutes sein."

"Dass sie meine Erfindung gestohlen haben und uns verfolgen, deutet nicht darauf hin, dass sie Gutes im Schilde führen", stimmte Sanchez zu.

"Ganz abgesehen davon, dass sie vielleicht Sonja getötet haben", meinte ich.

"Wir sollten also ein bisschen vorsichtiger sein, was wir tun", meinte Aaron. "Wenn wir für Ella wichtig sind, um die Menschheit zu retten, dann sollten wir unser Leben nicht leichtfertig aufs Spiel setzen."

"Glaubst du wirklich, dass wir auserkoren sind, die Menschheit zu retten?", fragte ich zweifelnd. "Das hört sich an wie aus einem James-Bond-Film."

"Egal, wie es sich anhört. Ich bin sicher, dass es so ist, auch wenn Ella uns darüber keine richtige Antwort gibt. Erinnere dich! Sie hat schon einmal gesagt, dass unsere Aufgabe sich auf die gesamte Menschheit bezieht."

"Ja, schon. Aber gleich die Welt retten?!"

"Und was ist mit der Prophezeiung, von der die Leute auf Barbados gesprochen haben?", wandte Aaron ein. "Sie sagten auch, dass wir die drei seien, die das Übel aus der Welt schaffen. Hältst du das auch für Quatsch?"

"Vielleicht ist etwas dran, vielleicht auch nicht", erwiderte ich. "Ich will mir darüber gar nicht den Kopf zerbrechen. Was kommt, das kommt. So oder so."

"Ich wollte, ich könnte das so locker nehmen wie du", meinte Aaron. "Ich kann kaum noch ein Auge zutun. Ich spüre permanent die Gefahr, dass die Außerirdischen jeden Moment die Entscheidung treffen könnten, die Menschheit auszulöschen."

"Aaron, du darfst dich nicht so verrückt machen. Das bringt nichts. Dadurch hältst du sie auch nicht davon ab, das zu tun, was sie tun wollen. Wir sollten jetzt einen klaren Kopf bewahren", meinte ich.

"Leichter gesagt als getan. Ella hat mir das auch schon mehrfach gesagt. Aber ich kann die Gefahr einfach nicht vergessen."

"Es wird schon alles gut gehen, Aaron. Solange wir drei zusammen sind, kann uns nichts passieren. Und wenn wir sterben sollten, dann werde ich im Jenseits immer noch bei dir sein. Ich werde dich bis in alle Ewigkeit lieben."

"Oh, Rachel. Ich hoffe, es geht alles gut. Ich möchte glücklich mit dir leben und alt werden. Ich wünsche mir nichts mehr als das."

"Wir werden es schaffen! Ich verspreche es dir."

"Ich denke", sagte Sanchez, "wir sollten Ella noch einmal direkt darauf ansprechen, ob sie dieses außerirdische Wesen ist oder nicht. Wenn die Menschheit tatsächlich in solch großer Gefahr schwebt und wir etwas dagegen tun könnten, dann sollten wir wenigstens wissen, was wir zu tun haben."

Wir gingen nach unten in die Kabine und begannen unseren Landeanflug auf Mysterio. Erst als wir gelandet waren, bemerkten wir, dass sich der PC schon wieder weiterentwickelt hatte. Bisher hatte der PC uns nur für spezielle Spiele in seine virtuelle Welt hineingezogen. Auch waren wir bis jetzt immer nur allein in dieser Computerwelt gewesen, abgesehen von den Spielfiguren, die nicht wirklich lebendig waren. Doch dieses Mal waren wir gleich zu Beginn des Spiels zu dritt in der virtuellen Welt von Mysterio. Wir gingen am Strand entlang und sahen Ella auf uns zukommen.

"Schön, dass ihr kommt. Ich möchte mit euch reden", begrüßte uns Ella.

"Wir haben einige Fragen, Ella", entgegnete ich.

"Okay, was wollt ihr wissen?"

"Bist du das außerirdische Wesen, das Aaron im Kloster gesehen hat?", fragte ich direkt.

"Was würde es für euch bedeuten, wenn ich es wäre?", wich Ella aus.

"Wir möchten wissen, ob wir dabei mitwirken sollen, die Menschheit zu retten", erklärte ich.

"Was würdet ihr tun, wenn dies so wäre?", fragte Ella.

"Wir würden diese Aufgabe annehmen."

"Was meinst du mit annehmen?"

"Wir würden alles tun, um die Menschheit zu retten. Wir würden Tag und Nacht arbeiten, wenn es nötig wäre", erklärte ich.

"Eigentlich müsstet ihr bereits wissen, dass ihr euer gesamtes schöpferisches Potenzial nur dann entfalten könnt, wenn ihr nicht danach strebt, sondern es aus purer Lust am Vergnügen tut. Wenn es also tatsächlich so wäre, dass ihr eine Aufgabe erfüllen sollt, dann würde euch euer Leistungsstreben mit Sicherheit im Wege stehen", erwiderte Ella.

"Das heißt also: Du willst uns nicht sagen, worin unsere Aufgabe besteht?", schlussfolgerte ich.

"In eurem eigenen Interesse werde ich es nicht tun", erklärte Ella.

"Das heißt aber, dass du das Wesen aus dem Kloster bist?"

"Mir wäre es lieber, wenn ihr mich weiterhin als Spiel betrachten würdet."

"Wäre das wichtig für unsere Aufgabe?", wollte Aaron wissen.

"Du willst unbedingt eine Antwort auf die Frage, ob ich das Wesen aus dem Kloster bin, stimmt's, Aaron?"

"Ja, stimmt."

"Nehmen wir einen Moment an, ich wäre es. Was würde das ändern?"

"Ich hätte Gewissheit."

"Warum willst du unbedingt diese Gewissheit?", fragte Ella nach.

"Ich kann nicht leiden, wenn ich nicht weiß, wo ich dran bin."

"Warum nicht?"

"Weil ich dann nie weiß, wie ich reagieren soll, wenn etwas passiert."

"Du glaubst also immer noch, dass in deinem Leben etwas Unvorhergesehenes passieren könnte?"

"Ich weiß, dass es viel wahrscheinlicher ist, dass ich meine Realität selbst erschaffe, aber ich kann die Gefahr, die über uns schwebt, nicht ignorieren, nur weil es sein könnte, dass ich meine Realität gestalte. Dafür müsste ich mir schon sicher sein, dass nichts passieren kann", erklärte Aaron.

"Wie sieht es bei euch aus, Rachel und Sanchez?", wollte Ella wissen. "Fühlt ihr auch noch so stark, dass die Ereignisse in eurem Leben alle zufällig passieren?"

"Eigentlich nicht", meinte Sanchez. "Aber, wenn es wirklich stimmt, dass die Menschheit in der Gefahr schwebt, vernichtet zu werden, dann würde ich mich auch nicht darauf verlassen, dass alles nach meinen Wünschen geschieht."

"Gut, reden wir von der Gefahr", stimmte Ella zu. "Wie groß schätzt ihr die Wahrscheinlichkeit ein, dass alles, was in eurem Leben je geschehen ist, wirklich reiner Zufall war?"

"Wenn ich an all die kleinen Unzufälligkeiten denke, die in meinem Leben andauernd geschehen, dann ist diese Wahrscheinlichkeit nicht sehr groß", meinte Sanchez.

"Wie ist es mit dir, Rachel?"

"Bevor ich mit Mysterio angefangen habe, dachte ich schon, dass alles Zufall ist. Doch es waren schon sehr viele dieser seltsamen Zufälle."

"Und du, Aaron? Gibt es Menschen, die dauernd Glück haben und andere, die das Pech für sich gepachtet haben?"

"Ich denke schon, dass es das gibt. Ich selbst war jahrelang vom Pech verfolgt, wenn es um die richtige Partnerin ging. Das war mehr als Zufall, dass ich vor Rachel immer an die Falsche geraten bin."

"Du glaubst also nicht, dass es Zufall war?", hakte Ella nach.

"Nein, das kann ich nicht glauben", erklärte Aaron.

"Was war es denn?"

"Entweder war es so vorbestimmt, oder es stimmt, was du uns sagtest – ich meine, dass meine Wahrnehmung dieses Pech in mein Leben gezogen hat."

"Was hältst du für wahrscheinlicher?", wollte Ella wissen.

"Dass es meine Wahrnehmung war", bestätigte Aaron.

"Wie viel wahrscheinlicher ist dies?"

"Mindestens zehn zu eins, denke ich."

"Und du, Sanchez? Wie schätzt du die Wahrscheinlichkeit ein, dass du mit deiner Wahrnehmung die Realität erschaffst, gegenüber dem Zufall?"

"Ich glaube nicht an Zufall", erklärte Sanchez. "Ich bin eigentlich hundertprozentig sicher, dass meine Wahrnehmung die Ereignisse in meinem Leben bestimmt."

"Rachel, wie sieht es bei dir aus?"

"Du willst wissen, für wie wahrscheinlich ich den Zufall halte? Nun, ich denke die Chancen stehen zehn zu eins für die Erschaffung der Ereignisse durch meine Wahrnehmung."

"Und trotzdem handelt ihr nach dem unwahrscheinlichen Fall, dass euch etwas zustoßen könnte, mit dessen Erschaffung ihr nichts zu tun habt. Wieso tut ihr das?", wollte Ella wissen.

"Gewohnheit", meinte ich.

"Das glaube ich nicht", sagte Aaron. "Ich denke, dass es eher aus Angst ist, dass es doch nicht stimmt mit der Selbsterschaffung der Realität. Was wäre, wenn es ein Trugschluss ist? Die Organisation würde uns erwischen, weil wir nicht aufgepasst haben."

"Was wäre aber, wenn es doch stimmte?", fragte Ella. "Würdet ihr dann nicht eine zehn Mal höhere Gefahr eingehen, dass sie euch fassen?"

"Wieso denn das?", fragte ich erschrocken.

"Das ist das Gleiche wie mit deiner Angst vor dem Gefängnis. Sie hat dafür gesorgt, dass du verfolgt wirst. Wenn also wirklich eure Wahrnehmung die Realität gestaltet, dann sorgt ihr durch die Suche nach der Gefahr dafür, dass sich die Gefahr in eurem Leben ereignet."

"Du meinst, wir würden durch unsere Sorgen eine Gefahr erst erschaffen, die sonst gar nicht da wäre?", fragte ich nach.

"Ihr würdet Ereignisse erschaffen, die euch Grund dazu geben, euch zu sorgen", bestätigte Ella. "Die Ereignisse stellen immer die Widerspiegelung eurer Gefühle dar. Wenn ihr also zehn Mal mehr glaubt, dass ihr die Realität erschafft, dann ist auch diese Gefahr zehn mal größer."

"Du meinst, wir sollten unser Verhalten ab sofort verändern?", hakte ich nach.

"Überlegt einmal selbst", schlug Ella vor. "Wenn ihr beispielsweise in ein paar Jahren sehr dick geworden wäret und alle möglichen Diäten hinter euch hättet, um abzunehmen – würdet ihr dann das Fett operativ entfernen lassen, wenn ihr wüsstet, dass neun von zehn Menschen danach völlig verunstaltet sind?"

"Sicherlich nicht", meinte ich. "Aber was hat das jetzt damit zu tun?"

"Durch die Verunstaltung würde eure Lebensqualität leiden. Es könnte sogar so schlimm sein, dass ihr nicht mehr weiterleben wolltet. Euer Leben wäre also in Gefahr. Wenn die Organisation euch in die Finger bekommt, ist euer Leben auch in Gefahr. In diesem Fall entscheidet ihr euch aber dafür, das Risiko der Operation einzugehen."

"Logisch betrachtet hast du Recht. Aber irgendwie kann ich diese Gefahr gar nicht richtig nachempfinden", meinte ich.

"Das, liebe Rachel, ist genau der Grund, warum du dich nicht nach dieser Gefahr richtest. Stattdessen kannst du die Gefahr, dass die Menschheit gefährdet ist, sehr gut nachempfinden. Daher richtet sich deine Wahrnehmung auf diese Gefahr, und du ziehst sie in dein Leben."

"Du hast Recht. Aber ich fühle trotzdem die Angst, dass ein Unglück passieren könnte, viel stärker, als die Angst, dieses Unglück durch meine Wahrnehmung hervorzurufen", wandte ich ratlos ein.

"Das kommt dadurch, dass die Ereignisse, die du durch deine Wahrnehmung erschaffst, immer erst viel später eintreten. Würden sie sich sofort ereignen, hättest du den Zusammenhang längst erkannt und würdest dich danach richten. Lasst euch das Ganze noch einmal durch den Kopf gehen. Wir sprechen uns wieder, wenn ihr die Gefahr eurer Realitätsgestaltung fühlen könnt."

"Okay, Ella. Dann bis bald."

Wir verließen Mysterio wieder und fanden uns vor dem Bildschirm des PCs wieder. Wir gingen an Deck. Sanchez hatte die ganze Zeit den Autopiloten eingeschaltet. Normalerweise hätte er vor Anker gehen müssen, während wir mit Ella redeten. Doch er wollte so schnell wie möglich weg von Barbados.

Jeder für sich bemühte sich an diesem Tag, die Angst vor negativer Realitätsgestaltung wahrzunehmen. So richtig wollte es allerdings noch nicht gelingen. Am Abend kamen wir schließlich müde auf Tobago an. Wir ankerten in einer einsamen Bucht. Hier würden wir vorerst in Sicherheit sein.

Früh am Abend legten wir uns schlafen. Als Aaron am Morgen aufwachte, schliefen Sanchez und ich noch ganz fest. Aaron dachte sofort wieder an die Organisation, die uns verfolgte.

"Vielleicht", dachte er, "kann ich ja doch herausbekommen, was es mit dieser Organisation auf sich hat. Wenn ich meine Wahrnehmung währenddessen auf mein Glück richte, dürfte eigentlich nichts passieren", dachte er sich.

Er konzentrierte sich auf sein Glücksgefühl. Es kam sofort. Danach richtete er seine Wahrnehmung auf Bezugssystem 2. Es dauerte nur ein paar Minuten, bis er die Realität von Bezugssystem 2 wahrnahm. Aaron begann, seine Neugier auf die Organisation zu konzentrieren. Bisher wusste er nur, dass es eine geheime Organisation war, in die der Chef des CIA und der General aus dem Weißen Haus verwickelt waren. Doch welche Ziele hatte diese Organisation? Wieder tauchten Bilder vor Aaron auf. Er sah, wie die Organisation gleichermaßen Hochfinanz, Wirtschaft und Politik beeinflusste. Die zwölf Mitglieder dieser Organisation nannten sich selbst "Rat der Zwölf". Sie mussten wohl beabsichtigen, die Weltherrschaft zu übernehmen, indem sie die Welt kauften. Sie taten wirklich alles, um ihr Vermögen zu erweitern. Weiterhin engagierten sie sich seltsamerweise allesamt in der Öffentlichkeit für soziale Einrichtungen. Aaron war klar, dass niemand es wagen würde, diese "guten Menschen" anzugreifen. Es gab überhaupt keine Schwachpunkte, wo man diese Geheimgesellschaft auffliegen lassen könnte. Keine Zeitung würde einen anonymen Artikel abdrucken, in dem solche Ungeheuerlichkeiten geäußert würden.

Aaron hatte genug gesehen. Eigentlich wollte er sich diese Informationen auf Bezugssystem 2 ganz ruhig anschauen. Er wollte sein Glücksgefühl dabei auf jeden Fall behalten. Es war ihm nicht gelungen. Stattdessen lösten diese Bilder wieder Angst in ihm aus, dass solch eine mächtige Organisation uns irgendwann finden würde.

Aaron erkannte, dass der Rat der Zwölf ein geheimes Labor eingerichtet hatte. Er wollte jetzt alles wissen. Er wollte herausbekommen, was der Rat der Zwölf genau beabsichtigte. Aaron beschloss, mit seinem Geistkörper in das Labor einzudringen. Er hatte zwar keine Idee, wo dieses Labor sein könnte, doch das war auch nicht unbedingt notwendig. Es würde genügen, dass er sich das Innere des Labors vorstellte, das er auf Bezugssystem 2 gesehen hatte.

Aaron fand sich sehr schnell dort wieder. Es war ein sehr großes Gebäude. Er suchte ein Fenster. Er wollte wissen, wo er sein könnte. Er hoffte, es durch das Fenster sehen zu können.

Auf der Suche fiel ihm auf, dass ein großer Teil des Gebäudes als Wohnraum genutzt wurde. Doch nirgends war ein Fenster zu finden. Das konnte nur bedeuten, dass dieses Labor unter der Erde lag.

Nach einer Weile fand Aaron den eigentlichen Kern des Labors. Es war ein großer Saal mit einer hohen Decke. In diesem Saal waren sehr viele Menschen beschäftigt. Aaron beschloss, sich das etwas genauer anzuschauen.

Er kam an einer riesigen Bildwand vorbei, an der Hunderte von Fernsehbildschirmen angebracht waren. Jeder Bildschirm zeigte ein anderes Fernsehprogramm.

"Was hat das zu bedeuten?", fragte sich Aaron.

In diesem Moment kam ein Mann des Rates der Zwölf ins Labor. Er kam zu den Leuten, die Aaron gerade beobachten wollte.

"Wie sieht es aus?", fragte er die Wissenschaftler.

"Wir sind weitergekommen. Nach den Meinungsumfragen liegt Jelzin ganz knapp vorne."

"Gute Arbeit, Jungs!", lobte sie der Mann. "Glaubt ihr, wir können dem Volk suggerieren, dass Jelzin die gesamte Regierungsmannschaft austauschen wird, wenn er gewinnt? Es wäre toll, wenn ihr es schaffen würdet, dem Volk klar zu machen, dass alles besser wird, wenn sie Jelzin wählen."

"Wir werden gleich damit beginnen", versprach einer der Wissenschaftler.

"Ich wusste, dass ich mit euch einen guten Fang gemacht habe."

Die Männer lächelten und machten sich sofort an die Arbeit. Aaron ging mit. Er wollte wissen, was sie genau vorhatten. Offenbar hatte der Rat der Zwölf großes Interesse daran, dass Jelzin Präsident wurde. Doch warum? Und wie wollte er das erreichen?

Aaron beobachtete, wie die Wissenschaftler ein Bild von Jelzin auf dem Computerbildschirm bearbeiteten. Sie veränderten dieses Bild. Sie machten Jelzin jünger. Er sah dadurch sehr dynamisch aus. Dann veränderten sie die Umgebung, in der Jelzin zu sehen war. Nach einer Weile begannen sie, russische Schriftzeichen hinzuzufügen. Aaron verstand zwar kein Wort Russisch, aber ihm war sofort klar, was auf diesen Schriftzeichen stehen musste.

Aaron war klar, dass er nie verstanden hätte, was diese Leute hier taten, wenn Sanchez ihm nicht die Sache mit den subliminalen Bildern erklärt hätte.

So wie es aussah, beeinflusste der Rat der Zwölf die Bevölkerung von Russland über das Fernsehen.

Aaron war sich sicher, dass sie dies nicht nur mit Russland machen würden. Sicherlich war die ganze Welt von diesen subliminalen Botschaften betroffen. Das musste der Grund für die vielen hundert Fernsehsendungen sein, die er auf dieser Bildwand gesehen hatte. Wahrscheinlich empfingen sie diese Sender, um kontrollieren zu können, ob ihre Bildbotschaften angekommen waren.

Aaron hatte genug gesehen. Er war sicher, dass er nie wieder einen Fernseher einschalten würde. In Anbetracht dieser Erkenntnisse stieg in ihm die Befürchtung auf, dass diese globale Manipulation der Menschheit den Außerirdischen den letzten Impuls geben könnte.

Was sollte er bloß dagegen unternehmen? Niemand würde ihm glauben. Die Polizei und sogar das Militär waren vom Rat der Zwölf infiltriert. Von dieser Seite konnte er keine Unterstützung bekommen. Und was sollte er den Leuten sagen? Dass er mit seinem Geistkörper gesehen hatte, dass der Rat der Zwölf ein geheimes Labor eingerichtet hatte, um die Menschheit zu manipulieren? Und wer würde ihm glauben, dass er Außerirdische gesehen hatte, die die Menschheit vernichten wollten, wenn diese ihr Machtgehabe nicht aufgab?

Die Sache war aussichtslos. Aaron konnte nur untätig zusehen, was in diesem Labor vor sich ging. Trotzdem trieb seine Neugier ihn dazu, noch mehr zu erfahren. Er verließ diesen Saal und begann, den Mann des Rates der Zwölf, den er zuvor gesehen hatte, zu suchen. Doch er war nirgends zu finden.

Nach längerer Suche kam Aaron in einen Gang, der mit einer Sicherheitstür abgesperrt war. Hier musste etwas Besonderes vor sich gehen. Glücklicherweise waren solche Türen für Aaron kein Hindernis. Er ging mit seinem Geistkörper einfach hindurch. Der Gang führte zu einem Raum, der wiederum mit einer Sicherheitstür verschlossen war. Durch das Glasfenster dieser Tür konnte Aaron sehen, dass die Leute auf der anderen Seite alle Schutzkleidung trugen. Aaron hatte zuerst Bedenken, durch die Tür hindurchzugehen. Doch das war natürlich Unsinn. Er hatte keinen Körper und damit nichts, was er hätte schützen müssen.

Als er durch die Tür hindurchtrat, erkannte er, dass die Leute sich mit der Kleidung nicht selbst schützen wollten. Es war ein keim- und staubfreier Anzug, den sie angelegt hatten. Als Aaron sich in diesem Raum umsah, erkannte er den Mann, der er suchte. Er schien der Leiter dieses Labors zu sein. Er stand mit ein paar Wissenschaftlern zusammen.

"Kann ich irgendetwas tun, um euch zu helfen?", hörte Aaron ihn sagen. "Wenn ihr irgendetwas braucht, sagt es mir! Ihr bekommt jede Unterstützung, die ihr wollt."

"Wir brauchen nur noch etwas Zeit", erklärte ein Wissenschaftler. "Es ist nicht so einfach. Noch nie zuvor haben wir mit solch einer Technik zu tun gehabt. Sie ist unserer Wissenschaft um Jahrhunderte voraus."

Erst jetzt sah Aaron, dass die Wissenschaftler den PC untersuchten, den ich in meiner Universität an Mysterio angepasst hatte.

Offenbar hatte der Rat der Zwölf diesen PC aus Area 51 herausgeholt. Die Wissenschaftler versuchten, seine Technik zu verstehen.

"Ihr habt doch mit einem Außerirdischen in Area 51 jahrelang zusammengearbeitet", sagte der Laborchef. "War die Technik seines Raumschiffes denn wirklich überhaupt nicht mit dieser vergleichbar?"

"Leider nicht", erklärte der Wissenschaftler. "Die Technik dieses PCs ist nicht synthetisch, sie lebt. Das Raumschiff unseres außerirdischen Kollegen war nicht viel anders als unsere."

"Versucht, etwas herauszubekommen! Ich komme in drei Tagen wieder."

"Drei Tage sind zu wenig. Wir bräuchten mindestens drei Monate, um einigermaßen zu verstehen, was sich hier abspielt", meinte der Wissenschaftler frustriert.

"Wir werden sehen", entgegnete der Laborchef und verließ den Raum.

Aaron konnte sich das nicht erklären, aber er spürte, dass eine unheimliche Bosheit und Menschenverachtung von diesem Mann ausging, obwohl er so charmant und freundlich wirkte. Wenn er es tatsächlich schaffen sollte, diese Techniken, die Aaron hier gesehen hatte, so weit zu entwickeln, dass er damit die gesamte Menschheit beeinflussen konnte, würden die Außerirdischen dem ganzen Treiben mit Sicherheit ein Ende setzen.

Aaron beschloss, noch eine Weile in diesem Labor zu bleiben, um herauszufinden, wie weit der Rat der Zwölf mit seiner Manipulationstechnik tatsächlich war. Er hörte den Wissenschaftlern zu, die sich am Mysterio-PC zu schaffen machten.

"Was sollen wir bloß tun?", flüsterte einer der Wissenschaftler. "Wenn wir ihm zeigen, wie er die Technik dieses Computers einsetzen kann, wird er die gesamte Menschheit versklaven."

"Und wenn wir es nicht tun, wird er uns töten lassen", erwiderte ein anderer.

"Wir haben keine andere Wahl. Er wird uns sowieso nicht freilassen – es sei denn als Marionette ohne eigenen Willen", bemerkte ein Dritter.

"Früher oder später wird er dahinter kommen, dass wir schon viel weiter sind als wir ihm gesagt haben. Ich denke, dass er es jetzt schon ahnt", befürchtete der Zweite.

"Wir müssen weiterhin versuchen, diesen PC zu vernichten. Das ist die einzige Chance. Ohne diesen PC wird er niemals die gesamte Menschheit mental manipulieren können. Nachbauen kann diesen Computer auf dieser Welt mit Sicherheit niemand."

"Aber wie sollen wir ihn vernichten? Wir haben doch schon alles versucht. Er schützt sich selbst vor Vernichtung. Er ist uns maßlos überlegen."

"Wir haben weitere drei Tage. Es wird uns etwas einfallen."

In diesem Moment kam der Laborchef wieder ins Labor. Er hatte eine ganze Mannschaft an Wachpersonal mitgebracht.

"Weg vom PC!", sagte er.

Einer der Wissenschaftler versuchte, den PC vom Tisch zu werfen. Er wurde von einem Soldaten des Laborchefs daran gehindert.

"Okay, ihr Lieben", meinte der Laborchef. "Ich danke euch für die Information, dass ich mit diesem PC mein Vorhaben verwirklichen kann."

Er zeigte auf einen der Wissenschaftler. Seine Soldaten schnappten sich den Mann und legten ihn in ein Gerät, das seinen Kopf umfasste. Er bekam eine Spritze und wurde ganz ruhig.

Die Maschine wurde eingeschaltet.

"Beginnen wir mit einem Viertel Impuls", sagte der Laborchef.

Der Wissenschaftler in der Maschine zuckte zusammen. Man konnte sehen, dass er Höllenqualen erleiden musste.

"Wie sieht es aus? Zeichnet das Gerät etwas auf?", fragte der Laborchef.

"Bis jetzt noch nichts Interessantes", erwiderte ein Wissenschaftler, den er mitgebracht hatte.

"Wir sollten die Energie noch etwas steigern", meinte der Laborchef.

"Sie wissen, dass diese Maschine noch nicht ausgereift ist. Wenn wir die Energie weiter steigern, wird sein Gehirn angeschmort", äußerte der Wissenschaftler seine Bedenken.

"Würden wir dadurch die gewünschte Information aufzeichnen können?", fragte der Laborchef.

"Ich weiß es nicht."

Der Laborchef wandte sich direkt an den Wissenschaftler, der in der Maschine lag.

"Es wäre besser für Sie, wenn Sie mir sagen würden, was ich wissen will."

"Fahr zur Hölle!", war dessen Antwort.

"Gehen Sie schon mal vor und sagen dem Teufel einen schönen Gruß!", meinte der Laborchef unberührt. "Wir werden uns später dort treffen. Energie auf halben Impuls!"

Der Mann, der die Maschine bediente, steigerte die Energie, wie der Laborchef es befohlen hatte. Der Wissenschaftler verzerrte das Gesicht. Ein stummer Schrei war das letzte Lebenszeichen dieses Mannes.

"Okay, ihr Lieben. Der Nächste bitte", meinte der Laborchef, als ginge es ums Haareschneiden.

Die Soldaten zerrten den nächsten Wissenschaftler an die Maschine und gaben ihm eine Spritze.

"Ein Viertel Impuls!", befahl der Laborchef.

Auch dieser Mann verzerrte vor Schmerz das Gesicht. Schweißperlen liefen ihm an den Schläfen herunter.

"Sie können sich immer noch dafür entscheiden, ein Leben im Wohlstand zu leben oder es hier und jetzt zu beenden. Es ist Ihre Entscheidung."

"Du kannst mich töten, wenn du willst. Aber ich werde dir nicht helfen, die Menschheit zu versklaven", erklärte der Wissenschaftler.

"Versuchen wir, seine Gedanken aufzuzeichnen", sagte der Laborchef, wohl wissend, dass auch dieser Wissenschaftler das nicht überleben würde. Doch als die Energie hochgeschaltet wurde, brach das System zusammen.

"Wir haben einen Fehler. Wir müssen unterbrechen", erklärte der Mann, der die Maschine bediente.

"Lieber Freund", meinte der Laborchef. "Das war ein Wink des Schicksals. Ich biete Ihnen Geld und Macht, wenn Sie mit mir kooperieren."

"Du kannst mir das Leben nehmen, aber nicht meine Seele!", erklärte der Wissenschaftler.

"Okay, Leute. Bringt ihn ins Psi-Labor!", entschied der Laborchef.

Aaron war entsetzt von dem, was er bis jetzt miterlebt hatte. Er wollte wissen, was sie mit dem Wissenschaftler tun würden.

Er ging mit den Soldaten und dem Laborchef in dieses Psi-Labor. Als sie in diesem Labor ankamen, sah Aaron, dass hier Menschen ausgebildet wurden, ihre Psi-Fähigkeiten zu nutzen. Offenbar wurden hier Drogen eingesetzt, um diese Fähigkeiten zu aktivieren. Die Menschen, die hier trainiert wurden, sahen alle ziemlich fertig aus.

Dem Wissenschaftler hatte man inzwischen Handschellen angelegt. Der Laborchef wendete sich einem Mann zu, der hier eine leitende Funktion haben musste. Es musste wohl der Trainer dieser Psi-Agenten sein.

"Welcher deiner Agenten bringt die besten Ergebnisse, wenn es um Gedankenlesen geht?", wollte der Laborchef wissen.

"Kathrin ist die Beste."

Der Laborchef ging zu Kathrin und legte seinen Arm um sie. Er ging mit ihr ein paar Schritte und redete mit ihr. Aaron konnte deutlich sehen, dass es dieser Kathrin nicht unangenehm war, von diesem Mann angefasst zu werden.

"Also, Kathrin. Wir haben hier einen Mann, der etwas weiß, was ich gerne wissen will. Er will es mir aber nicht freiwillig sagen. Wärst du so freundlich und würdest es für mich herausfinden? Du würdest mich sehr glücklich machen, wenn du dies für mich tätest."

"Ich werde es versuchen. Ich kann aber nicht versprechen, dass es gelingt. Wenn er sich sehr verkrampft, bekomme ich nichts heraus."

"Versuch es, Kathrin! Ich verlasse mich auf dich. Es geht um eine Information, die sehr, sehr wichtig für mich ist. Er weiß etwas über einen PC, den er hier in den letzten Monaten untersucht hat. Ich wäre dir wirklich sehr dankbar, wenn du herausfinden könntest, was er genau weiß."

Kathrin schloss die Augen und konzentrierte sich. Nach einer Weile begann sie, etwas zu sehen.

"Ich kann sehen, dass der PC mit einer fremden Energie arbeitet – einer Energie, die überall vorhanden ist. Ihre Quelle ist unerschöpflich."

Als sie das sagte, versuchte der Wissenschaftler, sich gegen das Lesen seiner Gedanken zu wehren. Er verkrampfte sich total.

"Ich kann nichts mehr sehen. Er hat alles zugemacht", erklärte Kathrin.

"Okay, gebt ihm etwas!", sagte der Laborchef ruhig.

Es war klar, dass er damit eine Droge meinte. Man zog eine Spritze auf und injizierte sie dem Wissenschaftler brutal durch das Hemd in die Schulter. Es dauerte einige Minuten, bis die Spritze richtig wirkte.

"Ich kann wieder etwas erkennen", sagte Kathrin. "Ich weiß nicht, ob es wichtig ist, aber der PC lebt."

"Was heißt das – er lebt?", fragte der Laborchef verwundert.

"Es ist nicht nur ein technisches Gerät. Er ist lebendig. Er wächst und entwickelt sich weiter. Er hat eine gewisse Form von Bewusstsein."

"Ich bin stolz auf dich, Kathrin. Was siehst du noch?"

"Man kann sich mit dem Bewusstsein dieses lebenden Computers verbinden. So als würden zwei Bewusstseinsformen miteinander verschmelzen. Wer das tut, hat unbegrenzte Macht."

"Wie kann ich mich mit ihm verbinden?", wollte der Laborchef unbedingt wissen.

"Mehr weiß er nicht. Das ist alles."

"Bist du sicher?", zweifelte der Laborchef.

"Ich sehe sonst nichts."

Der Laborchef wandte sich wieder an den Trainer der Psi-Agenten.

"Bring mir einen anderen Agenten!"

"Kathrin ist mit Abstand die Beste. Die anderen werden mit Sicherheit nicht mehr herausbekommen", erwiderte dieser.

"Okay, Kathrin. Du hast deine Arbeit gut gemacht. Ich werde das nicht vergessen", versprach der Laborchef.

"Es gibt noch etwas, was Sie interessieren sollte", meinte Kathrin. "Wir sind nicht allein. Es ist noch jemand hier."

"Was meinst du damit?"

"Es ist ein Mann in diesem Raum, der nicht mit seinem Körper hier ist."

Aaron erschrak fürchterlich. Sie musste ihn meinen. Was sollte er jetzt tun? Wenn er sich in seinen Körper zurückfallen ließe, dann würde diese Kathrin vielleicht sehen können, wo er sich aufhielt. Aaron versuchte zu fliehen. Er rannte mit seinem Geistkörper durch die Wand in einen langen Flur. Er hörte nur noch im Hintergrund, wie Kathrin sagte, sie sähe, dass der Besucher fliehen wollte.

"Los, bleib dran, Kathrin", sagte der Laborchef.

Kathrin verließ ihren Körper und jagte Aaron hinterher. Aaron konnte ihren Geistkörper sehen. Was sollte er jetzt tun? Er rannte wie ein Verrückter, und diese Kathrin ließ sich einfach nur hinter ihm her schweben. Er versuchte, sie abzuschütteln, indem er durch Wände rannte. Doch das blieb völlig wirkungslos. Dann hatte er eine Idee. Er stellte sich die Umgebung des Klosters vor, in dem er das Wesen gesehen hatte. Er konzentrierte sich auf die Zeit, in der das Wesen dort mit den Mönchen geredet hatte. Innerhalb weniger Sekunden war er im Raum des Wesens. Kathrin war ihm nicht gefolgt. Offenbar konnte sie nicht durch die Zeit reisen. Aaron fiel ein Stein vom Herzen. Er hatte befürchtet, dass Kathrin ihn bis in seinen Körper verfolgen würde. Doch jetzt war die Gefahr vorüber. Aaron konzentrierte sich auf seinen Körper und ließ sich in diesen zurückziehen. Als er seinen Körper wieder spürte, brach in ihm Entsetzen aus. Kathrin hatte seinen Körper gefunden. Sie wusste jetzt, wo er war. Und so wie es aussah, konnte er auch hingehen, wohin er wollte – sie hatte seine Energiestruktur wahrgenommen und würde ihn überall finden. Jetzt musste er schnell handeln. Er musste Sanchez und mich verlassen. Nur so konnte er uns schützen. Auch hatte er keine Zeit für lange Erklärungen. Er musste sofort weg. Sanchez und ich schliefen noch. Aaron beschloss, uns nicht zu wecken. Sicherlich würde jede lange Erklärung Gefahr für uns bedeuten. Er schrieb nur schnell eine Botschaft und legte sie neben mich.

"Ich muss euch zu eurem eigenen Schutz verlassen", schrieb er. "Ihr müsst sofort von dieser Insel verschwinden. Es ist besser für euch, wenn ihr nicht wisst, wo ich bin. Ich werde dich auf ewig lieben, Rachel. Leb wohl."

Als Aaron dies schrieb, hatte er Tränen in den Augen. Ihm war klar, dass er mich nie wiedersehen würde. Er schaute mich noch einmal voller Sehnsucht an und verließ das Boot.

Er rannte in den Dschungel. Vielleicht würden die Soldaten des Rates der Zwölf ihn in diesem Dschungel nicht so schnell finden können. Je länger er sich verstecken könnte, desto sicherer wäre das für Sanchez und mich. Aaron kämpfte sich so lange durch den dichten Dschungel, bis er erschöpft zusammenbrach. Erst jetzt wurde ihm wirklich bewusst, was geschehen war. Er hatte die Liebe seines Lebens soeben verlassen. Und so wie es aussah, hatte er kaum eine Chance, zu überleben. Der Rat der Zwölf würde mit ihm kurzen Prozess machen. Aaron spielte mit dem Gedanken, sich selbst das Leben zu nehmen. Was hatte er zu verlieren? Er hatte bereits alles verloren, für das es sich zu leben lohnte. Er fühlte sich unsagbar traurig und verzweifelt.

"Hätte ich doch nie mit dem Spiel begonnen!", ging ihm ständig durch den Kopf. Doch für diese Gedanken war es jetzt zu spät. Aus Liebe zu mir konnte er jetzt nur noch eines tun: Er musste so lange weiterleben wie möglich. Solange der Rat der Zwölf hinter ihm her war, würde er Sanchez und mich nicht suchen. Wir hätten auf diese Weise eine größere Chance, zu entkommen. Aaron konnte nur hoffen, dass Kathrin die Energiestruktur von Sanchez und mir nicht auch wahrgenommen hatte. Ansonsten wäre alles umsonst gewesen.

Während Aaron immer tiefer in den Dschungel lief, waren Sanchez und ich mittlerweile wach geworden. Ich hatte natürlich sofort Aarons Brief gefunden und geriet total in Panik. Sanchez versuchte, mich zu beruhigen.

"Rachel, wir müssen jetzt einen klaren Kopf bewahren. Beruhige dich! Nur so können wir versuchen, Aaron zu helfen."

"Ich will zu ihm. Ich gehe nicht von hier weg, bevor wir ihn nicht gefunden haben", sagte ich verzweifelt.

"Das bringt doch nichts, Rachel. Wenn sie dich auch kriegen, kannst du gar nichts mehr für ihn tun. Wir müssen erst mal hier weg und uns in Sicherheit bringen. Ella wird uns helfen, Aaron zu retten."

"Du kannst ja gehen, wenn du willst. Ich bleibe hier. Ich werde ihn schon finden. Und wenn es das Letzte ist, was ich tue."

"Rachel, komm zur Vernunft! Du kannst ihn nicht finden. Er ist sicherlich in den Dschungel gelaufen. Da findet ihn so schnell keiner. Wir müssen hier weg. Ich werde später versuchen, seine Gedanken wahrzunehmen. Vielleicht können wir ihn dadurch finden. Dafür müssen wir aber zuerst in Sicherheit sein."

"Ich gehe nicht von hier weg ohne Aaron. Ich werde ihn finden."

"Rachel, denk doch mal nach! Aaron wollte uns schützen. Deshalb ist er fortgegangen. Glaubst du, er fände es gut, wenn sein Opfer umsonst gewesen wäre? Wenn du jetzt hier bleibst, verachtest du damit seine Liebe zu dir."

"Ich werde nicht weiterleben ohne Aaron. Ich gehe nicht von hier weg. Wenn sie uns töten, dann will ich mit ihm gemeinsam sterben", erklärte ich verzweifelt.

"Und wenn es doch noch eine Chance gäbe, ihn zu retten? Willst du diese Chance ungenutzt lassen?"

"Welche Chance sollen wir denn haben? Aaron ist allein, und wir sind hier. Wenn wir jetzt wegfahren, lassen wir ihn im Stich."

"Das stimmt nicht, Rachel. Wir lassen ihn im Stich, wenn wir hier bleiben. Wir haben nur eine Chance, etwas für ihn zu tun: Wir müssen unsere neuen Fähigkeiten einsetzen. Ella wird uns mit Sicherheit helfen. Wenn wir jedoch hier bleiben, ist alles aus. Ich mach' dir einen Vorschlag, Rachel. Wenn wir auf hoher See sind, fragen wir sofort Ella, was wir für Aaron tun können. Sollten wir tatsächlich nichts ausrichten können, fahren wir wieder hierher zurück. Was sagst du dazu?"

"Schwöre mir, dass wir wirklich zurückkehren, wenn wir nichts tun können!", verlangte ich.

"Ich schwöre es."

Sanchez sprang auf und lichtete den Anker. Er setzte sofort Kurs aufs offene Meer.

Ich setzte mich verzweifelt an den Mysterio-PC. Ich wollte nicht warten, bis Sanchez das Boot hinausgefahren hatte. Ich klickte Mysterio an und landete am Strand der Insel. Ella kam mir schon entgegen.

"Rachel, du musst jetzt Ruhe bewahren", sagte sie. "Wir können Aaron retten, aber nur, wenn wir alle zusammenarbeiten."

"Ich will alles tun. Sag mir, was ich tun soll!", flehte ich verzweifelt.

"Du wirst zum gegebenen Zeitpunkt deine Fähigkeiten einsetzen müssen. Aber was noch viel wichtiger ist: Vergiss niemals, dass auf dieser Welt nichts zufällig geschieht. Alles, was sich in deinem Umfeld ereignet, wird von dir miterschaffen. Du bist Mitschöpfer dieser Welt. Wenn du das beachtest, haben wir eine gute Chance. Solltest du aber deinen Ängsten erliegen, haben wir keine Chance."

"Wie soll ich denn diese Ängste ablegen? Aarons Leben ist in Gefahr. Das ist kein Spiel mehr!"

"Du willst Aaron retten, so weit sind wir uns einig. Wenn du jetzt anfängst, das Spiel der Organisation mitzuspielen, wirst du ihn zum Tode verurteilen."

"Ich verstehe nicht, was du meinst."

"Die Organisation spielt das Spiel, nur durch Taten auf dieser Welt etwas erreichen zu können", erklärte Ella. "Erinnere dich, was du mir bei unserem letzten Treffen sagtest! Du sagtest, es wäre zehn Mal wahrscheinlicher, dass deine Wahrnehmung die Realität gestaltet, als dass deine Taten dies tun."

"Ja, und?"

"Die Organisation lebt in der Welt der Taten", erklärte Ella weiter. "Dort ist sie die mächtigste Instanz der Welt. Du kannst durch Taten nichts gegen sie ausrichten. Wenn du jedoch erkennst, was in dieser Welt tatsächlich abläuft, wirst du merken, dass du selbst viel mächtiger bist als die Organisation."

"Das habe ich nicht verstanden", erwiderte ich.

"Die Organisation handelt gemäß ihrer Überzeugung, dass man auf dieser Welt nur etwas durch Manipulation erreichen kann. Die Welt ist aber in Wirklichkeit eine Schöpfung der Menschen, die in ihr leben. Die Organisation kann auch nicht mehr als mit ihrer Wahrnehmung Realität gestalten. Sie tut das, indem sie durch ihr Handeln glaubt, etwas Bestimmtes zu erreichen. Dieser Glaube bestimmt ihre Wahrnehmungsrichtung. Die Organisation ist deshalb so mächtig, weil es so viele Menschen gibt, die auch an die Macht des Handelns glauben. In Wirklichkeit gestaltet aber nicht das Tun die Welt, sondern das Wahrnehmen."

"Ich verstehe immer noch nicht, wieso ich mächtiger sein soll als die Organisation", meinte ich weiterhin verzweifelt.

"Weil du gelernt hast, deine Wahrnehmung direkt zu lenken. Die Organisation ist ihrem Glauben ausgeliefert. Nur wenn sie hundertprozentig glauben kann, dass sie etwas erreicht durch ihre Manipulation, wird sie auch ihre Wahrnehmung auf die Realität richten können, die sie erleben will."

"Was kann ich tun?"

"Du kannst die Realität so wahrnehmen wie du sie haben willst", erklärte Ella kurz.

"Ich soll mir also vorstellen, was geschehen soll?", fragte ich skeptisch.

"Nein, das würde zu viele Zweifel aufwerfen, ob es auch wirklich so kommt. Lenk deine Wahrnehmung auf Verbundenheit", erwiderte Ella.

"Auf Verbundenheit?", fragte ich verständnislos.

"Ja, auf Verbundenheit. Wir müssen jetzt deine Instinkte nutzen, um die Angst in den Griff zu bekommen. Es ist die einfachste Möglichkeit. Für alles andere bleibt uns leider nicht die Zeit."

"Bitte erklär mir das", bat ich Ella immer noch verzweifelt.

"Ich habe dir von dem Instinkt der Menschen erzählt, Gefahren schnellstmöglich aufspüren und dann vermeiden zu wollen. Damit ist die Angst instinktbedingt ein gigantisch starker Wahrnehmungsmagnet. Diese Angst will im Grunde genommen jedoch nur zwei Gefahren vermeiden: einmal die Gefahr für dein eigenes Leben und zweitens die Gefahr für Einsamkeit."

"Was hat das mit der Rettung von Aaron zu tun?", fragte ich drängend.

"Welche Gefahr spürst du, wenn du an Aaron denkst?", hakte Ella nach.

"Ich habe Angst, dass man ihn tötet", erwiderte ich.

"Warum willst du nicht, dass man ihn tötet?", wollte Ella wissen.

"Weil ich ihn nicht verlieren will."

"Und warum willst du ihn nicht verlieren?"

"Dafür brauche ich keinen Grund!", erwiderte ich verzweifelt. "Wenn Aaron stirbt, was bleibt mir dann noch? Warum sollte ich weiterleben?"

"Warum würdest du nicht weiterleben wollen?", fragte Ella nach.

"Weil ich bei ihm sein möchte", erklärte ich.

"Und was wäre das Schlimme daran, wenn du nicht bei ihm sein könntest?"

"Daran darf ich gar nicht denken", erwiderte ich verzweifelt.

"Bitte tu es einmal", bat mich Ella. "Was wäre das Schlimme daran?"

"Ich wäre allein auf dieser Welt. Ich würde nicht allein hier bleiben, so viel ist sicher", erklärte ich weiterhin verzweifelt.

"Was würdest du tun?", fragte Ella.

"Ich würde nicht weiterleben wollen", erwiderte ich. "Ich würde meinem Leben gleich hier an Ort und Stelle ein Ende setzen."

"Und warum würdest du das tun?"

"Weil ich damit die Chance hätte, vielleicht wieder bei Aaron zu sein", erklärte ich.

"Was hättest du davon?", wollte Ella wissen.

"Wenn ich mit ihm zusammen sein könnte?", fragte ich verständnislos darüber, was Ella von mir wissen wollte. "Ich liebe Aaron doch."

"Du willst mit ihm zusammen sein", meinte Ella noch einmal. "Warum willst du mit ihm zusammen sein?"

"Ich bin glücklich, wenn ich mit ihm zusammen bin", antwortete ich.

"Und unglücklich, wenn du nicht mit ihm zusammen sein kannst", ergänzte Ella. "Diese Tatsache ist eine Folge deiner Instinkte. Du hast eine Art Verbundenheitsinstinkt – einen Instinkt, den alle Rudeltiere haben. Der Mensch ist in seinem Ursprung ein Rudeltier.

Aus dieser genetischen Programmierung heraus bedeutet für dich Verbundenheit Glück und Trennung beziehungsweise Einsamkeit Unglück. Du bist momentan in einer Situation, in der eine akute Gefahr für die Trennung besteht. Dies ist für dich genauso schlimm, als würde dein eigenes Überleben auf dem Spiel stehen."

"Schlimmer", erwiderte ich.

"Bedingt durch die Gefahr der Trennung und damit der Einsamkeit wird deine Wahrnehmung auf die Vermeidung dieser Gefahr gezogen. Du kannst nicht davon loslassen, denn es wäre das Schlimmste, was in deinem Leben passieren könnte. Du hast im Moment keinen anderen Gedanken als etwas gegen die Gefahr der Trennung zu unternehmen. Deine positiven Gedanken haben keine Chance gegen das Vermeidenwollen dieser Gefahr. Dein Gefahrenvermeidungsinstinkt macht dies zehn Mal dringlicher als es deine positiven Gedanken sein könnten."

"Und was soll ich jetzt tun?", fragte ich ratlos. "Wenn dieses Vermeidenwollen so stark ist, ist Aaron doch verloren", sagte ich verzweifelt.

"Deshalb sollten wir deine Instinkte richtig einsetzen", erwiderte Ella. "Das Vermeidenwollen der Gefahr wird so lange aufrechterhalten wie die Gefahr gespürt wird."

"Aber wie soll ich das Gefühl der Gefahr ausschalten? Das ist doch gar nicht möglich. Ich kann doch nicht ignorieren oder vergessen, dass sie Aaron haben und möglicherweise umbringen wollen."

"Du kannst die Gefahr für die Trennung von Aaron nicht ausschalten. Das ist richtig", stimmte Ella zu. "Doch du kannst die Gefahr hinter der Gefahr ausschalten. Die Angst vor der Trennung ist nicht die Urangst. Diese besteht in der Angst vor Einsamkeit. Das ist es, was du eigentlich vermeiden willst.

Was ich dir jetzt sage, hört sich vielleicht etwas krass an. Aber es ist die Wahrheit. Wenn du erkennst, dass du niemals einsam sein wirst, egal ob Aaron jetzt getötet wird oder nicht, wird das Vermeidenmüssen seines Todes sehr viel schwächer werden."

"Das glaube ich nicht", erwiderte ich zweifelnd.

"Mir ist bewusst, dass dies vom Verstand her nicht nachvollziehbar ist", meinte Ella. "Du wirst spüren, dass es so ist, wenn wir deinen Instinkt befriedigt haben."

"Was meinst du damit?", wollte ich wissen.

"Verbundenheit ist das Gegenteil von Einsamkeit. Wenn du erkennst, dass du immer und überall so viel Verbundenheit haben kannst wie du willst, wird die Angst vor Einsamkeit verschwinden – vor allem dann, wenn du die Verbundenheit fühlen kannst. Deine Instinkte kümmern sich wenig um das, was du verstanden hast. Sie lassen sich dadurch nicht groß beeinflussen. Sie reagieren nur auf dein Gefühl. Deshalb nützt es dir jetzt auch nichts, daran zu denken, dass du die Realität gestaltest. Was du fühlst, ist die Angst vor der Trennung und vor Einsamkeit. Und dieses Gefühl veranlasst deinen Instinkt, die Gefahren vermeiden zu wollen."

"Und was soll ich jetzt tun?", fragte ich ratlos.

"Fühle Verbundenheit. Wenn du das tust, wird dein Instinkt befriedigt. Er erkennt, dass alles in Ordnung ist und keine Einsamkeit passieren kann. Damit lässt er los vom Vermeidenmüssen dieser Gefahr. Du willst Aaron dann natürlich immer noch retten. Jedoch wirst du deine Wahrnehmung dann nicht mehr auf die Vermeidung richten, sondern auf das Erreichen seiner Rettung. Damit würdest du die gewünschte Realität in dein Leben ziehen und Aaron würde gerettet."

"Wie soll ich denn einfach Verbundenheit fühlen? So lange Aaron in dieser Gefahr schwebt, kann ich nicht einfach daran denken, wie schön es ist, mit ihm zusammen zu sein", erwiderte ich ablehnend.

"Das ist sicherlich richtig. Du sollst jedoch die Verbundenheit nicht mit Aaron fühlen, sondern mit all den anderen Dingen, mit denen du dich verbunden fühlst. Das sind unglaublich viele Dinge, die dir nicht bewusst sind."

"Und was soll das bringen?", fragte ich skeptisch.

"Deinem Instinkt ist es egal, woher er sein Verbundenheitsgefühl bekommt. Er will es nur haben. Der Instinkt ist sofort befriedigt, wenn du Verbundenheitsgefühle hast. Wir reden hier nicht von einem hochintelligenten Geist. Wir reden von einem tierischen Instinkt, der sehr stark deine Gefühle und deine Wahrnehmung bestimmt. Dieser Instinkt ist lediglich darauf programmiert, Verbundenheitsgefühle haben zu wollen. Gibst du ihm sie, gibt er Ruhe, und du kannst deine Wahrnehmung dorthin lenken, wo du sie wirklich haben willst. Das Gefühl der Verbundenheit ist demnach die Ausgangsbasis, von der aus du alles erreichen kannst – zumindest solange keine akute Gefahr für dein eigenes Leben besteht. Dies wäre ein zweiter Instinkt, den zu befriedigen nicht so einfach wäre. Aaron hat es in dieser Hinsicht etwas schwerer. Ihr werdet ihm deshalb ein wenig unter die Arme greifen müssen.

Doch zunächst sollten wir uns mit deinen Verbundenheitsgefühlen beschäftigen, wenn du gestattest."

"Was muss ich tun?", wollte ich wissen.

"Als Erstes solltest du verstehen, wie Verbundenheit entsteht", gab Ella an. "Wenn du dich mit einem bestimmten Gefühl eine Weile beschäftigst, dann wird dieses Gefühl mit der Zeit immer stärker. Das hat etwas mit deinem Gehirn zu tun. Es verstärkt tatsächlich physisch die Nervenbahnen, die du ständig gebrauchst. Wenn du Verbundenheit aufbaust, dann geschieht neurologisch Folgendes: Du beschäftigst dich mit einem Menschen, einem Tier, einem Gegenstand oder einer Aufgabe. Dabei wird dir das Betreffende vertrauter. Diese Vertrautheit wird mit jedem Mal stärker, wenn du daran denkst und infolgedessen das Gefühl der Vertrautheit empfindest.

Nach einigen Stunden, manchmal sogar nach einigen Minuten, kann sich die Vertrautheit so verstärkt haben, dass ein Gefühl der Verbundenheit daraus geworden ist. Je öfter du an diese Verbundenheitsgefühle denkst, desto stärker werden die Nervenbahnen und damit die Gefühle. Das macht dein Gehirn wie gesagt mit allen Gefühlen, die du häufig aktivierst. Es verstärkt die Nervenbahnen und damit die Gefühle mit jedem Mal."

"Das würde ja bedeuten, dass ich mich nur mit etwas beschäftigen muss, und schon entsteht Verbundenheit", sagte ich skeptisch. "Wenn das so wäre, dann müsste ich ja wahnsinnig viele Verbundenheiten haben."

"Und genau das ist der Fall", erwiderte Ella. "Du spürst sie nur nicht, weil du nicht darauf achtest. Du nimmst es als selbstverständlich hin und damit als nicht sonderlich wichtig. Würdest du das tun, hättest du den ganzen Tag lang Verbundenheitsgefühle. Wie ist es zum Beispiel mit deiner Wohnung? Hast du dich da nicht zu Hause gefühlt?"

"Ja, natürlich", antwortete ich.

"Sich zu Hause zu fühlen ist ein ganz eindeutiges Verbundenheitsgefühl. Wie ist es mit bestimmten Kleidungsstücken? Gibt es welche, an denen dir wirklich etwas liegt? Stücke, die zu dir gehören?"

"Du hast Recht. Das ist auch ein Verbundenheitsgefühl", stimmte ich zu.

"Schmuckstücke, Schuhe, Taschen oder sonstige Gegenstände, die dir etwas bedeuten?", fragte Ella.

"Ja, natürlich. Alles Verbundenheiten."

"Du würdest sie fühlen, wenn du bewusst über diese Verbundenheit nachdenkst – genauso wie die Verbundenheit zu deinem Studium und damit zur Philosophie. Wie du siehst gibt es unzählige Verbundenheiten. Die Welt ist voll davon. Es kann in dieser Hinsicht keinen Mangel geben. Einsam sein wirst du also nie. Denn Einsamkeit würde voraussetzen, dass du keine Verbundenheiten mehr hast."

"Ich kann doch aber die Verbundenheit zur Philosophie oder zur Natur nicht mit der Verbundenheit zu Aaron gleichsetzen", wandte ich ein.

"Vom Verstand her nicht – das ist aber auch nicht notwendig. Hier geht es lediglich um deinen tierischen Instinkt. Der will befriedigt werden, damit du deine Wahrnehmung auf deine gewünschte Realität lenken kannst. Mehr wollen wir ja gar nicht. Ich möchte dir vorschlagen, dass du es ausprobierst. Geh an Deck und versuche, dir eine Verbundenheit bewusst zu machen. Mach das so lange, bis das Gefühl so richtig deutlich ist. Du wirst erleben, dass deine Wahrnehmung vom Vermeiden der Gefahr loslässt und du sie auf die Rettung von Aaron richten kannst. Du wirst Zuversicht spüren."

"Was genau muss ich tun, um die Verbundenheit zu spüren?", wollte ich wissen.

"Dafür brauchst du nicht viel zu tun", erwiderte Ella. "Schau dir beispielsweise das Meer an und achte darauf, was in deinem Gefühl geschieht. Verbundenheit baut sich ganz von selbst auf. Dafür muss man nichts Anstrengendes tun. Wenn du das Gefühl intensiv bekommen willst, achte einfach bewusst darauf."

"Ich werde es versuchen", antwortete ich. "Ich hoffe nur, dass es für Aaron tatsächlich etwas bringt."

"Das wird es", bestätigte Ella mir noch einmal. "Du wirst Aaron wiedersehen. Der Zeitpunkt ist bald gekommen, an dem das Volk von Mysterio seine Aufgabe erfüllen wird", erklärte Ella.

"Meinst du mit Volk von Mysterio uns?", hakte ich verwundert nach.

"So ist es", bestätigte Ella. "Ich möchte, dass ihr zum Äquator fahrt. Alle Mysterio-Spieler sind momentan dorthin unterwegs. Je näher ihr dem Äquator kommt, desto mehr werdet ihr erkennen. Mehr habe ich momentan nicht dazu zu sagen."

"Okay, Ella. Ich kümmere mich jetzt um meine Verbundenheit. Ich hoffe, dass du Recht behältst."

Ich verließ Mysterio und ging an Deck. Ich erklärte Sanchez kurz, was ich erfahren hatte. Sanchez setzte daraufhin sofort Kurs Richtung Süden. Er schaltete den Autopiloten ein und setzte sich mit mir an die Reling, um Verbundenheitsgefühle aufzubauen.

Mir saß die Angst mächtig im Nacken. Ich konnte mich kaum auf etwas anderes konzentrieren. Ich musste mich sehr bemühen, das Meer, zu dem ich Verbundenheit aufbauen wollte, überhaupt wahrzunehmen.

Sanchez brach nach wenigen Minuten seinen Versuch ab. Er konnte den Gedanken an Aaron nicht loswerden. Er musste unentwegt daran denken, dass Aaron vermutlich völlig panisch durch den Dschungel rannte.

Er wollte sich erst einmal um Aaron kümmern, bevor er mit seinen Verbundenheitsgefühlen herumexperimentieren wollte.

Ich beendete meinen Versuch auch erst einmal und übernahm das Ruder. Ich war viel zu nervös wegen Aaron. Ich wollte wenigstens Wissen, wie es ihm ging, bevor ich mit meiner Übung beginnen konnte.

Sanchez legte sich zum Meditieren auf den Bug des Bootes. Er konzentrierte sich auf die Gedankenwelt von Aaron. Er hörte, dass Aarons Gedanken total wirr waren. Er musste schreckliche Angst haben. Außerdem war er offensichtlich völlig erschöpft. Sanchez versuchte, in seine Gedankenwelt einzudringen, doch Aaron war zu durcheinander. Sanchez beendete den Versuch und ging zurück zu mir.

"Aaron ist total verzweifelt. Ich komme an seine Gedanken nicht heran. Er ist tatsächlich in den Dschungel gelaufen. Er denkt immer wieder an einen Mann, den er Laborchef nennt."

"Ich würde jetzt gerne bei ihm sein", erklärte ich voller Sehnsucht.

"Dann geh zu ihm!", meinte Sanchez.

"Ich bin nicht Aaron. Ich kann meinen Körper nicht verlassen."

"Wir können etwas anderes machen. Ich kann deine Gedanken wahrnehmen und sie auf Aarons Gedankenwelt übertragen. Auf diese Weise könntet ihr telepathisch kommunizieren. Sollen wir es versuchen?"

"Wenn das klappen würde, Sanchez!?", meinte ich voller Wehmut. "Komm, lass uns beginnen!"

Wir legten uns gemeinsam auf den Bug des Bootes und meditierten. Es fiel uns beiden schwer, uns zu entspannen. Aber schließlich gelang es.

Plötzlich glaubte ich, für einen Moment Aarons Stimme zu hören. War er es wirklich? Dann wieder:

"Ich werde es dem Laborchef nicht leicht machen", hörte ich Aaron denken.

"Aaron, ich bin es!", rief ich laut aus.

"Rachel", entgegnete Sanchez. "Warte noch einen Augenblick. Du wirst merken, wenn du deine Gedanken auf Aaron übertragen kannst."

"Woran merke ich es?", wollte ich wissen.

"Du wirst es erkennen. Mach dir darüber keine Gedanken", erwiderte Sanchez.

Ich entspannte mich wieder. Wieder hörte ich für eine Sekunde Aarons Stimme.

"Vielleicht kann ich sie ja doch irgendwie überlisten?", dachte Aaron.

Ich spürte auf einmal, dass ich jetzt meine Gedanken auf ihn übertragen könnte.

"Aaron, ich bin's! hörst du mich? Ich bin bei dir, Aaron."

"Jetzt habe ich auch noch Wahnvorstellungen!", dachte Aaron, als er mich hörte.

"Du hast keine Wahnvorstellungen. Du hörst mich. Sanchez macht das. Er überträgt meine Gedanken in deine Gedankenwelt. Ich bin es wirklich."

"Bin ich jetzt völlig übergeschnappt, oder bist du es tatsächlich, Rachel?"

"Ich bin es. Glaube es! Es ist die Wahrheit. Wir werden dir helfen."

"Ihr könnt mir nicht helfen. Sie werden mich kriegen. Eine Psi-Agentin der Organisation hat meine Energiestruktur wahrgenommen. Sie wird mich überall finden, egal wo ich hingehe."

"Mach dir keine Sorgen, Aaron. Es wird alles gut werden. Wir sind mächtiger als die Organisation", versuchte ich ihn zu beruhigen.

"Wenn ich das bloß glauben könnte! Rachel, ich wollte nicht von dir weggehen. Ich liebe dich mehr als mein eigenes Leben. Wenn sie mich töten sollten, werde ich in der Ewigkeit auf dich warten."

"Ich werde kommen, Aaron, wenn das wirklich passieren sollte. Wir werden wieder zusammen sein, so oder so. Mach dir keine Sorgen. Wenn du nicht zu mir kommen kannst, komme ich zu dir. Ich schwöre es."

"Oh, Rachel. Ich würde so gerne mit dir weiterleben", sagte Aaron voller Sehnsucht. "Ich habe Angst, dass es ein Leben nach dem Tod vielleicht doch nicht gibt. Ich will dich nicht verlieren. Wir hätten so glücklich miteinander sein können."

"Wir können es immer noch werden", versuchte ich ihn erneut zu beruhigen. "Du musst dich aber beruhigen. Du darfst dir nicht so viele negative Gedanken machen. Erinnere dich daran, dass du selbst deine Realität gestaltest."

"Ich kann das nicht mehr glauben, Rachel. Nicht nach allem, was ich jetzt erleben muss", erwiderte Aaron.

Ich wollte gerade versuchen, Aaron zu überreden, es doch zu tun. Doch plötzlich hörte ich Sanchez sagen: "Es hat keinen Sinn, wenn du ihn jetzt überzeugen willst. Er kann es momentan nicht annehmen. Versuch ihn lieber zu beruhigen!"

"Aaron", fuhr ich mit meiner Gedankenübertragung fort. "Ich werde ab sofort immer bei dir sein, egal was passiert. Wir werden es gemeinsam schaffen. Ich verspreche es. Es liegt noch ein sehr langes und glückliches Leben vor uns."

In diesem Moment brach die Übertragung ab. Sanchez nahm in Aarons Gedankenwelt wahr, dass er einen Hubschrauber hörte. Ihm war klar, dass dies nur die Organisation sein konnte. Er rannte durch den Dschungel und versuchte, sich zu verstecken. Doch der Hubschrauber wusste genau, wo er Aaron suchen musste. Er dachte, dass diese Kathrin mit Sicherheit im Hubschrauber saß. Sie musste spüren, wo er war.

Innerhalb weniger Minuten hatten sich mehrere Soldaten mit einem Seil in den Dschungel herabgelassen. Sie schwärmten in alle Richtungen aus, um Aaron zu suchen. Vom Hubschrauber hörte er die Stimme von Kathrin.

"Er ist genau unter uns unter einem Busch. Er ist unbewaffnet und völlig erschöpft. Denkt daran, dass ihr ihm kein Haar krümmen dürft. Bringt ihn an Bord!"

Aaron erkannte, dass es keinen Zweck mehr hatte, sich zu verstecken. Er kam aus seinem Versteck hervor und ergab sich. Irgendwie fühlte er sich sogar erleichtert, dass es endlich vorbei war. Er leistete keinen Widerstand. Mit einer Seilwinde wurde er an Bord des Hubschraubers gezogen. Sofort gab man ihm dort eine Betäubungsspritze.

Der Kontakt mit Aaron hatte bei mir ein sonderbares Gefühl ausgelöst. Mir war klar, dass ich es nicht nur dahergesagt hatte, dass ich Aaron niemals verlassen würde. Wenn er sterben müsste, würden wir uns im Jenseits wieder in die Arme schließen. Zwar konnte ich nicht hundertprozentig sicher sein, dass es dieses Jenseits gab, aber ich glaubte schon ziemlich fest daran. Dieser Gedanke ließ mich sehr viel ruhiger werden. Ich fühlte mich mit Aaron verbunden, selbst über den Tod hinaus.

Wenn Ella mit ihren Ausführungen Recht hatte, dann war dieses Verbundenheitsgefühl jetzt dafür verantwortlich, dass meine Wahrnehmung von der Gefahr etwas abgelassen hatte. Natürlich blieb immer noch eine kleine Gefahr übrig, denn ich konnte nicht wirklich hundertprozentig sicher sein, dass wir uns im Jenseits wiedersehen würden. Also war meine Verbundenheit mit Aaron immer noch gefährdet – nur nicht mehr so stark, wie ich das zuvor empfunden hatte.

Ich beschloss, meine Verbundenheitsübung wieder aufzunehmen. Ich merkte jedoch, dass das Meer nicht das geeignete Übungsobjekt für mich war. Ich übernahm das Ruder, denn dabei hatte ich beim ersten Mal, als ich das tat, sehr schöne Gefühle gehabt. Es waren zweifellos Verbundenheitsgefühle, wenn ich das so rückwirkend betrachtete.

Ich spürte, wie das Boot meinen Steuerimpulsen folgte. Ich ließ es eine Kurve nach der nächsten fahren, um ein Gefühl für das Boot zu bekommen. Nach einer Weile hatte ich regelrecht das Gefühl, das Boot würde zu meinem Körper gehören. Es war ein schönes Gefühl. Gleichzeitig wurde mir bewusst, dass ich das Gefühl, dass etwas zu meinem Körper gehörte, bei allen Versuchen, die Materie zu beeinflussen, auch immer spürte. Es waren also immer Verbundenheitsgefühle gewesen, die meine Einflussnahme möglich machten. Mir wurde klar, wie leicht es doch war, diese Gefühle aufzubauen.

Während ich das Boot unter mir spürte, machte ich mir die Verbundenheitsgefühle bewusst, die ich dabei hatte. Sie wurden dabei tatsächlich stärker. Ich genoss es regelrecht, das Boot in den Kurven richtig intensiv zu spüren.

Nach einer Weile merkte ich, dass meine Gefühle stärker wurden, wenn ich nicht ständig auf die Verbundenheit zu dem Boot achtete. Wenn ich kleine Pausen zwischendurch einlegte, waren die Verbundenheitsgefühle mit jedem Mal ein Stückchen stärker, wenn ich wieder daran dachte. Die Pausen brauchten nicht länger als eine Minute zu sein.

Ich dachte zwischendurch an Sanchez und daran, dass ich mich auch mit ihm verbunden fühlte. Zwar war das eine ganz andere Verbundenheit als zu Aaron, doch hatte mir Ella ja gesagt, dass es meinen Instinkten egal sei, wofür oder für wen ich Verbundenheit fühlte.

Ich wechselte mit meiner Aufmerksamkeit also immer hin und her zwischen Sanchez und dem Boot. Nach einer Weile waren meine Verbundenheitsgefühle so stark, dass ich mich richtig gut fühlte. Ich wagte den Versuch, an Aaron zu denken.

"Wir werden es schaffen, Aaron da rauszuholen", ging mir als Erstes ohne Panik durch den Kopf.

Als ich jedoch weiter darüber nachdachte, flammte langsam wieder die Angst auf. Ich merkte, dass meine Verbundenheitsgefühle noch nicht stabil genug waren. Doch eines war bereits klar geworden: Es funktionierte! Meine Wahrnehmung richtete sich tatsächlich auf den Erfolg, wenn ich Verbundenheit fühlte.

Ich übte also weiter. Sanchez, das Boot, wieder Sanchez und wieder das Boot. Auf diese Weise machte ich mir für sicherlich zwei Stunden meine Verbundenheiten bewusst. Mein Gefühl dazu war noch stärker geworden als beim ersten Mal.

Ich dachte erneut an Aaron. Meine Gedanken waren sehr optimistisch, das fiel mir sofort auf. Wir würden unsere Fähigkeiten nutzen können, um Aaron zu helfen. Gemeinsam würden wir es schaffen, da war ich mir sicher. Ich hatte das Gefühl, jetzt etwas für Aaron tun zu können. Ich wollte keine Zeit mehr verlieren. Ich war bereit.

Ich ging zu Sanchez und bat ihn, sich in die Gedankenwelt Aarons einzuklinken, was er auch sofort tat. Simultan berichtete er mir, was sich bei Aaron gerade abspielte.

Aaron befand sich im Labor des Rates der Zwölf. Der Laborchef stand vor ihm.

"Hallo, Aaron", sagte dieser freundlich. "Haben Sie gut geschlafen?"

"Was wollen Sie von mir?", fragte Aaron sehr aggressiv.

"Warum denn gleich so unfreundlich? Ich möchte nur mit Ihnen plaudern", erklärte der Laborchef.

"So wie mit den Wissenschaftlern, die den PC untersucht haben?!", entgegnete Aaron vorwurfsvoll.

"Sie haben es selbst in der Hand. Sie können das erleben oder ein Leben im Luxus führen. Ich schlage Ihnen ein Tauschgeschäft vor. Ihr Leben und das Ihrer Freunde gegen die Informationen über diesen PC. Was halten Sie davon? Sie wären frei und hätten nichts zu befürchten."

"Ich werde es mir durch den Kopf gehen lassen", sagte Aaron wenig überzeugend.

"Seien Sie nicht dumm!", ermahnte ihn der Laborchef. "Ich habe nichts gegen Sie persönlich. Sie sind mir sogar recht sympathisch. Aber ich brauche diese Information."

"Ich werde Ihnen nicht helfen, die Menschheit zu versklaven", erwiderte Aaron feindselig.

"Wer redet denn davon?", erwiderte der Laborchef. "Die Menschheit ist dabei, sich selbst zu vernichten, wenn wir sie nicht davon abhalten. Die Regierungen dieser Welt erkennen dies zwar, sind jedoch so uneins, dass sie nichts dagegen tun können. Doch wir können es. Wir haben die Möglichkeiten und die Kompetenz, die Menschheit zum Wohl zu führen. Glauben sie mir, wir haben nicht vor, die Menschheit zu versklaven. Alles, was wir tun, dient dem Wohl der Menschheit."

"Wenn Sie das wirklich glauben, sind sie noch verrückter als ich dachte. Sie sind einfach nur ein armer Irrer, der die Welt beherrschen will – weiter nichts. Töten Sie mich am besten gleich und ersparen

Sie mir die Qual, mir Ihr dummes Gewäsch anzuhören", erwiderte Aaron aggressiv.

"Es tut mir Leid, dass Sie nicht verstehen wollen, um was es hier geht."

Der Laborchef gab Kathrin ein Zeichen. Sie hatte sich die ganze Zeit schon bereitgehalten. Sie setzte sich auf einen Stuhl gegenüber von Aaron. Sie schloss die Augen und konzentrierte sich. Aaron wusste, was diese Kathrin tun würde. Er war mittlerweile total ruhig geworden. Sanchez hatte seine Gedankenwelt so weit beeinflusst, dass er keine Angst mehr hatte. Es war ihm egal, ob er sterben würde. Er hatte sich mit dem Tod abgefunden. Er wollte dieser Kathrin jedoch gehörig die Suppe versalzen. Kathrin begann, ihr Gesicht zu verziehen. Schweißperlen liefen ihr über die Stirn. Sie stammelte einzelne Worte. Sie waren nicht wirklich zu verstehen.

"Was siehst du, Kathrin?", wollte der Laborchef wissen.

"Ich sehe unglaublich viele Bilder. Es ist eine Flut von Ereignissen, die über mich hereinbricht. Ich sehe Sie. Manchmal sind sie ein Kind, das von seinem Vater schon im Alter von vier oder fünf Jahren missbraucht wird. Dann sind Sie wieder erwachsen und können keinen Sex haben."

"Was soll die Scheiße?", reagierte der Laborchef wütend. "Was siehst du denn da? Ich rate dir, konzentriere dich auf Aaron und auf die Informationen über den PC."

Kathrin konzentrierte sich wieder. Aaron hatte sich mit seiner Wahrnehmung auf Bezugssystem 2 begeben. Er stellte sich unentwegt Fragen über den Laborchef. Er sah seine Kindheit, seine Eltern. Er sah, wie er in der Schule immer gehänselt und verprügelt wurde und viele andere peinliche Dinge. Kathrin war nicht in der Lage, über diese Gedankenflut hinauszukommen und die Informationen zu isolieren, die in Aarons Gehirn über den PC gespeichert waren.

Kathrin brach schließlich den Versuch ab und öffnete die Augen.

"Es hat keinen Sinn", sagte sie verzweifelt. "Ich weiß zwar nicht, was er tut, aber ich komme nicht dagegen an. Er blockiert alles in seinen Gedanken."

"Los, gebt ihm was. Irgendetwas, das seinen Widerstand bricht", befahl der Laborchef.

Aaron wurde eine Spritze verabreicht. Seine Wahrnehmung begann sich zu trüben. Er sah alles total verschwommen. Er spürte, dass es eine Wahrheitsdroge gewesen sein musste. Doch auch diese Droge hielt ihn nicht davon ab, auf Bezugssystem 2 zu gehen. Im Gegenteil: Er konnte dadurch seine Konzentration noch mehr loslassen. Seine Wahrnehmung auf Bezugssystem 2 wurde dadurch noch diffuser.

"Die Spritze hat es nur noch schlimmer gemacht", erklärte Kathrin. "Ich weiß nicht, was er tut, und ich weiß auch nicht, wie er es tut. Ich weiß nur eins: Ich werde seine Gedanken nie lesen können."

"Okay, Kathrin. Du hast getan, was du konntest. Ich danke dir für deine Hilfe", erwiderte der Laborchef.

Aaron wurde in das Labor gebracht, in dem das Gerät stand, mit dem der Laborchef die Gedanken der beiden Wissenschaftler hatte aufzeichnen wollen, die den PC untersucht hatten. Aaron wurde dort an das Gerät angeschlossen.

Als das Gerät seine Arbeit begann, merkte Aaron, dass die Maschine irgendwie seine Gedanken aktivierte und aufnahm. Er ging sofort wieder auf Bezugssystem 2. Nach wenigen Minuten holte ihn jedoch ein sehr heftiger Schmerz wieder zurück. Der Laborchef hatte die Energie verstärkt. Aaron glaubte, seine Schädeldecke würde aufgebohrt. Es war ein unglaublich starker Schmerz. Er wusste, dass er diesen Schmerz keine zwei Minuten aushalten würde. Er machte sich bereit zu sterben.

Plötzlich hörte der Schmerz auf. Aaron verstand dies nicht. Die Maschine lief noch. Er konnte ganz deutlich spüren, wie sie weiterhin seine Hirnzentren stimulierte, um sein Wissen anzuzapfen. Er ging schnell wieder auf Bezugssystem 2. Dieses Mal konnte er seine Neugier jedoch nicht im Zaum halten. Er fragte sich, wieso der Schmerz aufgehört hatte. Bilder tauchten wieder vor ihm auf. Er sah mich, wie ich daran arbeitete, sein Gehirn in seiner gesunden, unversehrten Form zu belassen. Ich schützte mit meinen Fähigkeiten sein Gehirn. Sanchez schien auch irgendetwas dazu beizutragen, erkannte Aaron.

Der Laborchef steigerte die Energie langsam in die kritischen Grenzbereiche. Als er merkte, dass Aaron diese Energie aushielt, drehte er noch weiter auf. Er hoffte, dass das Gerät einen wichtigen Teil von Aarons Wissen aufzeichnen würde. Er sah zu einem Wissenschaftler hinüber, der die Aufzeichnung von Aarons Gedanken überwachte. Dieser Wissenschaftler schüttelte den Kopf, als der Laborchef ihn ansah. Es gab noch keine wichtige Information, welche die Maschine aufgezeichnet hatte. Der Laborchef setzte alles auf eine Karte und steigerte die Energie kontinuierlich weiter. Ihm war klar, dass Aaron das nicht überleben würde. Er sah, wie Aaron sein Leben aushauchte. Er war genauso qualvoll gestorben wie die Wissenschaftler, die zuvor die Energie dieser Maschine zu spüren bekommen hatten.

Was der Laborchef jedoch nicht wusste, war, dass Sanchez seine und die Gedankenwelt der anderen Beteiligten beeinflusst hatte und ihnen suggerierte, dass Aaron sterben würde. Er war in Wirklichkeit nicht tot. Aaron wurde von zwei Soldaten aus dem Labor gebracht. Man legte ihn in eine Zelle. Er wusste nicht, ob er es jetzt gut finden sollte, dass Sanchez und ich sein Leben gerettet hatten, oder ob es ihm lieber gewesen wäre, wenn endlich alles vorbei wäre. Aus dem Labor würde er sowieso nicht herauskommen. Er wusste, dass fast alle Gänge mit Sicherheitstüren verschlossen waren. Er hatte es gesehen, als er mit seinem Geistkörper hier gewesen war.

Aaron wusste nicht, wie lange man ihn hier liegen lassen würde. Ihm war klar, dass man seine Leiche irgendwann beseitigen würde. Spätestens dann würde er sterben.

Plötzlich ging ihm durch den Kopf, dass er mich noch einmal sehen könnte. Er beschloss, zu versuchen, seinen Körper zu verlassen. Er wusste zwar nicht, wie er sich bemerkbar machen könnte, doch er wollte mich wenigstens noch einmal sehen. Er konzentrierte sich auf die Kabine im Boot. Es dauerte nicht lange, da fand er sich mit seinem Geistkörper in dieser Kabine wieder. Sanchez und ich saßen in der Kabine. Sanchez hatte die Augen geschlossen. Offenbar beeinflusste er immer noch die Gedanken des Laborchefs und seiner Gefolgsleute, dachte Aaron.

Doch Sanchez tat etwas ganz anderes. Aaron hörte, wie er zu mir sagte: "Wir haben es geschafft. Er ist da. Er kann uns hören und sehen. Er steht genau hinter uns."

Ich stand auf und ging auf Aaron zu. Aaron kam mir entgegen und wollte mich umarmen. Doch er griff natürlich durch mich hindurch.

"Wo ist er denn genau?", fragte ich Sanchez. "Vielleicht kann ich ihn fühlen."

"Du bist schon durch ihn hindurchgegangen. Du kannst ihn nicht fühlen – so jedenfalls nicht", erwiderte Sanchez.

"Ich würde dich gerne wenigstens noch einmal fühlen, Aaron. Wenn das doch nur möglich wäre", sagte ich voller Sehnsucht.

"Es ist möglich", entgegnete Sanchez. "Ich überlasse Aaron meinen Körper. Er muss einfach nur hineingehen und die Kontrolle übernehmen. Ich gehe solange in die Welt der Gedanken."

"Aaron, kannst du das tun? Wenn du mich wirklich hörst, Aaron, dann versuch es! Ich will dich fühlen. Komm wenigstens noch einmal zu mir."

Aaron ging in den Körper von Sanchez hinein. Aber nichts geschah. Er ging einfach nur hindurch. Wie sollte er denn die Kontrolle über Sanchez' Körper übernehmen? Er konnte ihn ja noch nicht einmal berühren. Auf einmal kam ihm eine Idee. Er war mit seinem Geistkörper schon zu vielen verschiedenen Orten gegangen. Er gelangte immer dorthin, indem er sich vorstellte, an diesen Orten zu sein. Aaron begann, sich vorzustellen, dass er im Körper von Sanchez sei. Es dauerte nur ein paar Sekunden, da fühlte er tatsächlich Sanchez' Körper. Er konnte ihn bewegen, als ob es sein eigener wäre. Dann begann er, mich durch die Augen von Sanchez zu sehen. Er ging auf mich zu und umarmte mich.

"Ich liebe dich, Rachel. Halt mich ganz fest."

"Aaron, wir haben noch eine Chance. Deshalb hat dich Sanchez hierher gelockt."

"Was für eine Chance soll das sein?", fragte Aaron zweifelnd.

"Wir glauben, dass Mysterio das Bewusstsein der gesamten Menschheit verändern wird. Und dieses Ereignis muss kurz bevorstehen. Ella hat alle Mysterio-Spieler angewiesen, rund um den Globus zum Äquator zu kommen", sagte ich Aaron.

"Was ist, wenn ihr es nicht schafft?", fragte Aaron zweifelnd.

"Dann sehen wir uns im Jenseits wieder", erwiderte ich.

"Was willst du damit sagen?", hakte Aaron nach.

"Ich werde nachkommen. Ich lasse dich nicht mehr allein. Ich habe es dir schon einmal versprochen."

"Rachel, ich habe Angst, dass es dieses Jenseits vielleicht gar nicht gibt. Ich will nicht sterben. Ich will bei dir bleiben."

"Wir werden zusammen sein. Ich spüre es. Ich weiß es ganz einfach", versuchte ich ihn zu beruhigen.

"Wenn es doch nur funktionieren würde."

Plötzlich wurde Aaron wieder aus dem Körper von Sanchez herausgeschoben. Sanchez war nun wieder selbst in seinem Körper.

"Ich konnte leider nicht länger außerhalb meines Köpers bleiben", erklärte Sanchez.

"Wir sind nicht weit vom Äquator entfernt", sagte ich noch schnell zu Aaron und hoffte, dass er mich noch gehört hatte. "Morgen können wir schon dort sein. Dann wird alles gut. Ich spüre es. Sanchez hat den Laborchef veranlasst, dich noch so lange in deiner Zelle liegen zu lassen. Es wird dir nichts geschehen. Ich verspreche es. Ich liebe dich."

Aaron war wieder in seinem Körper und lag auf dem Boden seiner Zelle. Als Aaron so dalag, stieg plötzlich ein Gefühl in ihm auf. Er fühlte mit absoluter Gewissheit, dass die Tage des Rates der Zwölf gezählt waren. Er wusste plötzlich, dass für ihn keine Gefahr bestehen würde. Er konnte keinen Grund finden für dieses Gefühl. Es war einfach da. Sanchez hatte ihm diesen Gedanken eingepflanzt, um seine Wahrnehmung auf die Rettung zu lenken.

Aaron konnte sich zwar überhaupt nicht vorstellen, wie Ella den Rat der Zwölf tatsächlich stoppen wollte, doch sein Gefühl, dass es geschehen würde, blieb weiterhin konstant.

Unterdessen jagte Sanchez die Motoren der Jacht hoch. Sanchez und ich hatten das gleiche Gefühl wie Aaron in Bezug auf den Rat der Zwölf. Uns hatte das allerdings niemand suggeriert. Das Gefühl war einfach da. Wir spürten, dass die Zeit des Machtmissbrauches bald ein Ende haben würde. Und Aaron würde dann wieder frei sein. Wir konnten uns diese Zuversicht nur mit den Verbundenheitsgefühlen erklären, die wir immer noch trainierten. Sie ließen eine ungeahnte Euphorie in uns aufkeimen.

Das Boot brauste über die Wellen. Es machte richtige Sprünge dabei. Sanchez und ich begrüßten jeden Sprung über die Wellen mit lautem Gejubel. Wir freuten uns wie Kinder.

Nachdem wir eine halbe Stunde mit Vollgas unterwegs waren, sahen wir ein anders Boot. Wir konnten es uns nicht erklären, aber wir hatten beide das Gefühl, dass das andere Boot voller Mysterio-Spieler war.

"Wir müssen zu ihnen!", sagte ich zu Sanchez.

"Genau das habe ich auch gerade gedacht. Kannst du auch spüren, dass sie zu uns gehören?"

"Ja, ich bin ganz sicher. Es sind Mysterio-Spieler auf dem Weg zum Äquator."

Sanchez setzte Kurs auf das andere Boot. Als wir es erreichten, wurden wir voller Freude von den Menschen auf diesem Boot empfangen. Es waren wirklich alles Mysterio-Spieler, acht Leute insgesamt. Auch diese acht erkannten Sanchez und mich direkt als Menschen vom Volke Mysterio. Sie kamen alle herüber auf unser Boot und umarmten uns sehr herzlich.

"Bald werden wir alle eine Riesenüberraschung erleben", sagte ein Mann des fremden Bootes.

"Hast du schon eine Idee, was das für eine Überraschung sein könnte?", wollte Sanchez wissen.

"Leider nicht. Ich spüre nur, dass es so sein wird."

Nachdem wir uns begrüßt und bekannt gemacht hatten, verließen die acht wieder das Boot.

Am Abend dieses Tages sahen wir noch einige Boote, die nach Süden unterwegs waren. Wir wussten, dass auch diese Boote von Mysterio-Spielern gesteuert wurden. Wir spürten es. Mit jedem Boot, das wir sahen, flammten die freudigen Glücksgefühle erneut auf, dass nun der Zeitpunkt kommen würde, an dem die Machtstrukturen dieser Welt bröckeln würden und Aaron wieder frei sein würde. Wir waren unglaublich neugierig darauf, wie Ella den Rat der Zwölf tatsächlich stürzen würden. Wir konnten es immer noch nicht richtig glauben. Doch wir fühlten ganz genau, dass es so sein würde. Endlich würde Aaron wieder bei mir sein.

Der Tag ging langsam zu Ende. Während Sanchez das Ruder in dieser Nacht übernahm, träumte ich viele wirre Träume. Immer ging es darum, wie wir den Rat der Zwölf stürzen würden. Doch ich träumte keine wirklich mögliche Lösung. Es waren einfach nur wirre und unsinnige Träume.

Als ich am nächsten Morgen an Deck kam, begrüßte mich Sanchez total aufgedreht.

"Spürst du das auch?", fragte er. "Es liegt eine sonderbare Stimmung in der Luft. Ich kann es nicht beschreiben, aber ich fühle, dass wir ganz nah an unserem Bestimmungsort sind. Überall um uns herum sind eine Menge Boote. Es sind alles Mysterio-Spieler. Ich fühle mich mit all diesen Menschen sehr verbunden. Ist das bei dir auch so?"

"Ich hatte die ganze Zeit unten in der Kabine schon das Gefühl, dass wir nicht mehr allein sind. Ich spürte die Gegenwart von vielen Menschen – von Menschen, die uns alle lieben, so blöd sich das anhört", entgegnete ich.

"Ich wollte es nicht so direkt sagen, aber genau das fühle ich auch", bestätigte Sanchez. "Ich fühle mich total geliebt. Es ist wunderschön. Und das Gefühl wird immer stärker, je weiter wir kommen."

"Was, glaubst du, wird passieren, wenn wir den Äquator wirklich erreicht haben?", fragte ich erwartungsvoll.

"Ich habe keine Ahnung. Auf jeden Fall wird es wunderschön werden – noch schöner als es jetzt schon ist."

"Sag mal, Sanchez, kannst du noch schlechte Gefühle haben?", wollte ich wissen.

"Momentan geht es mir viel zu gut, um darüber nachdenken zu wollen", meinte Sanchez.

"Versucht es doch mal! Ich glaube nämlich nicht, dass du es noch kannst. Das Verbundenheitsgefühl, das wir jetzt erleben, müsste jeden Gedanken an die Gefahr ausgelöscht haben."

"Du hast Recht", bestätigte Sanchez. "Ich kann tatsächlich keine Machtlosigkeit oder Angst mehr fühlen. Ich fühle nur noch Liebe. Ich spüre, dass ich in meinem Leben nie wieder einsam oder getrennt sein werde. Das ist das schönste Gefühl, das ich je hatte. Ich fühle Einssein."

"Das ist es, Sanchez. Auch ich kann keine Machtlosigkeit mehr fühlen. Ich fühle eine sehr starke Verbundenheit mit dem Volk von Mysterio. Es ist, als ob diese vielen tausend Menschen meine Familie wären", sagte ich begeistert. "Und ich spüre, dass Aaron nichts passieren wird. Er wird gerettet. Da bin ich ganz sicher."

Plötzlich spürten wir ein seltsames Gefühl. Ella rief uns. Wir spürten es beide gemeinsam. Konnte das denn sein? Bisher war so etwas noch nie geschehen. Wir gingen hinunter in die Kabine und setzten uns vor den PC.

"Ich grüße euch!", sagte Ella.

"Hallo, Ella. Ist es richtig, dass du uns gerufen hast?", wollte ich wissen.

"Euer Gefühl hat euch nicht getrügt. Es ist so weit. Ihr seid am Ziel", antwortete Ella. "Ihr habt jetzt als Volk so viele Erkenntnisse gesammelt, dass euer Bewusstsein sich immens erweitert hat. Ihr habt erkannt, dass eure Wahrnehmung für die Ereignisse in eurer Welt verantwortlich ist. Und ihr habt erkannt, wie die Angst zu besiegen ist. Dies war die eigentliche Aufgabe von Mysterio."

"Das verstehe ich nicht. Was sollen wir denn dadurch erreichen in der Welt?"

"Ihr Menschen beeinflusst euch gegenseitig in eurer Wahrnehmung", begann Ella zu erklären. "Wenn du mit einem anderen Menschen zusammenkommst, ist es, als ob du von ihm aufgefordert wirst, deine Wahrnehmung in die gleiche Richtung zu lenken wie er. Natürlich forderst du ihn gleichermaßen dazu auf, deine Wahrnehmungsrichtung anzunehmen. Wenn du Resonanz in dir spürst für die Wahrnehmungsrichtung des anderen, wirst du seine Wahrnehmung annehmen. Er braucht dazu gar nichts zu tun. Er wird deine Wahrnehmung energetisch ansprechen. Dies geht an deinem Bewusstsein völlig vorbei."

"Das hört sich so an, als ob ich ständig manipuliert würde", meinte ich besorgt.

"Du manipulierst genauso", erwiderte Ella. "Ihr Menschen habt nicht die Möglichkeit, nicht zu manipulieren. Deine Wahrnehmungsrichtung wird den anderen beeinflussen, ob du das willst oder nicht. Es ist nicht deine Entscheidung, ob dein Gegenüber deine Wahrnehmungsrichtung annimmt. Er tut dies, weil er es selbst für richtig hält."

"Und wenn ich es nicht mehr für notwendig halte, meine Wahrnehmung auf die Gefahr zu lenken?", wollte ich wissen.

"Dann wirst du das auch nicht tun. Dein Gegenüber kann dich dazu nicht zwingen. Er fordert dich lediglich dazu auf, es zu tun. Wenn du dieser Aufforderung nicht nachkommst, veränderst du damit automatisch seine Wahrnehmungsrichtung."

"Wodurch verändere ich seine Wahrnehmung?", wollte ich wissen.

"Indem du energetisch die Information ausstrahlst, dass es keinen Grund gibt, die Wahrnehmung in Richtung Gefahr zu lenken. Er wird beginnen, seine Wahrnehmung in die gleiche Richtung zu lenken wie du. Wenn seinerseits dazu keine Bereitschaft besteht, werdet ihr getrennte Wege gehen. Ihr Menschen habt jedoch beschlossen, eure Realität gemeinsam zu erschaffen. Aus diesem Grund sind im Allgemeinen alle Menschen bestrebt, eine gemeinsame Grundlage für ihre Wahrnehmungsrichtung zu schaffen."

"Wie war das? Warum wollen wir eine gemeinsame Grundlage?", hakte ich nach.

"Ihr wollt eine gemeinsame Realität erleben. Wenn ihr nicht die gleiche Wahrnehmungsrichtung annehmt, müsst ihr die Ereignisse in eurem Leben allein erleben. Das wollt ihr nicht. Ihr wollt euch verbunden fühlen, wie ich euch bereits erklärt habe. Ihr werdet euch jedoch nur verbunden fühlen, wenn ihr eine gemeinsame Realität erlebt."

"Wir wollen also unsere Wahrnehmung immer aneinander anpassen", fasste ich zusammen.

"So ist es. Wenn du jedoch nicht bereit bist, deine Wahrnehmung auf die Gefahr zu lenken, wird dein Gegenüber deine Wahrnehmungsrichtung annehmen müssen. Er wird sich mit dir verbunden fühlen wollen – auch wenn euch das Gefühl des Hasses miteinander verbindet. Das Verbundenfühlen ist ein Urtrieb, der sich auf eure Seelenebene bezieht. Ihr wollt eine gemeinsame Realität erleben, auch wenn es eine Realität des Hasses ist. Ihr Menschen seid also nicht nur bestrebt, eure Wahrnehmungsrichtung mit einem geliebten Menschen zu teilen, sondern auch mit Menschen, die ihr verabscheut, wie beispielsweise den Laborchef. Ihr werdet versuchen, dem anderen eure Wahrnehmungsrichtung aufzuzwingen oder seine anzunehmen. Dieses Bestreben ist eines der fundamentalsten Grundgesetze eurer Welt."

"Ich verstehe immer noch nicht, was das mit unserer Aufgabe zu tun hat", meinte ich.

"Ihr sendet durch die Erkenntnis, dass eure Wahrnehmung die Realität erschafft und dass es keine wirklichen Gefahren für eure Verbundenheit gibt, eine Energie aus, die andere Menschen dazu bringt, das Gleiche zu erkennen. Eure Aufgabe besteht darin, die Welt erkennen zu lassen, dass ihr alle gemeinsam Schöpfer eurer Realität seid – und zwar so, dass niemand einen anderen wirklich zwingen könnte, seine Wahrnehmung und damit seine Ereignisse zu erleben. Jeder ist für die Ereignisse in seinem Leben absolut selbst verantwortlich. Wenn du deine Wahrnehmung nicht in die gleiche Richtung lenkst wie dein Umfeld, so wirst du auch nicht die gleiche Realität erleben. Ihr könnt nur erleben, worauf sich eure Wahrnehmung richtet."

"Das gefällt mir. Das sollte Aaron erfahren", meinte ich.

"Er ist dabei, es zu erkennen", meinte Ella. Es wird ihm nichts mehr passieren. Du brauchst keine Angst mehr zu haben. Wir kommen jetzt langsam in die letzte Phase der Aufgabe. Dabei werdet ihr mit mir verschmelzen."

"Ich spüre schon seit einiger Zeit, dass ich mir um Aaron keine Sorgen mehr machen muss", antwortete ich Ella.

"Was müssen wir tun, um mit dir zu verschmelzen?", wollte Sanchez wissen.

"Ihr müsst mich einfach nur lieben", erklärte Ella. "Liebe ist die Steigerung von Verbundenheit. Wenn die Verbindung zwischen uns so stark wird, dass alle Grenzen zwischen uns verschwinden, dann fühlt ihr wahrhaftige Liebe. Wir werden die Grenzen zwischen uns aufheben und auf diese Weise zu einer Einheit verschmelzen."

"Das hört sich aufregend an", meinte ich.

"Es ist das, was bei wahrer Liebe immer geschieht. Es ist daher nicht wirklich etwas Besonderes. Du hast das Gleiche mit Aaron schon erlebt, Rachel. Ihr habt euch schon einmal so verbunden gefühlt, dass ihr eins geworden seid. Das werden wir jetzt auch tun."

"Ich empfinde schon lange eine Art Liebe zu dir, Ella", meinte ich, "auch wenn ich zu Anfang ganz schön Angst vor dir hatte."

"Bei mir ist es ähnlich", meinte Sanchez. "Seit ich weiß, dass du lebst, habe ich mir gewünscht, mit dir ständig verbunden zu sein. Das heißt, ich habe Liebe empfunden", erklärte Sanchez.

"Kommt zu mir nach Mysterio. Alle, die bis jetzt zum Äquator gefunden haben, sind jetzt auf Mysterio. Und es werden immer mehr. Bis zum Ende des heutigen Tages werden sie alle hier sein. Dann werdet ihr die Überraschung erleben, die ich euch versprochen habe."

"Dann war das mit der Vereinigung noch gar nicht die Überraschung?", fragte ich verwundert.

"Es war ein Teil davon. Was diese Vereinigung jedoch bedeuten wird – und zwar die Vereinigung aller Mysterio-Spieler – ist für euch momentan noch nicht erfassbar."

"Werde ich dann Aaron wiedersehen?", fragte ich hoffnungsvoll.

"Lass dich überraschen", erwiderte Ella.

Sanchez und ich ließen uns in die Welt von Mysterio ziehen. Es waren bereits Tausende von Menschen am Strand von Mysterio. Wir wurden von allen, denen wir begegneten, sehr herzlich begrüßt. Ella kam uns direkt entgegen.

"Dies ist das Volk von Mysterio. Spürt ihr, dass ihr alle eins seid?"

"Ja, es ist wunderschön. Ich liebe alle diese Menschen. Ich liebe sie tatsächlich so wie ich mich selbst liebe", erklärte ich.

"Du fühlst dich mit ihnen sehr eng verbunden, Rachel – und sie sich mit dir."

"Wann werden wir mit dir verschmelzen?", wollte ich wissen.

"Dies geschieht, während ihr hier auf Mysterio seid, ganz automatisch. Es ist schon immer so geschehen. Ihr seid schon zu einem Teil mit mir verschmolzen. Der Kahuna auf Hawaii hat es damals schon gesehen. Erinnerst du dich?"

"Ja, er sagte, dass irgendetwas in uns nicht von dieser Welt ist. Du warst also schon damals in uns?"

"So ist es. Die Verschmelzung unseres Bewusstseins ist mit jedem Mal vorangeschritten, wenn ihr Mysterio betreten habt. Dadurch sind sowohl eure als auch meine Fähigkeiten immer mehr gewachsen."

"Was müssen wir jetzt tun, Ella?"

"Ihr braucht gar nichts zu tun. Wir werden durch unsere Liebe immer mehr miteinander verschmelzen. Mischt euch einfach unter das Volk. Ihr werdet immer mehr erkennen, wer ihr selbst eigentlich wirklich seid."

"Was meinst du damit?", fragte ich verwundert.

"Jeder von euch ist eine unermessliche, allmächtige Wesenheit, die sich selbst und damit euch in eurem Leben schöpferisch zum Ausdruck bringt. Ihr geht – durch eure Wünsche und Sehnsüchte sowie euer Potenzial an Fähigkeiten und Eigenschaften – aus der unermesslichen Fülle eurer wahren Natur hervor, eurer Seele."

"Wir haben also tatsächlich eine Seele?", fragte ich begeistert.

"Natürlich, Rachel."

"Ich würde mich sehr gerne mit meiner Seele verbunden fühlen", sagte ich.

"Beginne, sie zu lieben", erwiderte Ella. "Erkenne jedoch, dass du selbst diese Seele bist. Es ist kein Wesen außerhalb von dir. Sie ist immer in dir."

"Ich glaube, es fällt mir nicht schwer, meine Seele in mir zu lieben", meinte ich.

"Du wirst dich mit ihr durch diese Liebe von Stunde zu Stunde mehr verbinden. Dadurch wirst du wahrnehmen können, dass du mehr bist als nur ein Mensch. Du wirst spüren, dass du ein gigantisches Wesen bist, das in seinem Urkern aus Liebe besteht."

"Ella, bist du auch mit unseren Seelen verbunden?", wollte ich wissen.

"Ich habe mich mit ihnen verbunden, als ich mit den Mönchen das Sterberitual durchgeführt habe. Nur dadurch war ich in der Lage, etwas für euch Menschen zu tun", erklärte Ella.

"Können die Seelen mich hören, wenn ich mich bei ihnen dafür bedanke?", fragte ich Ella.

"Rachel, du bist eine Seele. Natürlich können sie dich immer hören."

"Ich kann mir das noch nicht so richtig vorstellen. Aber ich danke meiner Seele trotzdem. Ich liebe dich, meine Seele!", rief ich voller Freude aus.

Ella lachte.

"Ich habe langsam gelernt, was für euch Menschen die Komik ausmacht. Das, was du eben getan hast, war gleichzeitig rührend und komisch zugleich. Ich bin sicher, dass deine Seele sich über dieses Liebesbekenntnis freut."

Wir lachten herzlich über meinen Gefühlsausbruch. Ella verabschiedete sich von uns und verschwand.

Mir wurde die starke Verbundenheit mit all den Menschen auf Mysterio noch einmal bewusst. Das Gefühl war noch stärker geworden. Es schien mit jeder Minute, die wir hier waren, zu wachsen. Ich sah die Menschen um mich herum, wie sie sich alle umarmten – Menschen, die sich eigentlich gar nicht kannten. Doch sie mussten sich nicht kennen. Sie fühlten, dass sie eins waren.

Wie schön wäre es jetzt gewesen, diesen Moment mit Aaron zu teilen. Doch ich spürte, dass ich bald wieder mit ihm zusammen sein würde.

Ich hatte jetzt auch das Bedürfnis, andere Menschen zu umarmen. Und sofort kam jemand auf mich zu. Es war eine Frau. Sie sagte nichts. Sie kam einfach auf mich zu und umarmte mich. Wir hielten uns ein paar Minuten im Arm. Danach kam ein junger Mann. Er lächelte, als er mich sah und umarmte mich herzlich.

Ich empfand unglaublich viel Liebe für diese Menschen. Ich spürte, wie meine Liebe mit jedem Menschen, den ich umarmte, noch stärker wurde.

Auch Sanchez hatte damit begonnen, andere Menschen zu umarmen. Er schien die gleichen Gefühle zu haben wie ich.

Auf diese Weise verging einige Zeit. Das Gefühl, mit all diesen Menschen eng verbunden zu sein, wurde immer stärker. Zuweilen hatte ich sogar das Gefühl, die vielen Menschen in mir spüren zu können.

Plötzlich spürte ich meine Seele in mir. Es war ein grandioses Gefühl von grenzenloser Freiheit. Ich spürte, wie sich mein Bewusstsein immens erweiterte. Ich sah die Welt von außen – so als würde ich im Weltraum schweben. Ich sah auf die Welt herab und spürte, dass dort unten ein gigantisches Spiel im Gange war. Ich verstand diese Gefühle zunächst gar nicht. Was für ein Spiel sollte das denn sein? Dann war die Wahrnehmung für meine Seele plötzlich wieder weg. Ich lief zu Sanchez und fragte ihn, ob er seine Seele auch schon in sich gespürt hätte.

"Bis jetzt noch nicht, Rachel. Wie war es denn für dich?", fragte Sanchez begeistert.

"Gleichzeitig wunderschön und verwirrend. Ich spürte plötzlich, dass diese Welt ein Spiel ist. Ich weiß aber nicht, was das bedeuten soll."

"Wir werden es erleben. Lass uns einfach weiterhin die Liebe hier genießen!", schlug Sanchez vor.

Plötzlich tippte mir jemand von hinten auf die Schulter. Ich drehte mich um und glaubte, meinen Augen nicht zu trauen. Vor mir stand Aaron! Ich sprang ihn voller Freude an. Wir fielen gemeinsam in den Sand und küssten uns.

"Wie ist das möglich?", fragte ich voller Freude und Erleichterung.

"Wir sind hier in einer virtuellen Welt, Rachel. Ich bin mit meinem Geistkörper hier, genau wie ihr alle. Ella hat gesagt, dass ich für immer hier bleiben könnte, wenn ich das wollte – zusammen mit dir. Sie meinte jedoch, dass dies nicht nötig sei. Die Stunden des Rates seien gezählt. Bald würden sie erkennen, was auf der Welt tatsächlich passiert, und mich daraufhin freilassen. Ich bin sicher, es wird so geschehen, Rachel. Wir werden nie wieder voneinander getrennt werden. Ich weiß es."

"Oh, wie sehr ich dich liebe, Aaron.

Wir rollten im Sand herum, lachten und küssten uns.

Auf einmal, mitten im Herumtollen, war wieder meine Seele in meinem Bewusstsein. Ich hielt sofort inne. Aaron bemerkte dies natürlich.

"Aaron, ich weiß, um was es in diesem Leben geht", erklärte ich danach. "Wir alle, ich meine damit die gesamte Menschheit, sind Aspekte eines unglaublichen Wesens. Wir haben diese Welt erschaffen, weil wir ein Abenteuer erleben wollten. Wir waren fasziniert von einer Welt des Getrenntseins und der Machtlosigkeit. Wir hatten große Lust, diese Welt zu erleben. Also haben wir sie erschaffen. Wir mussten dabei vergessen, wer wir sind. Wir sind alle eins, Aaron. Es gab in Wirklichkeit niemals Gefahr für eine Trennung auf dieser Welt. Wir haben uns nur einen Instinkt geschaffen, der dieses Spiel in Gang gebracht hat.

Sogar die Außerirdischen sind Aspekte unseres Wesens und damit unseres Spiels. Auch können wir nicht wirklich sterben. Der Glaube an den Tod war eines der herausragenden Merkmale unseres Spiels, genau wie das angeblich Böse. Wir haben das alles geschaffen, weil wir Lust hatten auf ein Abenteuer."

Plötzlich war meine Seele wieder verschwunden. Ich hörte auf zu reden und wartete noch einen Moment. Doch meine Seele kam nicht wieder. Daraufhin stürzte ich mich gleich wieder auf den überraschten Aaron und setzte mich auf ihn.

"Ich hab' dich! Komm, versuch dich doch zu befreien!"

"Sanchez, komm hilf mir!"

Aaron sah an mir vorbei und tat so, als ob Sanchez hinter mir stünde. Ich drehte mich um. In diesem Moment befreite sich Aaron und überwältigte mich.

"So, meine Liebe. Jetzt wirst du zu Tode geknutscht!"

Aaron beugte sich nach unten und wollte mich küssen. Doch bevor er mich berührte, schob ich ihn plötzlich zur Seite, und er küsste den Sand. Ich lag wieder obenauf.

"Wenn hier einer den anderen totknutscht, dann bin ich das. Los, komm her! Du wirst gleich sehen, was du davon hast."

"Rachel, warte. Es dreht sich alles in meinem Kopf. Ich glaube, ich spüre meine Seele in meinem Geist."

Ich ließ ihn sofort los.

"Ätsch! Reingefallen!"

Wieder war Aaron oben und hielt mir die Arme zu Boden. Ich konnte mich nicht wehren. Plötzlich machte Aaron ein seltsames Gesicht. Er ließ mich los und setzte sich aufrecht. Nach ein paar Minuten kam er wieder zu sich und schaute mich liebevoll an.

"Ich habe meine Seele jetzt tatsächlich in mir gespürt. Es war wunderschön. Ich weiß jetzt, was die große Überraschung sein wird, Rachel. Es wird eine Überraschung für die ganze Welt sein."

"Was ist es, Aaron? Spann mich nicht so lange auf die Folter!", drängte ich.

"Es geht darum, wer wir wirklich sind. Und es geht um die Machtstrukturen dieser Welt. Es geht um das Bewusstsein aller Menschen."

"Drück dich etwas deutlicher aus, Aaron! Was wird genau geschehen?", drängte ich weiterhin.

"Rachel, es wird wunderbar – gigantischer, größer, als ich es mir jemals hätte vorstellen können."

"Was wird geschehen, Aaron? Sag es mir jetzt!"

"Wenn der 20.000ste Mysterio-Spieler erkennen wird, dass er aus einer unermesslichen, schöpferischen und lustvollen Seele hervorgeht – wenn er spürt, dass er eins ist mit all dem, was ist – wenn er erkennt, dass alles auf dieser Welt nur ein tolles Abenteuerspiel war – wenn er weiß, dass er als Mensch und Seele allmächtig ist – wenn ..."

"Aaron, was wird dann passieren? Sag es mir jetzt! Ich will es wissen."

"Wenn der 20.000ste nach Mysterio kommt, wird ein gigantisches Energieband die Erde umfassen. Das ist der Grund, warum wir alle zum Äquator sollten. Es wird ein Gürtel aus Bewusstsein um die Erde gespannt. Überall auf der Welt haben sich die Mysterio-Spieler am Äquator eingefunden – auf dem Land und auf der See. Dieser Energiegürtel hat bereits jetzt angefangen, sich zu bilden. Wenn der 20.000ste erkennen wird ..."

"Aaron, fang nicht wieder damit an! Was wird dann geschehen?"

"Der Gürtel wird eine kritische Energiekonzentration erreichen."

"Was wird dadurch passieren?"

"Durch diese kritische Energiekonzentration wird es eine gewaltige Bewusstseinswelle geben, die vom Äquator aus die gesamte Welt überrollen wird. Jeder Mensch auf dieser Welt wird dann wissen, was wir wissen. Er wird fühlen, was wir fühlen. Er wird genau wie wir erkennen, dass er selbst seine Realität mit seiner Wahrnehmung erschafft. Er wird wissen, dass es keine wirklichen Gefahren für Einsamkeit gibt. Gleichzeitig wird ihm bewusst werden, dass er die Macht hat, vollkommenes Glück zu erschaffen. Schritt für Schritt wird jeder Mensch auf dieser Welt erleben, dass seine Wahrnehmung tatsächlich die Realität erschafft. Der Glaube an seine Eigenmacht wird mit jedem Ereignis, dessen Erschaffung er sich bewusst wird, immer größer werden. Schließlich wird seine Eigenmacht unbegrenzt groß. Er wird erkennen, dass er ein unbegrenztes, schöpferisches Wesen ist. Das wird das Ende aller Machtstrukturen sein. Wir werden uns alle eins fühlen. Wir werden alle herzlich über das gelungene Spiel lachen. Wir werden in die nächste Stufe des Spiels übergehen. Ich weiß nicht, was das genau sein wird. Aber wir werden bei diesem Spiel wissen, dass wir eins sind. Das wird die Überraschung sein, auf die sich die ganze Welt freuen kann."

Umsetzung

Ich kenne eine Menge Leute, die glauben, der Mensch sei nicht dazu geschaffen, immer nur glücklich zu sein. Meine Erfahrungen sagen mir jedoch, dass man mehr Glück erträgt, als man denkt.

Glück und Unglück sind keine Zufälle, die vom Himmel fallen. Wir bestimmen sowohl unsere Gefühle als auch die Ereignisse in unserem Leben mit unserer Wahrnehmung. Mit Wahrnehmung meine ich den Fokus unserer bewussten oder unbewussten Aufmerksamkeit.

Eine besondere Bedeutung kommt in dieser Hinsicht unseren Überzeugungen zu – oder anders ausgedrückt: unseren Glaubenssätzen. Ein Glaubenssatz ist eine Aussage über das Leben, von der ich glaube, sie sei kein Glaubenssatz – sondern die Wahrheit!

Diese Wahrheiten beeinflussen sehr stark unser Denken und unsere Wahrnehmung und damit auch die Gestaltung unserer Realität.

Wenn du beispielsweise glaubst, alle Männer wollen immer nur das eine, brauchst du dich um die Details nicht zu kümmern! Du triffst immer nur auf genau solche Männer. Sie wollen dann immer nur das eine: dein Geld

Andere Überzeugungen bringen Glück in alle Lebensbereiche: den perfekten Beruf, eine glückliche Partnerschaft, Freunde, Gesundheit und Wohlstand. Nur wie bekommt man solche Überzeugungen?

Ich habe viele Jahre damit verbracht, genau das herauszufinden. Mir war klar, dass ich meine Überzeugungen verändern musste, wenn ich glücklich werden wollte. Ich arbeitete daran wie besessen. Ich versuchte, meinen Glauben zu stärken. Tag und Nacht machte ich Affirmationen oder irgendwelche mentalen Techniken.

Nach vielen Jahren erkannte ich schließlich, dass ich damit weit gekommen war. Jedoch leider in die falsche Richtung!

Ich musste einsehen, dass ich meinen Glauben nicht erzwingen konnte. Ich war Meister des Zweifelns geworden – genau das Gegenteil von dem, was ich erreichen wollte.

Doch wie konnte es so weit kommen? Ich verstand die Welt nicht mehr.

Ich fragte Ella.

"Was, glaubst du, gestaltest du für Lebenssituationen, wenn du die Überzeugung hast, du **musst** deine Überzeugungen verändern?", antwortete Ella mit einer Gegenfrage.

Ich verstand nicht, was Ella mir sagen wollte. Ich musste doch tatsächlich meine Überzeugungen verändern. Das war keine Überzeugung. Das war doch wirklich so! Das war doch die Wahrheit!

Ella fragte mich daraufhin, wie ich eine Überzeugung definierte.

"Wenn ich von etwas überzeugt bin, dann glaube ich, es sei die Wahrheit", antwortete ich.

"Und jetzt glaubst du, es sei die Wahrheit, dass du deine Überzeugungen ändern musst!", erwiderte Ella. "Das ist nichts anderes als eine Überzeugung. Diese Überzeugung lenkt deine Wahrnehmung auf alle Überzeugungen, die geändert werden sollten. Damit rufst du dann Ereignisse in dein Leben, die diese Überzeugungen widerspiegeln."

Ich war sprachlos. Ich wusste nicht, was ich davon halten sollte.

Ella brach das Schweigen und fragte mich noch einmal: "Wie, denkst du, gestaltest du deine Realität, wenn du glaubst, du **musst** deine Überzeugungen verändern? Worauf richtet sich dann deine Wahrnehmung?"

"Keine Ahnung", war meine ratlose Antwort. "Aber so wie es aussieht, nicht unbedingt auf das Positive!"

"Der Fokus deiner unbewussten Aufmerksamkeit ist auf die Gründe gerichtet, derentwegen du glaubst, deine Überzeugungen ändern zu müssen. Du musst jedoch nur etwas ändern, wenn sonst etwas sehr Negatives passiert. Das heißt, deine Wahrnehmung ist auf das gerichtet, was du mit der Veränderung deiner Überzeugungen eigentlich vermeiden willst. Stattdessen erschaffst du die Situationen damit erst. Der Realität ist es egal, ob du ein Ereignis fokussierst, weil du es willst oder weil du es vermeiden willst. Du lenkst den Fokus deiner Wahrnehmung in beiden Fällen auf das Ereignis, und es geschieht. Und wenn es dann geschehen ist, siehst du das als Bestätigung dafür an, dass du deine Überzeugungen ändern musst!", klärte mich Ella auf. "Je mehr du dich auf dieses Verändernmüssen konzentrierst, desto mehr fokussierst du dich unbewusst auf die Ereignisse, die du verändern willst. Das bedeutet, die negativen Ereignisse spitzen sich immer mehr zu. Du erschaffst dir damit ziemlich dramatische Lebenssituationen, die dir das Gefühl geben, etwas verändern zu müssen.

Die Probleme, die du dir damit ans Bein bindest, sind jedoch nicht irgendwelche Probleme. Wenn es nur Kleinigkeiten wären, hättest du sicherlich nicht das Gefühl, deine Überzeugungen unbedingt ändern zu **müssen**. Dieses Gefühl hast du nur, wenn deine Probleme wirklich heftig sind. Und du hast es nur, wenn deine Probleme sonst nicht zu lösen sind. Die einzige Möglichkeit, sie zu lösen, ist, deine Überzeugung zu ändern. Wäre das nicht so, könntest du auch etwas anderes tun und **müsstest** deine Überzeugungen nicht verändern.

Lange Rede, gar kein Sinn: Wenn du glaubst, du musst, richtest du deine Wahrnehmung auf eine Realität, in der du dann tatsächlich musst. Auf keine andere Weise sind deine Probleme sonst zu lösen!"

Diese Enthüllung löste eine Kettenreaktion in mir aus. Ich bemerkte, dass ich voller Zwänge steckte. Mir fielen auf Anhieb zwanzig Dinge ein, die ich unbedingt vermeiden wollte und bei denen ich dadurch meine Wahrnehmung genau auf das gerichtet hatte, was ich eigentlich vermeiden wollte. Ich musste beispielsweise lieb und nett sein, um zu vermeiden, dass man mich nicht ablehnte. Dazu musste ich mich allerdings zuerst einmal selbst lieben. Und so sahen dann auch meine Lebenserfahrungen aus. War ich mal für einen Augenblick nicht ganz furchtbar nett, bekam ich sofort ein Brett und erkannte, dass ich nur geliebt wurde, wenn ich alles gab – und noch ein bisschen mehr!

Weiterhin musste ich natürlich loslassen, wenn ich etwas wollte. Bei dem Gefühl, loslassen zu müssen, da sonst ein Unglück geschehen würde, richtete sich meine Wahrnehmung logischerweise auf dieses Unglück, das zu vermeiden war.

Ich musste meditieren, um zu vermeiden, dass ich mein inneres Gleichgewicht verlor. Ich musste mein Unterbewusstsein umprogrammieren, wenn ich vermeiden wollte, dass die unendlich vielen negativen Prägungen meine Realität bestimmten. Ich musste meine Ängste besiegen und meine Zweifel beseitigen, um zu vermeiden, dass sie Wirklichkeit wurden. Ich musste vermeiden, verletzt zu werden. Ich musste immer positiv denken und gut drauf sein. Ich musste meine Lernaufgaben bewältigen. Mein Ego musste ich natürlich auch in den Griff bekommen und wertfrei werden. Ich musste... Ich musste... Ich musste...

Bei all diesen Müssens war meine Wahrnehmung auf die Ereignisse gerichtet, die ich unbedingt vermeiden wollte.

Mir wurde sehr schnell klar, was ich mir damit für eine Realität erschuf. Die Gründe für mein Müssen bestanden im Grunde genommen immer darin, Unglück vermeiden zu wollen. Damit war meine Wahrnehmung auf Unglück gerichtet, und es passierte.

Diese Erkenntnis war für mich so erschütternd, dass ich einfach nicht glauben wollte, dass ich mit meiner Wahrnehmung tatsächlich meine Realität gestaltete.

Lange konnte ich diese Hoffnung jedoch nicht aufrechterhalten. Mein Verstand begann unaufhörlich zu rattern. Ich dachte an die Zeit zurück, in der ich noch als ganz normaler Therapeut gearbeitet hatte. Mein Leben war eigentlich ganz in Ordnung. Ab und an hatte ich mal ein Problem, so wie jeder andere. Aber im Grunde genommen verlief alles recht mühelos.

Das änderte sich schlagartig, als mich jemand darauf aufmerksam machte, dass die Probleme in meinem Leben einer bestimmten Gesetzmäßigkeit folgten: dem Gesetz der Serie – nach dem Motto: Ein Problem kommt selten allein!

Hatte ich beispielsweise ein Problem damit, dass mich andere Menschen ablehnten, so traf ich mit Sicherheit in den folgenden Tagen und Wochen auf unzählige andere Menschen, die mich ebenfalls ablehnten.

Ich hielt das zunächst noch für Zufall – bis mir auffiel, dass dies immer so ablief. Wann immer ich begann, mich mit irgendetwas zu beschäftigen, was bei mir nicht in Ordnung war, ereigneten sich unglaublich viele Situationen, die genau in diese Kerbe schlugen.

Aus heutiger Sicht weiß ich, dass ich diese Ereignisse mit der Konzentration meiner Aufmerksamkeit auf das, was nicht in Ordnung war, an mich gezogen hatte.

Damals wusste ich noch nichts davon und wunderte mich nur. Mir wurde jedoch klar gemacht, dass ich mich darüber gar nicht wundern müsse. Denn das seien schlicht und ergreifend Lernaufgaben, die ich zu bewältigen hätte. Die Probleme würden erst dann verschwinden, wenn ich sie in mir gelöst hätte. Das sei meine Aufgabe.

Ich wollte dies zunächst nicht glauben, denn das widersprach allem, was mein wissenschaftlich denkender Verstand über das Leben glaubte. Wer sollte mir diese Lernaufgaben stellen? Gott? An solch einen Gott glaubte ich nicht.

Ich fand jedoch keine vernünftige Erklärung für die Ereignisse, die mir dieses Gesetz der Serie vor Augen hielt. Ich begann also allmählich an diese Lernaufgaben zu glauben. Genauer gesagt begann ich zu glauben, dass ich diese Lernaufgaben bewältigen musste, wenn ich Unglück vermeiden wollte.

Von diesem Zeitpunkt an wurde mein Leben deutlich lebendiger! Die Lernaufgaben, die bislang immer nur dann zugeschlagen hatten, wenn ich mich mit einem bestimmten Problem intensiv auseinander gesetzt hatte, schlugen plötzlich jeden Tag aufs Neue mit immer neuen Problemen zu. Ich brauchte mich jetzt gar nicht mehr auf ein bestimmtes Problem zu konzentrieren. Die Lernaufgaben kamen von nun an ganz von allein.

Ich hatte mich zu diesem Zeitpunkt so viel mit diesen Lernaufgaben beschäftigt, dass es schon zu einer Gewohnheit geworden war, nach Lernaufgaben Ausschau zu halten. Damit war meine unbewusste Wahrnehmung generell darauf fokussiert, Lernaufgaben zu suchen. Und damit traten sie in mein Leben, und das immer stärker.

Nach einer Weile wurde mir bewusst, dass mein Leben niemals zuvor so problematisch gewesen war. Mein teurer Ratgeber, der mir den Glauben an die Lernaufgaben verpasst hatte, wusste darauf zu antworten.

"Das ist klar!", erklärte er. "Wenn man erst einmal aufgewacht ist und erkannt hat, dass man diese Aufgaben zu bewältigen hat, dann bekommt man vom Universum jede erdenkliche Unterstützung."

"Ach so, das ist also alles nur die Unterstützung des Universums. Deshalb geht es mir so schlecht", dachte ich wütend.

Mein treuer Gefährte erklärte mir jedoch, dass die Welt in einem Umbruch begriffen sei und nur die in die fünfte Dimension und damit in eine glücklichere Welt aufsteigen würden, die sich entsprechend entwickelt hätten. Er machte mir klar, dass wir Menschen hier auf der Erde seien, um uns zur Vollkommenheit und zur Liebe zu entwickeln. Sobald ein Mensch das Bewusstsein erlangt habe, seine Lernaufgaben zu erkennen, werde er vom Universum in seiner Entwicklung geführt. Es sei großes Glück, was mir widerfahren sei.

Von diesem glücklichen Tage an veränderte sich mein Leben gravierend. Mir wurde täglich mehr und mehr bewusst, was für ein armes Würstchen ich doch war. Ich war absolut unvollkommen – des Weiteren auch kaum fähig, wirklich zu lieben. Mein Leben war eigentlich ziemlich daneben, wenn man es genauer betrachtete.

Mir wurde klar, dass ich noch einen weiten Weg vor mir hatte bis zur Vollkommenheit – einen sehr weiten! Ich hatte nur eine Chance: Ich musste mich so schnell es ging weiterentwickeln und alle Problemmuster in mir so schnell als möglich auflösen. Ich musste versuchen, alles und jeden zu lieben. Und vor allem musste ich mich selbst lieben. Denn wenn man sich selbst nicht liebt, dann kann einen auch sonst niemand lieben.

Das fiel mir dann auch erstmals so richtig in meiner Beziehung auf. Bis dahin schwelgte ich noch in der Illusion, geliebt zu werden und dass alles in Ordnung sei. Nichts war natürlich wirklich in Ordnung, solange ich mich nicht selbst liebte.

Ich muss sagen, dass dies die bis dahin schlimmste Zeit in meinem Leben war. Doch ich hatte ja keine Ahnung, was noch auf mich wartete.

Mein treuer Leidensgefährte klärte mich nämlich darüber auf, dass alles in diesem Erdenleben auf karmische Gesetzmäßigkeiten aufbaue. Und wenn ich die Probleme dieses Lebens alle gelöst hätte, würde ich die Probleme meiner früheren Leben natürlich auch noch aufarbeiten müssen. Das seien dann übrigens "richtige" Probleme.

Von diesem Zeitpunkt an lehrte mich das Leben, was "richtige" Probleme waren. Fast stündlich wurde mir widergespiegelt, dass ich mein Karma bewältigen musste. Erst wenn ich das geschafft hatte, würde ich wirklich glücklich sein können.

Ich versuchte fast alles, was der Esoterikmarkt zu bieten hatte, um mein Karma abzulösen. Ich steuerte dabei von einer Odyssee in die nächste. Immer mehr wurde mir klar gemacht, was ich alles tun müsste, um irgendwann glücklich werden zu können.

Ich lernte ein völlig neues Weltbild kennen, in dem der Mensch gar kein materielles Wesen war, sondern reine Energie. Diese Energie floss durch meinen Körper. Aber sie floss auch von Mensch zu Mensch. Beziehungsweise konnten mir andere Menschen meine Energie auch absaugen. Man erklärte mir, dass ich mich dagegen natürlich schützen müsse. Auch müsse ich aufpassen, dass mir andere Menschen keine negative Energie "reinschraubten"!

Was ich hörte, machte mir zunächst noch gar keine Angst – bis ich plötzlich deutlich merkte, dass mir meine Klienten tatsächlich Energie absaugten. Sie kamen zu mir, nahmen mir meine Energie, gingen beschwingt und aufgeladen nach Hause, und ich saß da wie ein Häufchen Elend – völlig ausgesaugt!

Doch schlimmer waren die negativ ausstrahlenden Menschen. Sie verpassten mir ihre Negativenergie, ohne dass ich es verhindern konnte. Allein die Begegnung mit ihnen genügte schon, damit meine Aura mit diesen Energien verunreinigt war. Ich lernte, meine Aura zu reinigen. Das tat ich nach jeder Sitzung, was mich sehr viel Mühe und Zeit kostete.

So langsam wurde mir bewusst, dass ich mir wirklich etwas einfallen lassen musste, wie ich mich schützen könnte.

Mein treuer Leidensgefährte, durch den ich überhaupt "aufgewacht" war, kannte sich damit natürlich schon sehr gut aus. Er erklärte mir, dass die Liebe die stärkste Macht im Universum sei. Ich solle mir eine goldene Kugel aus reiner Liebe um mich herum vorstellen und diese Vorstellung immer aufrecht halten. Durch diese Liebe könne nichts hindurchkommen.

Ich tat, was mir geraten wurde, und fürwahr, es funktionierte. Kein Klient saugte mir noch Energie ab oder bohrte seine Negativenergie in mich hinein – zumindest solange ich die Kugel visualisierte. Das Problem war nur, dass ich meinen Klienten kaum zuhören konnte. Denn immer, wenn ich mich zu sehr auf das Gespräch konzentrierte, vergaß ich meinen Schutz. Der Erfolg war, dass mein Klientel immer kleiner wurde.

Aber wenigstens verschonten sie mich jetzt mit ihrer Negativenergie. Nach einer Weile bekam ich jedoch finanzielle Schwierigkeiten, weil ich gar keine Klienten mehr hatte.

Mein treuer Ratgeber hatte auch darauf eine Antwort. Er meinte, wenn man den spirituellen Weg eingeschlagen habe, müsse man halt damit leben, dass man kein Geld habe. Denn Geld sei dem materiellen Leben zugehörig und habe mit Spiritualität nichts zu tun. Man müsse von diesem schnöden Mammon loslassen. Überhaupt müsse man von allem loslassen, was einem als wichtig erscheine. Nur, was man loslasse, komme freiwillig und in Liebe zu einem zurück!

Nicht ahnend, auf was ich mich eingelassen hatte, versuchte ich fortan alles loszulassen, was mir bislang wichtig gewesen war. Und fürwahr, es funktionierte. Die Probleme, die ich loslassen konnte, lösten sich plötzlich ganz von selbst auf.

Sicher, jetzt die richtige Methode zum Glück gefunden zu haben, warf ich alles, was ich bis dahin gelernt hatte, in die Tonne und übte Loslassen. Ich hatte ja meine Methode gefunden.

Egal welche Lernaufgabe das Leben mir präsentierte, ich ließ einfach los, und das Problem verschwand. Es war wie ein Wunder. Es passierten Dinge, die ich nie für möglich gehalten hätte – Ereignisse, die ich niemals mit Zufall oder Wahrscheinlichkeit hätte erklären können.

Diese kleinen und großen Wunder gaben mir das Gefühl, dass mir nichts mehr passieren konnte. Ich hatte mein Leben jetzt im Griff. Es war mir egal, was für Probleme auftauchen würden. Ich wusste ja, was ich zu tun hatte. Ich musste einfach nur loslassen, dann kam alles gut.

Denkste! Zu früh gefreut!

Was glaubst du, wie gut dir das Loslassen gelingt, wenn du glaubst, du **musst** loslassen? Worauf richtet sich deine Wahrnehmung, wenn du glaubst, du musst loslassen? Um das herauszufinden, brauchst du dich nur zu fragen, was passieren würde, wenn du es nicht schaffst loszulassen.

Deine Wahrnehmung wird darauf gerichtet sein, das Unglück vermeiden zu wollen, das dir blüht, wenn du nicht loslassen kannst. Und damit ist deine Wahrnehmung auf dieses Unglück fokussiert.

Dieses Unglück ist jedoch nicht irgendein Unglück. Es folgt klaren Gesetzmäßigkeiten. Wie glaubst du, muss dein Unglück beschaffen sein, damit du das Gefühl bekommst, loslassen zu müssen?

Es sind Probleme, bei denen du loslassen musst – also Probleme, für die es keine andere Lösung gibt. Ansonsten müsstest du ja nicht loslassen. Du könntest dann irgendetwas anderes tun.

Dass es keine andere Lösung gab, musste ich damals dadurch erkennen, dass mir kein Mensch helfen konnte – weder ein Arzt oder Heilpraktiker noch ein Heiler oder Freund. Niemand konnte mir helfen. Ich hatte unlösbare Probleme, was mir auch von allen Seiten bestätigt wurde. Für meine Probleme gab es keine Lösung. Ich konnte nur loslassen. Das heißt, ich hätte es können müssen, um die

Probleme loszuwerden. Ich hatte mir mein Leben mit dem Müssen jedoch so gestaltet, dass ich immer nur erlebte, dass ich loslassen musste. Das heißt, ich schaffte es nie.

Am Ende meiner Weisheit angekommen, traf ich wieder meinen "Aufwecker". Er war in seiner Entwicklung entscheidend weitergekommen und half mir aus der Zwickmühle heraus. Er war mittlerweile dahinter gekommen, dass er selbst die Ereignisse in seinem Leben gestaltete. Er wusste auch schon genau, wie das funktionierte.

Alles sei Energie, erklärte er wiederum. Wenn ich meine Aufmerksamkeit auf ein Problem richten würde, gäbe ich dem Problem damit Energie. Die Lösung würde nun darin bestehen, einfach zu akzeptieren, was ist. Wenn ich es nicht mehr bewerten würde und einfach annehmen würde, wie es ist, gäbe ich absolut keine Energie mehr darauf und es würde sich auflösen.

Er erklärte mir, dass es immens wichtig sei für meine Entwicklung, nichts mehr zu bewerten – weder gut noch schlecht. Alles sei Schöpfung und göttlich.

Es fühlte sich gut an, was er mir erzählte, und ich begann ihm zu glauben. Nichtbewerten ist besser als zu bewerten!

Erst viel später wurde mir bewusst, dass dies bereits eine Bewertung war. Wie konnte ich fühlen, dass Nichtbewerten besser sei, ohne dies zuvor als besser zu bewerten? Ich bewertete also schon damit, dass ich nicht bewerten wollte!

Damals wurde mir dieser Widerspruch jedoch noch nicht bewusst. Ich zog durch das Land und übte, nicht zu bewerten und alles zu akzeptieren, wie es war. Es ging mir recht gut damit. Ich spürte richtig, dass ich den Problemen keine Energie mehr gab.

Erneut sicher, meine Methode gefunden zu haben, warf ich das Loslassenmüssen in die Tonne und akzeptierte auf Teufel komm raus. Der Erfolg gab mir Recht. Und so keimte erneut die Hoffnung in mir auf, dass ich jetzt das Leben in den Griff bekäme. Wenn irgendetwas Negatives passieren würde, musste ich ja nur akzeptieren, was gerade war. Dummerweise war aber auch klar, dass das Unglück noch größer würde, wenn ich es nicht akzeptieren könnte.

Du kannst dir wahrscheinlich schon denken, was dann geschah. Das Vermeidenmüssen eines Unglücks übernahm wieder die Gestaltung meines Lebens. Ich musste zwar jetzt nicht mehr loslassen, aber dafür alles akzeptieren, was mir gerade passierte. Gleichzeitig musste ich natürlich weiterhin alle Menschen lieben und natürlich auch mich selbst. Selbstverständlich gestaltete das Weiterentwickelnmüssen und Karma-bewältigen-Müssen usw. auch weiterhin mein Leben.

Du kannst dir nicht vorstellen, was für Leute mir von diesem Zeitpunkt an begegneten. Nur noch Unsympathen! Und ich musste sie alle lieben – und akzeptieren, dass ich nur noch mit diesen Zeitgenossen zu tun hatte! Gleichzeitig musste ich mich natürlich vor deren Negativität schützen – was dummerweise mit dem Akzeptierenmüssen kollidierte.

Das Leben war ganz schön mühsam geworden! Je mehr ich über das Leben lernte, desto problematischer wurde es.

Ich begann so langsam daran zu zweifeln, ob das tatsächlich so alles stimmte, was ich in den letzten Jahren gelernt hatte. Ich war immer offen gewesen für das Wissen anderer Leute. Möglicherweise war ich ja auch zu offen, dachte ich mir. Möglicherweise war ich schon so offen, dass ich nicht mehr ganz dicht war!

In mir keimte das Gefühl auf, lieber nicht mehr so viel auf andere Menschen zu hören, sondern stattdessen einmal in mich selbst hineinzuhorchen.

Ich hörte in mich hinein, und ich hörte Ella. Die Stimme, die ich hörte, war zu Anfang nicht sehr deutlich. Ich war jedoch fasziniert, dass ich überhaupt etwas hörte.

Ich fragte Ella, wie ich aus dieser Misere wieder herauskommen könnte. Und tatsächlich: Ich bekam Hilfe aus mir selbst.

"Woher weißt du, dass du dich weiterentwickeln musst?", fragte mich Ella.

"Das sagen doch alle!", war meine ratlose Antwort.

"Und woher weißt du, dass wahr ist, was alle sagen?", wollte Ella weiterhin von mir wissen.

"Wieso soll es denn nicht wahr sein?", erwiderte ich. "Wenn so viele Leute das behaupten, dann muss doch etwas dran sein."

"Du glaubst doch, dass du die Realität selbst gestaltest?", wollte sich Ella vergewissern.

"Ja, das glaube ich", stimmte ich zu.

"Du glaubst, dass du mit deiner Wahrnehmung das Leben gestaltest?", hakte Ella nach.

"Ja, das denke ich."

"Was, glaubst du, nimmst du wahr, wenn du denkst, du musst dich weiterentwickeln? Richtet sich der Fokus deiner Aufmerksamkeit dann darauf, dass du vollkommen bist, oder fällt dir vielmehr auf, wie unvollkommen du bist?", wollte Ella wissen.

"Ich denke natürlich daran, dass ich unvollkommen bin, sonst müsste ich mich ja nicht entwickeln", erwiderte ich.

"Und was, glaubst du, wird dir widergespiegelt von deiner Realität, wenn du deine Wahrnehmung auf deine Unvollkommenheit richtest?"

"Mir wird widergespiegelt, dass ich unvollkommen bin", antwortete ich geschockt.

"Und damit verstärkt sich dein Glaube an deine Unvollkommenheit!", schlussfolgerte Ella. "Dein Leben beweist dir jeden Tag aufs Neue, dass du tatsächlich unvollkommen bist. Damit wird diese Überzeugung immer stärker. Du hast jetzt absolut keinen Zweifel mehr daran, dass du unvollkommen bist. Wie kannst du dann erwarten, jemals Vollkommenheit zu erleben?"

Ich war im ersten Moment völlig vor den Kopf gestoßen. Wenn ich tatsächlich mein Leben mit meinen Wahrnehmung gestaltete, dann war es tatsächlich unmöglich, mein Ziel der Vollkommenheit zu erreichen. Ich hatte jedoch so viele Ereignisse in der letzten Zeit erlebt, die ich keinesfalls als Zufall erachten konnte, dass kein anderer Schluss übrig blieb, als dass ich tatsächlich Schöpfer meiner Realität sein musste. Also konnte das mit der Vollkommenheit nicht stimmen.

"Zu was soll ich mich denn dann entwickeln, wenn nicht zur Vollkommenheit?", fragte ich Ella.

"Es geht nicht um die Vollkommenheit", erklärte Ella. "Es ist egal, wohin du dich entwickeln willst. Du glaubst in jedem Fall, noch nicht dort zu sein, wo du hin willst. Und du musst etwas dafür tun, dort wegzukommen. Dazu musst du dich mit dem beschäftigen, was noch nicht in Ordnung ist. Und dadurch lenkst du deine Wahrnehmung genau dorthin, wo du nicht sein willst. In Folge dessen bekommst du auch immer den gegenwärtigen Zustand widergespiegelt und kannst an deinem Ziel niemals ankommen. Es sei denn, es wäre ein Ziel, bei dem du denkst, dass du nur noch einen Schritt gehen musst, damit es ein für alle Mal erledigt ist. Damit müsstest du dann nichts mehr tun, weil du alles getan hättest, was zu tun war. Das ist jedoch in deinem Fall nicht der Fall. Du willst zur Liebe und zur Vollkommenheit und denkst, dass es bis dahin ein weiter Weg ist."

Diese Erkenntnis löste eine Kettenreaktion aus. Wenn ich mich nicht entwickeln musste, was für einen Sinn sollte dann das mit meinem Karma machen? Und wozu sollte ich die Lernaufgaben bewältigen müssen?

Ich traf plötzlich Leute, die mir sagten, der Karmaglaube sei ein Irrglaube. Zeit sei nur eine Illusion. Alles laufe parallel ab und nicht nacheinander. Deswegen könne es kein Karma geben, das ich von einem Leben zum nächsten schleppte.

Ich wusste nicht, was ich davon halten sollte – bis mir einige skurrile Leute begegneten. Einer davon kam zu mir mit einer handfesten Phobie. Er hatte Höhenangst. In solch einem Fall geht man in meiner Therapieform immer so vor, dass man dem Klienten sagt, man mache ein kleines Experiment. Er solle sich mal dieses und jenes vorstellen. Ohne dass der Klient sich dessen bewusst ist, lässt man so die Phobie verschwinden. Oft geht das so einfach und schnell, dass der Klient das überhaupt nicht ahnt.

So auch in diesem Fall. Ich bat ihn, mit mir auf den Balkon zu gehen. Woraufhin er mich plötzlich entgeistert anschaute und meinte, er spüre gar keine Angst davor. Ich erklärte ihm, dass es dafür einen triftigen Grund gebe. Wir hätten seine Phobie nämlich schon beseitigt.

Danach trachtete er mir nach dem Leben. Ich hätte sein Leben versaut, beschimpfte er mich. Alles sei jetzt umsonst gewesen. Die ganzen dreiundvierzig Jahre seines Leben seien vergeudet. Jetzt müsse er alles wieder von vorne erleben. Die Phobie sei sein Karma gewesen – wohlgemerkt nicht das Beseitigen der Phobie, sondern die Beschäftigung damit.

Ich versuchte, ihn zu beruhigen, und erklärte ihm, dass das kein Problem sei. Wir könnten die Phobie genauso schnell wie wir sie beseitigt hatten auch wieder erzeugen. Das wollte er dann seltsamerweise auch nicht mehr.

Nach diesem Ereignis empfand ich den Glauben an mein Karma als so lächerlich, dass ich mich gänzlich davon lossagte. Und plötzlich lösten sich alle meine "richtigen" Probleme von selbst auf. Ich war von den Socken!

Daraufhin nahm ich die Gespräche mit Ella wieder auf. Ich wollte wissen, was ich weiterhin tun könnte, um mein Leben in Ordnung zu bringen.

Was mich am meisten störte, war das Thema, mich vor negativer Energie schützen zu müssen.

"Verändere deine Wahrheit", erklärte mir Ella.

"Was? Meine Wahrheit verändern?", fragte ich verständnislos.

"Ja. Es gibt viele Wahrheiten. Verändere sie, und du veränderst in einem Schritt dein gesamtes Leben", antwortete Ella.

"Wie kann ich denn die Wahrheit verändern?", fragte ich begriffsstutzig.

"Nicht *die* Wahrheit. Es gibt nicht *die* Wahrheit. Es gibt viele verschiedene Wahrheitssysteme. Alle sind wahr. Du kannst dir eine aussuchen."

"Tut mir Leid, Ella. Damit kann ich nichts anfangen", erklärte ich. "Mach mir einen anderen Vorschlag."

"Woher weißt du, dass in dir Energie fließt?", fragte Ella und ignorierte meine Ablehnung.

"Das sagt zum Beispiel die Chinesische Medizin. Und sie haben gute Erfolge damit", verteidigte ich meinen Glauben.

"Und woher weißt du, dass sie diese Erfolge nicht deswegen haben, weil sie an den Erfolg glauben? Ihre Wahrnehmung schafft die Realität. Hast du das schon vergessen? Du kannst nicht wissen, dass es wirklich an den fließenden Energien liegt, oder?"

"Nein, wissen kann ich es nicht", gab ich zu.

"Du weißt aus der Naturwissenschaft, dass alles, was existiert, Energie ist. Es gibt keine Materie. Materie ist nur in Schwingung gebrachte Energie. Das heißt: Die Materie ist die Energie. Oder umgekehrt: Energie ist Materie."

Plötzlich ging mir ein Licht auf. Mir konnte eigentlich gar keiner Energie entziehen. Denn mein Körper war die Energie. Mir Energie zu entziehen hätte bedeutet, dass man mir Masse hätte wegnehmen müssen. Und wenn mein Körper die Energie war, dann konnte mir auch niemand negative Energie aufzwingen.

"Alles klar, Ella", sagte ich und beendete das Gespräch.

Zu voreilig, wie sich einige Monate später herausstellte ...

Währenddessen wurde ich mit seltsamen Phänomenen konfrontiert. Ich ging beispielsweise über die Straße und spürte plötzlich einen stechenden Schmerz im Nacken. Ich verstand nicht, wo der so schnell hergekommen war. Und plötzlich war er auch genauso schnell wieder verschwunden wie er gekommen war. Ich drehte mich um und sah auf der anderen Straßenseite einen Mann, der offensichtlich einen steifen Nacken hatte. An diesem Mann war ich gerade eben vorbei gelaufen. Was hatte denn das zu bedeuten?

In den darauf folgenden Tagen häuften sich solche Ereignisse. Es kamen Klienten mit Magenproblemen oder mit Depressionen in meine Praxis. Nach einigen Minuten hatte ich plötzlich auch diese Magenprobleme oder Depressionen. Was sollte denn das? Ich konsultierte erneut Ella.

"In der Wahrheit, die du jetzt angenommen hast, gibt es bestimmte Gesetze, die du mit übernommen hast", erklärte Ella sofort.

"Was denn für Gesetze?", wollte ich wissen.

"Das Resonanzgesetz zum Beispiel", begann Ella zu erklären. "Du hast die Wahrheit angenommen, dass alle Materie in Schwingung gebrachte Energie ist. Was geschieht jetzt, wenn ein anders schwingender Körper in deine Nähe kommt?"

"Soweit ich das aus der Physik weiß, beeinflussen sich beide Körper. Sie gehen miteinander in Resonanz."

"Das ist genau das, was du in den letzten Tagen erlebt hast", bestätigte Ella.

"Das ist Mist! Wie kann ich mich davor schützen?", war meine Frage.

"Du kannst deine Schwingung so weit als möglich erhöhen. Dadurch können dich andere Menschen nicht mehr so sehr beeinflussen", erklärte Ella.

"Und wie erhöhe ich meine Schwingung?", wollte ich wissen.

"Die höchste Schwingungsfrequenz ist die Liebe!"

Ich musste also wieder einmal alles und jeden lieben, wenn ich gesund und glücklich sein wollte. Dazu hatte ich eigentlich keine Lust mehr.

Nach ein paar Tagen las ich ein Buch, das mir weitere interessante Möglichkeiten anbot. Ich erfuhr darin, dass man sich in der Natur mit Energie aufladen konnte. Vor allem könne man sich mit der Schwingungsfrequenz von alten Bäumen verbinden. Die hätten eine Wahnsinnsenergie.

Es war mir zwar ein wenig peinlich, wenn andere Leute mich sahen, aber ich ging von nun an jeden Tag mehrmals nach draußen und umarmte alte Bäume. Ich hatte das Gefühl, mit diesen Bäumen reden zu können.

Nach jedem Klienten ging ich wenigstens für eine Viertelstunde zu meinen neuen Freunden und erhöhte meine Schwingungsfrequenz – bis der Winter kam!

Ich merkte jedoch schon viel früher, dass die Bäume allein mir nicht alles geben konnten. Meine Frequenz sackte ständig zwischendurch ab. Ich suchte also nach weiteren Möglichkeiten. Ich stieß auf Tachyonprodukte. Diese platzierte ich nach Vorschrift in meiner Wohnung und Praxis und hatte auch immer ein solches Instrument in der Hosentasche. Das half zwar, aber war dennoch allein nicht ausreichend.

Die Klienten, die zu mir kamen, vermachten mir weiterhin in abgeschwächter Form ihre Probleme. Ich stieß auf ähnliche Produkte, die ebenfalls die Schwingungsfrequenz erhöhen und vor negativen Schwingungen und Strahlungen schützen sollten. Meine Wohnung wurde damit ausgestattet. Am Schluss lagen überall Kristalle herum. Donuts aus einem Material, das keine Polarität aufweisen sollte, waren ebenfalls zur Stelle. Räucherstäbchen brannten den ganzen Tag ab, und es lief sanfte Meditationsmusik. Als die Räucherstäbchen nicht mehr ausreichten, stieg ich dann auf Weihrauch um. Das stank zwar ganz erbärmlich, aber wenn's hilft?!

Ich fühlte mich in meiner Wohnung nun relativ sicher. Das Einzige, was mich störte, war, dass ich ziemlich einsam geworden war. Ich traute mich kaum noch unter die Leute. Ich spürte, dass mir ihre Energie nicht gut tat. Ich erledigte also nur noch das Nötigste.

Das änderte sich, als mich jemand fragte, wie weit mein Energiefeld reichen würde. Ich spürte hinein. Und ich spürte, dass mein Energiefeld sich über fünfzig Meter weit um mich herum ausbreitete.

Plötzlich wurde mir eine erschreckende Wahrheit bewusst. Wenn mein Energiefeld sich so weit erstreckte, dann würde doch das der anderen Menschen das auch tun. Dann war ich doch in meiner Wohnung vor den negativen Schwingungen meiner Umwelt gar nicht sicher. Würden die Kristalle und das ganze Zeug mich dagegen wirklich schützen können?

Ich bekam Angst und fragte Ella.

"Du bist doch der Schöpfer deiner Realität", erinnerte mich Ella. " Wenn du glaubst, du musst dich schützen, weil sonst etwas Negatives passiert, dann lenkst du damit deine Wahrnehmung auf das Negative. Wenn du stattdessen glauben würdest, dass in deinem Leben alles gut ist, dann würdest du deine Wahrnehmung auf das Gute lenken, und dann wäre auch alles gut.

Du musst dich in Wirklichkeit nicht schützen, du glaubst nur, es tun zu müssen. Und damit ist deine Wahrnehmung auf Unglück ausgerichtet. Es ist damit keine Wahrheit, dass du dich schützen musst. Es ist nur Realität – die Realität, die du dir durch deine Wahrnehmung selbst heranziehst!"

Mir war sofort klar, dass es stimmte, was Ella mir gesagt hatte. Doch ich konnte es nicht fühlen. Ich fühlte in meinem Inneren weiterhin den Zwang, mich schützen zu müssen.

"Du fühlst, was du glaubst", erklärte mir Ella, als ich sie darauf ansprach.

Damit war klar, was ich zu tun hatte. Ich musste meine Überzeugungen verändern. Alles andere machte doch gar keinen Sinn. Mit meinen Überzeugungen gestaltete ich mein Leben.

Ich machte mich also daran, den ganzen Mist, den ich so in meinem Unbewussten mit mir herumtrug, zu untersuchen. Ich suchte nach Widersprüchen die mir beweisen sollten, dass meine unerwünschten Überzeugungen nicht wahr sein konnten. Es funktionierte. Es dauerte zwar eine Weile, bis mein Unbewusstes akzeptierte, dass eine Überzeugung falsch war, aber die Veränderungen in meinem Leben waren dabei gewaltig. Ich übte jeden Tag, zermarterte mir das Hirn, um Widersprüche zu finden.

Nach einer Weile wurde mir klar, dass ich nicht alle Überzeugungen, die ich in meinem Leben angenommen hatte, widerlegen konnte. Das würde viel zu lange dauern. So wie es aussah, nahm ich schneller negative Überzeugungen an als ich sie wieder loswerden konnte. Diesen Kampf konnte ich nicht gewinnen.

Ich versuchte also, die Wurzel des Übels zu finden, und damit effektiver zu werden. Mir war klar, dass die einzelnen Überzeugungen nur die Symptome darstellten. Die wirkliche Ursache meiner Probleme lag woanders.

Ich suchte deshalb nach Kernüberzeugungen, auf die eine Vielzahl von negativen Überzeugungen aufgebaut war. Sie stellten die Ursachen dar, nach denen ich forschen musste.

Wenn ich eine von diesen Kernüberzeugungen fand und widerlegen konnte, veränderten sich mit einem Schlag ganze Lebensbereiche. Ich war begeistert.

Ich war also wieder einmal sicher, den besten Weg gefunden zu haben. Ich **musste** nur meine Kernüberzeugungen herausfinden und verändern.

Es kam wie es kommen musste: Nach kurzer Zeit war mir klar, dass ich das Negative aus meinem Leben nur verbannen könnte, wenn ich meine Kernglaubenssätze verändern könnte.

Die Wahrnehmungsrichtung, Unglück vermeiden zu wollen, bestimmte erneut mein Leben. Nun machten mir die Ereignisse in meinem Leben klar, dass ich meine Kernglaubenssätze verändern musste, um Unglück zu vermeiden.

Von diesem Tag an war ich ständig auf der Suche nach meinen Kernüberzeugungen. Das Blöde daran war, dass mir sehr wohl bewusst war, dass ich bei der Suche nach den Ursachen ständig Probleme in mir aktivierte und damit natürlich gestaltete. Ich richtete meine Aufmerksamkeit auf negative Überzeugungen und gestaltete damit natürlich mein Leben. Damit war klar, dass ich die Ursachen so schnell als möglich finden musste.

Mein Leben war wieder einmal so stressig geworden, dass ich ständig an meiner Überlastungsgrenze war. Ich suchte Tag und Nacht nach meinen Kernüberzeugungen. Gleichzeitig ereigneten sich unendlich viele belastende Situationen. Sie alle machten mir ständig bewusst, dass ich mich beeilen sollte.

Nach einer Weile wurde mir klar, was die Wurzel aller Wurzeln war, die tief liegendste Kernüberzeugung aller Kernüberzeugungen, der eine Punkt, der, wenn ich ihn verändern könnte, in einem Schritt mein gesamte Leben in Ordnung bringen würde. Es war der Glaube an meine Machtlosigkeit – der Glaube daran, dass ich nur einen begrenzten oder gar keinen Einfluss auf die Ereignisse in meinem Leben hatte. Diesen Glauben müsste ich austauschen gegen den Glauben, Schöpfer meiner eigenen Realität und als solcher für mein Lebensglück allmächtig zu sein. Ich wusste, wenn es mir gelingen würde, diesen Glauben anzunehmen, hätte ich die völlige Freiheit, mein Leben so zu erschaffen, wie ich es mir wünschte.

Ich trainierte mein Vertrauen in meine Schöpferkraft und versuchte, meinen Glauben zu stärken. Das tat ich tatsächlich einige Jahre lang – bis ich schließlich einsehen musste, dass ich gescheitert war. Ich glaubte an gar nichts mehr und fühlte mich völlig machtlos. Das Einzige, was ich glauben konnte, war, dass ich meine Überzeugungen verändern müsste, es aber nicht schaffte. Mein Unbewusstes wehrte sich scheinbar vehement dagegen.

Als ich wieder einmal Ella aufsuchte und nach dem Grund für meine ausweglose Situation fragte, traf mich die Erkenntnis wie ein Blitz. Ich erkannte, dass ich mir die ganzen Jahre das Leben mit dem Vermeidenwollen eines Unglücks zur Hölle gemacht hatte.

Ella erklärte mir, dass der Grund für all meine Probleme darin gelegen habe, dass ich glaubte, etwas gegen das Unglück tun zu müssen. Ich musste handeln. "Von nichts kommt nichts" hieß die Kernüberzeugung, um die es ging.

Das Erste, was ich daraus lernte, war, dass ich von der Motivation an das Vermeidenwollen wegkommen musste. Moment mal ... Vom Vermeidenwollen wegkommen müssen? Damit wollte ich ja schon wieder Unglück vermeiden.

Und wieder hatte ich eines meiner beliebten unlösbaren Probleme. Aber wie sollte ich das jetzt ändern?

Ups... ändern!? Schon wieder das nächste Problem! Ich durfte doch gar nicht denken, dass ich etwas ändern musste, denn damit war meine Wahrnehmung ja schon wieder auf die Gründe ausgerichtet, warum ich etwas ändern wollte. Dieser Grund bestand leider nicht darin, dass ich einfach Lust hatte, etwas zu verändern. Ich wollte etwas ändern, weil ich vermeiden wollte, dass es so blieb wie es jetzt war. Und mehr noch: Ich wollte außerdem damit vermeiden, dass weiterhin Unglück geschah. Damit war meine Wahrnehmung schon wieder auf Unglück ausgerichtet. Wie sollte es jetzt weitergehen? Wie sollte ich meine Wahrnehmung denn jetzt verändern, wenn ich gar nicht daran denken durfte, sie verändern zu wollen? Ich war ratlos.

"Du darfst deine Wahrnehmung ändern wollen", sagte Ella plötzlich. "Du darfst alles wollen. Probleme gibt es nur, wenn sich deine Wahrnehmung, bedingt durch das Vermeidenwollen eines Unglücks, auf Unglück ausrichtet. Wenn du deine Wahrnehmung auf Glückerreichen lenkst, wirst du auch Glück erleben. Theoretisch ist es zwar das Gleiche, Unglück vermeiden oder Glück erreichen zu wollen. Praktisch ist es jedoch ganz etwas anderes. Wenn du Unglück vermeiden willst, lenkst du deine Wahrnehmung auf Unglück. Willst du Glück erreichen, lenkst du sie hingegen auf Glück."

"Und wie lenke ich meine Wahrnehmung jetzt genau auf Glück?", wollte ich wissen.

"Das wäre eigentlich ganz einfach", begann Ella zu erklären. "Du bräuchtest nur daran zu denken, dass du nur eines wirklich willst: glückliche Gefühle. Wenn dir das bewusst ist, wirst du automatisch nach dem Schönen im Leben suchen. Deine Wahrnehmung richtet sich damit unbewusst auf Glück aus, und du erlebst infolgedessen auch Glück.

Das alles wäre sehr einfach, wenn dir nicht ständig gewisse instinktive Bedürfnisse einen Strich durch die Rechnung machen würden. Dein biologisches Bedürfnis nach Verbundenheit sorgt zum Beispiel dafür, dass deine Aufmerksamkeit sich sehr häufig darauf richtet, Einsamkeit vermeiden zu wollen. Einsamkeit ist für euch Menschen der Inbegriff von Unglück. Das ist euch biologisch von Geburt an eingegeben. Genauso ist euch eingegeben, dieses Unglück vermeiden zu wollen.

In diesem Zusammenhang ist noch ein weiteres biologisches Bedürfnis von größter Bedeutung. Dein Sicherheitsbedürfnis. Dieser Instinkt gibt dir vor, Gefahren für deine Sicherheit schnellstmöglich erkennen zu wollen. Dadurch suchst du unbewusst sehr häufig nach Gefahren für Unglück. Und damit ist deine Wahrnehmung auf Unglück gerichtet, und es geschieht.

Es ist sehr schwer, diesen Gefahrenvermeidungsinstinkt unterdrücken zu wollen. Es ist möglich, jedoch würde ich eher empfehlen, diesen Instinkt ganz einfach zu befriedigen. Wenn du erkennst, dass dir kein Unglück passieren kann, lässt dein Instinkt, der Gefahren vermeiden will, sofort los."

"Und wie soll ich das erkennen?", fragte ich ratlos.

"Indem du erkennst, dass dir nicht wirklich etwas passieren kann, was dich unglücklich machen muss. Viele Menschen haben dies erkannt, nachdem sie alles verloren hatten, was sie glaubten zu ihrem Glück zu brauchen.

Du hast das auch schon einmal erlebt. Du erlebtest einen finanziellen Ruin. Als du dich einmal fragtest, was dieser Ruin tatsächlich für Konsequenzen hatte, erkanntest du plötzlich, dass es gar nicht so schlimm war. Vor allem hast du erkannt, dass keine wirkliche Gefahr für dein Glück bestand. Sicher, du hättest dich einschränken müssen, was deinen Lebensstandard betrifft. Nur wärst du deswegen unglücklich geworden?"

"Mir wurde damals klar, dass ich nichts verlieren würde, was ich wirklich zum Glücklichsein brauchte. Weder hätte ich meine Freunde verloren noch hätte ich Hunger erleiden müssen. Auch hatte ich immer noch ein Dach über dem Kopf. Selbst wenn ich von der Sozialhilfe hätte leben oder mir irgendeinen Job suchen müssen – unglücklich hätte es mich nicht wirklich gemacht. Dafür hätte schon mehr passieren müssen als nur mein Geld zu verlieren, das ist mir damals klar geworden."

"Du hast erkannt, dass es dich gar nicht unglücklich macht, pleite zu sein. Damit war der Druck raus. Du musstest nichts mehr vermeiden und deine Wahrnehmung richtete sich auf Glück-erreichen-Wollen."

"Das stimmt. Ich dachte damals: Okay, unglücklich macht es mich nicht. Aber es wäre schön, wenn ich viel Geld hätte!"

"Damit lenktest du deine Wahrnehmung darauf, dass es schön wäre, viel Geld zu haben und damit auf Geldhaben. Diese Wahrnehmungsrichtung wurde sehr schnell widergespiegelt und veränderte innerhalb weniger Tage deine finanzielle Situation zum Positiven."

"Es dauerte damals drei Tage, bis die Pleite Schnee von gestern war. Das war toll!"

"Du hattest von der Wahrnehmungsrichtung, die Pleite vermeiden zu müssen, losgelassen. Du hast jedoch nicht verneint, dass es schön wäre, viel Geld zu haben. Wenn du das Negative nicht mehr vermeiden musst, weil du erkannt hast, dass es dich gar nicht unglücklich machen kann, willst du das Positive trotzdem immer noch haben. Damit ist deine Wahrnehmung auf Glück gerichtet, und es geschieht unmittelbar", erklärte mir Ella.

Mittlerweile habe ich durch meine Seminare in den letzten Jahren erkennen können, dass alle Probleme, welche meine Teilnehmer hatten, auf drei verschiedene Grundbedürfnisse des Menschen aufbauten. Mit Abstand die meisten Schwierigkeiten gehen aus dem

Verbundenheitsbedürfnis und der daraus folgenden Angst vor Einsamkeit hervor. Aus diesem Grundbedürfnis wachsen im Laufe des Lebens unglaublich viele Problemmuster hervor. So haben wir zum Beispiel dadurch Angst, abgelehnt zu werden. Wir wollen Ablehnung auf Teufel komm raus vermeiden – sowohl was unsere Beziehungspartner betrifft als auch bei Freunden, Kollegen und sogar bei fremden Menschen. Weiterhin haben wir ein gigantisch starkes Bedürfnis nach Anerkennung. Dieses Bedürfnis ist so stark, dass wir meistens einen Mangel in dieser Hinsicht erleben. Gleiches gilt für das Gefühl, wertvoll zu sein. Wir wollen keine Fehler machen, weil wir weiterhin begehrt werden wollen. Wir haben ein Problem mit dem Älterwerden oder mit unserer Figur weil wir Angst haben, unsere Attraktivität zu verlieren, und, und, und ...

Es gibt Tausende von Problemen, die aus der Angst vor Einsamkeit hervorgehen. Sie alle verlieren sofort ihre Bedeutung, wenn uns bewusst ist, dass Einsamkeit überhaupt nicht passieren kann.

Dieses Thema ist so komplex, dass ich beschlossen habe, ihm ein gesamtes Buch zu widmen. Es heißt "Die Kammer des Wissens".

Ein kleiner Teil unserer Probleme wird von existenziellen Ängsten genährt. Es ist im Grunde genommen die Angst vor Hunger, Kälte und Schmerzen, die uns öfter mal heimsucht. Diese elementaren Gefahren für unser Glück wollen wir natürlich vermeiden. Doch gibt es diese Gefahren wirklich? Kann es wirklich passieren, dass du kein Dach mehr über dem Kopf hast oder dass du vor Hunger sterben musst? Sicherlich in unserem Staat nicht! Diese existenziellen Ängste sind also unbegründet.

Wenn du in Situationen kommst, in denen du Existenzängste bekommst, genügt es, dir bewusst zu machen, dass hier gar kein Unglück passieren kann. Deine Lebensumstände werden sich ändern, möglicherweise deine Lebensqualität verschlechtern. Doch kann dich das wirklich unglücklich machen, wenn du nicht mehr so teure Kleider einkaufen kannst oder ein kleineres Auto fahren musst?

Der dritte Instinkt, der uns Schwierigkeiten beschert, ist das oben schon beschriebene Bedürfnis nach Sicherheit. Doch dieses Sicherheitsbedürfnis will im Grunde genommen nur die zwei Gefahren Einsamkeit und existenzielle Probleme vermeiden – Gefahren, die eigentlich gar nicht existieren.

Wenn du dir das immer wieder bewusst machst, wird diese Erkenntnis sich immer mehr verinnerlichen. Du spürst mit zunehmender Übung immer mehr, dass es tatsächlich gar kein Unglück in dieser Hinsicht geben kann. Damit lässt deine Wahrnehmung nach und nach vom Vermeiden eines Unglücks los. Warum solltest du etwas vermeiden müssen, was gar nicht schlimm wäre?

Wovon du nicht loslassen wirst, sind deine Wünsche. Diese sorgen weiterhin dafür, dass du Glück erleben willst. Sofort ist deine Wahrnehmung damit auf Glück ausgerichtet, und es tritt in dein Leben.

Du brauchst dich also nur mit diesen drei biologischen Bedürfnissen zu beschäftigen und dir klar zu machen, dass dir in Wirklichkeit kein Unglück geschehen kann.

Das Einzige, was es etwas mühsam macht, dies umzusetzen, ist die Art, wie das menschliche Gehirn geistige Erkenntnisse ins Gefühl rutschen lässt.

Dein Unbewusstes setzt nur um, was du ihm wiederholt vormachst. Dadurch werden auf neurologischer Ebene Nervenbahnen geschaffen. Das Gehirn reagiert damit ähnlich wie ein Muskel, den du trainieren kannst.

Wenn du verstanden hast, wie ein schweres Gewicht hochzuheben ist, wird dein Körper noch lange nicht die Muskeln aufbauen, die du dazu bräuchtest. Das tut er erst, wenn du es tust – vor allem, wenn du es wiederholt tust, also trainierst.

So ist das mit deinem Gehirn genauso. Du kannst alles noch so gut verstehen – umgesetzt wird es erst, wenn du es lebst.

Ein Beispiel dazu: Stell dir vor, du hast auf der Arbeit eine Kollegin, die immer schlecht drauf ist und über die Arbeit schimpft. Am Anfang, als du dort angefangen hast zu arbeiten, hat es dich etwas gestört. Nach ein paar Tagen hat es dich ein kleines bisschen mehr gestört, nach ein paar Wochen doch schon ziemlich. Nach ein paar Monaten gingst du zur Arbeit und hattest richtig Zorn, wenn sie schon wieder so schlecht drauf war. Du wehrtest dich schon dagegen, dass sie dich runterzog.

Dies ist ein Beispiel dafür, wie unser Gehirn alles unterstützt, was wir tun – in dem Fall das Ärgern über die gleiche Sache. Unsere Fähigkeit, uns darüber zu ärgern, wird mit jedem Tag, an dem wir das wieder tun, erneut verstärkt. Das Gehirn macht nämlich keinen Unterschied, ob uns das gefällt, was wir tun, oder nicht. Es ist sozusagen absolut wertfrei. Es unterstützt alles, was wir tun – ohne Rücksicht auf Vernunft.

Stell dir jetzt einmal vor, dir sagt jemand: "Hey, das ist doch klasse! Diese Kollegin zeigt dir doch jeden Tag, wie gut du es eigentlich damit hast, dass dir die Arbeit Freude macht und du dich damit wohl fühlst. Du könntest dich auch genauso mies fühlen wie deine Kollegin – tust du aber nicht. Dir geht es also viel besser."

Tja, theoretisch könnte das eine Lösung für deine Ärgergefühle sein. Doch morgen, wenn du wieder in der gleichen Situation bist, wird dir wieder die Galle hoch kochen, wenn du sie siehst, wie sie wieder da sitzt und vor sich hin nörgelt. Also doch keine Lösung, oder doch?

Es ist eine Lösung. Nur braucht dein Gehirn eine Weile, um die Gefühle zu verstärken, die dieser Gedanke macht. Am Anfang ist das Gefühl eher so etwas wie: "Na ja. Theoretisch hast du ja Recht."

Dieser theoretische Gedanke kann gegen dein antrainiertes Ärgergefühl noch nicht anstinken.

Wenn du das jedoch immer wieder tust, wird dein Gehirn diesen Gedanken und die dazugehörigen Gefühle unterstützen. Das Gefühl wird also stärker. Letztendlich wird es so stark, dass du die Freude spürst, dass dir deine Arbeit Spaß macht.

Jetzt gesellt sich noch eine weitere Gesetzmäßigkeit hinzu: Unser Gehirn koppelt Erfahrungen. Es merkt sich, in welchen Situationen wir welche Informationen oder Gedanken immer denken.

Es merkt sich demnach, dass du dich immer freust, wenn du deine Kollegin siehst – darüber freust, wie gut du es doch auf deiner Arbeit hast. Dadurch wird deine verhasste Kollegin plötzlich zum Auslöser von Freude, was sicherlich euer kollegiales Verhältnis nicht verschlechtern wird. Möglicherweise ziehst du sie jetzt sogar mit ins Positive.

Genau das Gleiche, was in diesem Fall mit den Gefühlen zu der Kollegin passiert ist, wenden wir bei Ella Kensington auf die drei grundlegenden biologischen Bedürfnisse an, welche deine Wahrnehmung häufig auf Unglück lenken.

Die Art, wie wir das tun, sorgt dafür, dass sich ein unbewusstes Gewohnheitsmuster aufbaut, dass zuverlässig jedes Mal von Unglückvermeiden auf Glückerreichen umschaltet. Auch hier nützt es nichts, das alles nur zu wissen. Es will gelebt werden, damit es sich umsetzt.

Deine Realität ist das Ergebnis deiner Wahrnehmung. Das heißt, dass sich das gestaltet, womit du dich innerlich beschäftigst. Wenn du dich viel mit dem Glück beschäftigst, wird auch viel in dieser Hinsicht in deiner Realität widergespiegelt. Beschäftigst du dich nur wenig damit, weil dir andere Dinge wichtiger sind, wird halt entsprechend wenig von deinem Glück widergespiegelt.

Der Austausch mit gleich Denkenden ist die einfachste und schönste Möglichkeit, die Aufmerksamkeit auf dem Glück zu halten und noch zu intensivieren. Aus diesem Grund haben wir unter dem Markennamen Ella Kensington versucht, Möglichkeiten anzubieten, die den Kontakt zu gleich Denkenden erleichtern. Wir haben zum Beispiel eine Homepage (**http://www.ella.org**) eingerichtet, in der private Treffen von Lesern bekannt gegeben werden. Außerdem enthält diese Homepage einen Chat, wo sich allabendlich an Austausch interessierte Leser treffen. Weiterhin findet man hier eine Kontaktbörse mit Hunderten von E-Mail-Adressen, deren Besitzer alle an Austausch interessiert sind. Wenn man E-Mails anderer Interessenten erhalten will, kann man sich auch selbst in dieser Kontaktbörse eintragen lassen.

Wer bei der Umsetzung Unterstützung sucht, kann diese ebenfalls auf unserer Homepage finden. Unter "Support" gelangt man auf eine Seite, auf der wir kostenlos Fragen zur Umsetzung beantworten.

Dieses Forum ist sehr umfangreich. Es ist mittlerweile ein lebendiger Ratgeber für alle Lebensfragen geworden. Neben seinem Beratungsaspekt hat dieses Forum auch denn Sinn, den Inhalt der Ella-Kensington-Bücher im Bewusstsein zu halten, damit man nach der Lektüre nicht gleich wieder in seinem Alltag versandet.

Den gleichen Sinn erfüllen auch die Erfahrungsberichte von Lesern, die über ihre Umsetzung berichten. Dieses Forum ist ebenfalls unter "Support" zu finden.

Wir sind ständig auf der Suche nach weiteren Möglichkeiten, wie man die Aufmerksamkeit mit Spaß und Freude auf dem Glück halten kann, ohne dass man sich dazu anstrengen müsste.

Die mit Abstand effektivste Form, die wir bisher gefunden haben, ist das Camp, ähnlich wie es in dem Buch "Mary" beschrieben wird. Das Camp ist so aufgebaut, dass innerhalb kürzester Zeit eine schier unglaubliche Verbundenheit unter den Teilnehmern entsteht. Der Grund, warum uns diese Verbundenheit so wichtig ist, besteht darin, dass unser Einsamkeitsvermeidungsinstinkt sofort befriedigt ist, wenn wir Verbundenheit fühlen. Verbundenheit ist das Gegenteil von Einsamkeit. Und die Angst vor Einsamkeit ist die Ursache fast aller Probleme, die wir haben.

Im Camp wird eine besondere Art von Alltag erlebt. Bedingt durch die intensiven Verbundenheiten, die entstehen, werden alle Knöpfchen gedrückt, die mit der Angst zu tun haben, diese Verbundenheiten zu verlieren. Da man jedoch im Camp Verbundenheiten bis zum Abwinken hat, lösen sich die Ängste sofort wieder in Wohlgefallen auf. Auf diese Weile lösen sich, ohne, dass man daran arbeiten müsste, ganz automatisch alle Muster auf, die mit dem Thema Einsamkeitvermeiden zu tun haben. Man erlebt, wie man plötzlich mit Ablehnung völlig anders umgeht. Das eigene Selbstwertgefühl bekommt auf einmal eine völlig andere Note. Man erlebt, dass man einfach man selbst sein kann und dennoch geliebt wird.

Ich kann leider nicht alle Auswirkungen schildern, die diese Form der Umsetzung mit sich bringt. Ich habe beschlossen, diesem Thema ein gesamtes Buch zu widmen. Es wird "Larry" heißen und den Untertitel tragen: "Dumm gelaufen, aber sinnlos glücklich".

Eines ist jedenfalls im letzten Jahr klar geworden: Wer im Camp dabei war, konnte danach nicht mehr in die gleichen alten negativen Muster verfallen. Meine Erwartungen ans Camp, nachdem ich "Mary" geschrieben hatte, waren sehr hoch. Die letzten Camps haben jedoch diese Erwartungen um das Zehnfache übertroffen. Was hier innerhalb von zwei Wochen bei den Teilnehmern passierte, vollzieht sich im normalen Alltag vielleicht in zwei Jahren.

Der Schlüssel zu dieser gigantischen Effizienz liegt im Verbundenheitsgefühl, das unter allen Anwesenden entsteht. Es ist die Hauptaufgabe der Camp-Mannschaft von Ella Kensington, diese Verbundenheit entstehen zu lassen. Natürlich sind wir auch für einzelne Teilnehmer da, die unsere Unterstützung brauchen. Jedoch ist das Camp nicht der Ort für Leute, die nur ein Einzelgespräch suchen. Für diesen Zweck sollte man einen Termin bei einem Ella-Berater zu Hause vereinbaren.

Wir fördern im Camp die Eigeninitiative und das Bewusstsein dafür, dass man für die Umsetzung keinen offiziellen Berater braucht.

Jeder ist in der Lage, diese Umsetzung in Eigenmacht in Angriff zu nehmen. Wenn es Schwierigkeiten bei der Umsetzung gibt, dann ist das nur der bekanntlich schwere Anfang, wobei wir jeden mit Rat und Tat unterstützen werden. Nach dem Camp gehören diese Anfangsschwierigkeiten der Vergangenheit an.

Wir sind der Meinung, dass das Vertrauen in sich selbst einer der wichtigsten Faktoren für ein glückliches Leben ist. Deshalb versuchen wir, diese Eigenmacht mit allem, was uns zur Verfügung steht, zu unterstützen.

Wenn du etwas für die Umsetzung tun willst, aber nicht zum Camp kommen kannst, würde ich das Ella-Seminar empfehlen. Es ist ein Wochenend-Seminar, das an mehreren Orten in Deutschland, Österreich und der Schweiz durchgeführt wird. Hier bekommst du sozusagen Schutzimpfungen gegen die drei biologischen Bedürfnisse, die uns die Umsetzung erschweren. Für diese Schutzimpfungen werden verschiedene neurologische Gesetzmäßigkeiten genutzt. Wir sorgen auf diese Weise einfach dafür, dass dir die richtigen Erkenntnisse in den jeweiligen Situation einfach einfallen. Damit werden sie immer gedacht, wenn du in solch einer Situation bist, und somit trainiert. Die Gefühle werden dadurch mit jeder Situation stärker, und du lässt vom Vermeidenwollen eines Unglücks automatisch los. Die Umsetzung geschieht damit automatisch in deinem Alltag.

Du musst nach dem Seminar also nicht üben oder hart arbeiten. Die Erkenntnisse sind so verinnerlicht, dass du automatisch daran denken musst, wenn du sie brauchst. Damit werden sie im Alltag automatisch umgesetzt, ohne dass du bewusst daran denken musst, etwas umzusetzen.

Was wir im Seminar weiterhin tun, ist die Verstärkung der Ausrichtung auf Glück, was sich in deiner Realität sehr schnell bemerkbar machen wird.

Wenn sich weder Camp noch Seminar für dich eignen, du aber an Grenzen bei der Umsetzung gestoßen bist, bei denen du gerne tatkräftige Unterstützung haben willst, würde ich eine Einzelberatung bei einem Ella-Berater empfehlen.

Ella Kensington ist, wie ich schon erwähnt habe, keine natürliche Person. Es ist mein Pseudonym und gleichzeitig ein geschützter Markenname, unter dem außer mir noch ein paar weitere Glücksinfizierte Beratungen, Workshops und Seminare vor Ort anbieten.

Wenn du mehr über Ella Kensington wissen möchtest, dann schau doch einfach einmal bei uns unter **http://www.ella.org** vorbei. Falls du mehr von mir lesen willst, kannst du auch hier alle Ella-Kensington-Bücher online bestellen. Sie werden dir dann versandkostenfrei ins Haus geliefert.

Wenn du keinen Internet-Zugang hast, kannst du alle Seminar- und Camptermine auch bei der unten angegebenen Kontaktadresse erfahren. Ebenfalls sind meine Bücher dort zu den gleichen Konditionen wie beim Onlineverkauf erhältlich.

Dann lass es dir gut gehen. Vielleicht sehen wir uns ja einmal in einem Seminar oder im Camp. Ich freu mich drauf.

Ich wünsche dir ein oberabgefahrenes, glückliches Leben.

Bodo

Kontaktadresse:

Harald Müller
Rehstr. 7
66701 Beckingen
Fax. 06832 - 801399

Homepage:

http://www.ella.org

Geplante Bücher von Ella Kensington:

Der Ella-Kensington-Support

Umsetzungsfragen von Lesern und Seminarteilnehmern
ans Ella-Kensington-Team

Anfang 2001 haben wir auf unserer Homepage (www.ella.org) ein neues Forum eingerichtet. Hier werden Fragen zur Umsetzung gestellt, die von unseren Beratern und Seminarleitern beantwortet werden.

Dieses Forum ist bereits zu einer umfassenden Fundgrube für alle Lebensfragen geworden. Hier geht es um die Verbesserung finanzieller Verhältnisse, um die richtige Realitätsgestaltung bei gesundheitlichen Fragen, um persönliche Weiterentwicklung und vor allem um die glückliche Partnerschaft, sowie Fragen zur wahren Liebe.

Nachdem das Forum jetzt schon (Mitte 2001) über 400 Buchseiten umfasst, haben wir beschlossen, es als Nachschlagewerk in Buchform zur Verfügung zu stellen.

Voraussichtlicher Erscheinungstermin wird Ende 2001 sein.

Larry – Dumm gelaufen, aber sinnlos glücklich

Larry, ein Mann, der vom Glück bisher nicht gerade geküsst wurde, fällt eines Tages vom Stuhl und schlägt mit dem Kopf hart auf. Fortan hat er unkontrollierbare Glücksanfälle, die ihn dazu veranlassen, die seltsamsten Dinge zu tun. Zunächst scheint er dadurch alles zu verlieren, was ihm wichtig ist: seine Frau, seine Wohnung, sein Geld ...

Nach und nach wird jedoch immer mehr klar, welche Bedeutung dieser Unfall tatsächlich für ihn hat.

"Larry" ist eine romantische Liebeskomödie, die den Leser in die Geheimnisse wahrer Liebe eintauchen lässt.

Bereits erschienene Bücher aus der Ella-Kensington-Reihe:

Mary, die unbändige, göttliche Lebenslust

"Das beste Buch der Welt gegen Liebeskummer und schlechte Stimmung" schreibt Bärbel Mohr in ihrem Buch "Bestellungen beim Universum".

Michael, unsterblich verliebt und von Selbstzweifeln zerfressen, hat nur von einem genug im Leben: nämlich von Problemen. Seine Geschichte und wie er spielend zu einer glücklichen Lebenseinstellung findet, ist verknüpft mit der Geschichte eines Wesens, das aus einer anderen Welt auf die Erde kommt, um Menschsein zu lernen. Dabei muss es als Erstes einmal erkennen, dass die Menschen so etwas wie Probleme haben. Es hat keine Ahnung, wie das funktionieren soll, findet es aber spannend.

Die 7 Botschaften unserer Seele

Ich bin, was ich erlebe
Ich erlebe, was ich denke
Ich denke, was ich fühle
Ich fühle, was ich glaube
Ich glaube, was ich will
Ich will, was ich liebe
Ich liebe, was ich bin

Paul erhält auf abenteuerlichem Wege Kontakt zu seiner Seele, die er jeden Abend zu den Geschehnissen des Tages befragt. In sieben aufeinander aufgebauten Lektionen bringt ihm seine Seele bei, wie er es anstellen kann, jeden Tag in seinem Leben zu einem Tag reiner Freude werden zu lassen.

Die Kammer des Wissens

In nicht all zu ferner Zukunft leben die Menschen im Inneren der Erde. Die Erdoberfläche wurde bei einem atomaren Krieg für alle Zeiten unbewohnbar gemacht. Nur einige Millionen Menschen überlebten.

Ronja wird in unsere Zeit geschickt, um diesen Krieg ungeschehen zu machen. Doch es kommt alles anders als geplant. In einem dramatischen Wettlauf gegen die Zeit sucht sie zusammen mit zwei Gefährten nach der legendären Kammer des Wissens. Nur mit dem Inhalt dieser Kammer kann der Krieg verhindert werden. Dummerweise nützt dieser Inhalt jedoch nur etwas, wenn die drei es schaffen, nur noch glückliche Emotionen zu haben. Für diese Suche und das Erreichen ihrer glücklichen Emotionen haben sie genau eine Woche Zeit!

Auf ihrer Suche stoßen die drei auf ungeheuerliche Wahrheiten über den Aufbau unserer Wirklichkeit – Wahrheiten, die alles in den Schatten stellen, was wir bisher über das Leben glaubten.

Die Wahrheiten, auf welche unsere drei Titelhelden stoßen, entsprechen den Erkenntnissen der modernen Naturwissenschaft. Diese Erkenntnisse legen nahe, wie wir uns das Leben in vielen Bereichen erheblich leichter machen können.

In die Geschichte dieses Buches sind wahre Begebenheiten eingeflochten.

Dem Leser bietet dieses Buch die Möglichkeit, sowohl in ein neues Verständnis der Welt als auch in die Geheimnisse wahrer Liebe und eines glücklichen Lebens einzutauchen.

Buchempfehlung

Wärmstens ans Herz legen möchte ich dir die Bücher von Bärbel Mohr.

Bisher erschienen:

- Bestellungen beim Universum
- Der kosmische Bestellservice
- Universum und Co.
- Reklamationen beim Universum
- Nutze die täglichen Wunder

In einer sehr humorvollen und erfrischenden Art und Weise zeigt Bärbel eine sehr einfache Möglichkeit zur Wunscherfüllung.

Ihre eigenen Erlebnisse, die sie in den beiden Büchern schildert, sind so abgefahren, dass niemand mehr auf die Idee kommen kann, es könnte sich hier um reinen Zufall handeln.

Diese Ereignisse und die, die du dir selbst beim "Bestellen" erschaffst, bestätigen eindeutig, dass wir Menschen in der Lage sind, unser Lebensglück zu beeinflussen.

Verlagsprogramm

Unser Angebot konzentriert sich auf das Thema Freiheit/Freude in den verschiedenen Lebensbereichen:

Die 7 Botschaften unserer Seele
Ella Kensington · 260 Seiten · 18,41 €

... enthüllen in Dialogform die inneren Zusammenhänge der nun selbst-gestaltbaren Lebensfreude und entschlüsseln das vom Menschen immer schon gesuchte Geheimnis des Glücks über die Denk- u. Gefühlsklarheit bis hin zur Schöpferkraft.

Mary - Die unbändige, göttliche Lebenslust
Ella Kensington · 350 Seiten · 18,41 €

Der Leser wird über die Gefühlssicherheit in das Geheimnis eingeweiht, sein Lebensglück frei zu empfinden und permanent zu entfalten.
Danach noch Probleme zu haben, ist fast unmöglich.

Mysterio - Überlege dir gut, was du dir wünschst! Es könnte in Erfüllung gehen.
Ella Kensington · 269 Seiten · 18,41 €

In einer spannenden und abenteuerlichen Geschichte, die aus einem Internetspiel entsteht, wird gezeigt, wie das Glück, die Freude und Lebenserfüllung im praktischen Handeln und Kreieren umsetzbar ist.

Die Kammer des Wissens
Ella Kensington · 328 Seiten · 18,41 €

Zeitaktuell!: Kriegsentscheidung durch Angst des Präsidenten - Erdoberfläche unbewohnbar - Hilfe aus der Zukunft - dramatische Suche nach legendärer Kammer - Glücksgefühl ersetzt Angst - dramatischer Wettlauf gegen die Zeit - drei ungewöhnliche Wahrheiten unserer Wirklichkeit!

Cosima - (M)ein verletztes Herz befreit sich
Cosima Maria Thiel · 568 Seiten · 20,35 €

Eine Autobiografie für alle, die das Schweigen in Beziehungen endlich beenden möchten. Eine Fundgrube zur Entschlüsselung der tieferen Ursachen von Konflikten und Entwicklung der kommunikativen Kompetenz.

Lache ..., denn Liebe ist Dein wahres Sein!
ReGina Deletz · 186 Seiten · 18,92 €

Ein Mutmacher, um in Alltags- und Beziehungsproblemen eine Chance zur Neuorientierung zu sehen und den Weg für echte Lebensfreude und bedingungslose Liebe frei zu machen.

In der Stille hör´ ich Ihn - Gott antwortet Dir wirklich!
Ingolf Haas · 212 Seiten · 18,41 €

Ein gar nicht so außergewöhnlicher Dialog, der zeigt, wie nahe uns Gott wirklich ist, dass wir uns ruhig etwas mehr Vertrauen erlauben dürfen und dabei reichlich belohnt werden. Spirituelle Freiheit ist danach kein Fremdwort mehr.

Gedanken sind Zugvögel der Seele
Conny Haas · 52 Seiten · 15,24 €

Weisheiten und Bilder zum Nachdenken und Aktivieren der eigenen inneren Fähigkeiten. Ein Buch zum intuitiven Aufschlagen und Wegbegleiter im Alltag als Schlüssel zur Harmoniefindung. Ein Geschenk zur Wertschätzung lieber Menschen.

~Djino~ ... die Reise in eine heile Welt (ab 12 Jahre)
Ingolf und Conny Haas · 56 Seiten · 15,24 €

Eine beglückende Geschichte mit vielen Bildern, für Jugendliche und junggebliebene Erwachsene, die mit einem quirligen Delphin in die tieferen Zusammenhänge des Lebens schwimmen und erkennen, dass Schwierigkeiten im Leben eine freie Zukunft nicht ersticken können. Leichter können Eltern Lebensvertrauen nicht vermitteln.

Die Reise ins Licht
Sandra Braun · 72 Seiten · 21,47 €

Eine Meditationsreise in die ganze Fülle des Lebens. Der Wunsch vieler unserer Leser nach Unterstützung bei der Gestaltung des eigenen Lebensglücks wird mit diesem Werk erfüllt. Mit 5 Meditationen auf CD und 4 spirituellen Bildern der Autorin.

Holistisch Heilen
R. Schneider · 334 Seiten, Großformat · 25,46 €

Ein Heilpraktiker zeigt die Vielfalt und Anwendung der ganzheitlichen Therapie auf den 5 Ebenen des Menschen (körperlich, energetisch, emotional, mental, spirituell) auf. Für Heilpraktiker und Laien mit Interesse zur Gewinnung eigener Gesundheitskompetenz.

Das Lehrbuch des Lebens
Martin Kojc · 181 Seiten, Großformat · 29,65 €

Eine zeitlose Kostbarkeit! Ein einfacher und wirkungsvoller Weg, sich die „schöpferische Urkraft des Lebens“ zur dauerhaften Steigerung der Gesundheit und des Lebensglücks nutzbar zu machen.

Selbstheilung nervöser Leiden
Martin Kojc · 72 Seiten, Großformat · 17,90 €

Verhaltensmuster, die zu unerwünschten Wirkungen führen, können durch das spielerische Einüben besserer Gewohnheiten leicht verändert werden!

Des Käfigs Tür
Thorsten Dunkel · 89 Seiten · 10,12 €

Die Suche eines Künstlers nach der Freiheit in der Toscana, die Mut macht, endlich die Fesseln der Gewohnheit zu sprengen.

Kontaktaufnahme
Thorsten Dunkel · 7,67 €

30 Kunstmotive als Postkarten, die auch einladen zur meditativen Betrachtung, um innere Spannungen zu erkennen und aufzulösen.

Himmel auf Erden
Reinhold Schneider · 594 Seiten · 20,35 €

In einem phantastischen Bogen aus der Vergangenheit und Zukunft fließt der Leser in das Bewusstsein einer neuen Welt ungeahnter Freiheit und erfüllten Beziehung in der Gegenwart. Das Tolle dabei: Er kann mit dem Leben in dieser phantastischen Zukunft sofort beginnen!

Demnächst erscheinen:

Männer und Frauen sind doch gleich
Der Schlüssel für eine erfüllte Partnerschaft
Cosima Thiel · 18,30 €

Der ewige Kampf der Geschlechter unter Tränen und Einsamkeit wird von Cosima als unnötige Sackgasse entlarvt. Die zauberhafte Geschichte von Nick und Kim führt in ein neues, beglückendes Verständnis füreinander.

Zum Heilen berufen
Solaya Beatrice Scherrer · 13,80 €

Die eigene Lebensberufung meldet sich tief im Inneren wie ein zarter Blütenduft, der rasch verfliegt. Nicht selten mahnen dann dramatische Erlebnisse eine Neubesinnung an. Solaya stellt sich diesen trotz Zweifeln, Ängsten und Konflikten und erfährt beglückende Geschenke.

Verloren im Labyrinth -
Alternative Therapie für manisch-depressive Menschen.
Wolfgang Baitz **(z.Zt. nur abrufbar unter: http://www.manisch-depressiv.de)**

Der Autor zeigt seinen Weg aus einem scheinbar unheilbaren Zustand in ein freies Leben ohne Medikamente und weckt Erkenntnis für den bereichernden Wert zu Unrecht aus-gegrenzter Mitmenschen.

Der Liebe Wunsch
ReGina Deletz · 18,92 €

Eine berührende Reise, die tief in die Widerstände des Egos führt, es schließlich erlöst und die wahre Freude des Herzens leben lässt.

Ein Tagebuch Gottes
Ingolf Haas

Das Plaudern mit Gott wird zu einer lockeren Gewohnheit. Ein Ratgeber, um in vielen Lebenssituationen immer mehr mit dem Herzen denken zu lernen und seine Lebensenergie stark zu halten.

... und die Welt geht auf
Reinhold Schneider

Fortsetzung des Werdegangs von Raimon und die Entwicklung von „Himmel auf Erden“.

Vorbestellungen werden gerne entgegengenommen.